두려움의 과학

아라시 자반바크트 지음 | 한미선 옮김

두려움의 과학

AFRAID

두려움, 불안, 공포는 왜 우리를 괴롭히는가

두려움에 떨고 있지만
행동에는 두려움이 없는 이들에게
이 책을 바친다.

✦ 서문

어린 시절의 선명한 기억 중 하나는 엄마와 함께 올라간 적 있던 작은 사다리를 혼자 올라간 날의 기억이다. 사다리를 내려와야 했을 때 나는 몹시 겁이 났다. 심지어 아래를 내려다볼 수조차 없었다. 그날의 시간, 날씨, 사다리의 질감이 아직도 생생하다. 아래에서 다정하게 웃고 있던 엄마 덕분에 자신감을 가지고 천천히 사다리를 내려올 수 있었다. 그것이 강렬한 두려움과의 첫 번째 조우였다. 몇 년 후 나는 노새를 타고 그랜드캐니언 협곡 밑으로 내려갔고, 전투기를 타고 중력의 다섯 배를 견뎌냈다.

소리를 지르며 악몽에서 깨어나본 적이 없는 사람은 거의 없을 것이다. 전 세계 인구의 3분의 1 정도가 불안장애를 겪고 있으며, 미국인의 50%가 강간, 폭행, 총기 사고, 자연재해 같은 트라우마를 적어도 한 번은 경험한다. 끊임없는 전쟁과 분쟁은 전 세계 인구의 1%를 공포에 떨게 하고, 그들이 집과 고국을 떠나게 했다. 사람들은 정치적 소속과 무관하게 TV 뉴스를 시청하고 나면 더 많은 분노와 두려움을 느끼며, 미국은 물론 전 세계가 곧 멸망할 것 같은 기분이 든다. 소셜 미디어에서 사람들은 타인을 지나치게 두려워하고, 합심해서 서로를 반대한다. 사랑에 빠져 있을 때조차도 우리는 사랑을 잃게 될까 봐, 너무 친밀해질까 봐 두려워한다. 두려움과 불안은 어디에서나 우리와 함께한다.

반대로 우리는 휴일 전체를 두려움을 기념하는 데 투자하며, 공포 영화는 수십억 달러의 수익을 낸다. 우리 중 다수는 유령의 집에 가거나 번지점프의 스릴을 즐기고, 누가 줄타기하는 모습을 보는 것도 좋아한다. 전 세계 어디에도 악마나 마녀, 괴물이 등장하지 않는 민속 설화나 신화는 없다. 또한 인간의 가장 깊고 오래된 감정인 두려움을 묘사한 멋진 예술작품을 갖고 있지 않은 국가도 없다.

두려움은 단연코 생물체의 역사만큼 오래됐다. 그것은 가장 뿌리 깊게 자리 잡은 생물학적 메커니즘의 하나이며, 한 가지 미션을 가지고 인간과 동물의 뇌와 신체에서 수억 년에 걸쳐 진화해 왔다. 그 하나의 미션은 생존확률을 증가시키는 것이다. 두려움은 우리의 생물학, 문화, 정치, 일상생활과 밀접하게 얽혀 있다. 두려움은 우리의 가장 친한 친구여야 하지만, 현대에는 심각한 불안을 유발하는 성가신 적군이 되어버렸다. 간혹 우리는 두려워하는 대상이 무엇인지조차 파악하지 못한다. 우리가 분명하게 아는 것은 너무 자주 두려움을 느낀다는 것뿐이다.

우리는 왜 그렇게 두려움에 떠는 것일까? 두려움은 뇌 속에서 어떻게 작용할까? 우리가 두려움을 느낄 때 우리의 몸은 어떻게 반응할까? 두려움의 진화론적 목적은 무엇이며, 그것은 인간과 동물을 비교했을 때 어떻게 다른가? 우리가 두려움을 경험하기 원하고 돈을 지불하고 공포 영화를 보는 이유는 무엇일까? 용감한 사람의 뇌는 보통 사람의 뇌와 얼마나 다를까? 도망쳐야 하는 대상을 두려워하는 법을 어떻게 배울까? 더 이상 필요 없거나 원하지 않을 때 두려움을 잊어버리는 방법도 있을까? 두려움을 이용할 수는 없을까?

악몽이 우리에게 말하려는 것은 무엇일까? 어린 시절의 경험이 성인이 돼서도 두려움을 주는 이유는 왜일까? 두려움과 트라우마는 우리의 유전자에 어떤 영향을 미칠까? 가장 고통스러운 경험을 상세하게 기억하거나 완전히 잊어버리는 이유는 무엇일까? 지나친 두려움은 뇌와 신체에 어떤 영향을 미칠까? 트라우마란 무엇이고 어떻게 하면 트라우마의 영향을 제거할 수 있을까? 공포증, 불안, PTSD를 치료할 수 있는 새로운 기술과 치료법은 있을까? 그리고 그 기술과 치료법은 어떻게 작동할까? 어떻게 하면 미디어의 끔찍한 뉴스로부터 나 자신과 가족을 보호할 수 있을까? 정치 지도자들이 우리를 조종하기 위해 사용하는 수법은 무엇일까? 이 책은 이러한 질문들에 답하기 위해서 쓰였다. 이 책은 두려움과 불안에 대한 포괄적인 리뷰이며 인간의 삶에서 두려움이 가진 가장 뚜렷한 측면을 다루고 있다.

나는 정신과 의사이자 신경과학자로 두려움, 불안, 트라우마 연구와 치료를 전문으로 한다. 그러나 내가 두려움의 뿌리에 대해 생각하기 시작한 것은 훨씬 이전으로 거슬러 올라간다. 10대 시절 이후, 나는 인간의 감정과 행동을 결정하는 것이 무엇인지 늘 궁금했다. 그 답을 찾기 위해서 철학, 종교, 심리학 관련 도서를 읽었다. 그리고 의대에 들어간 뒤 뇌와 행동의 교류 방식과 뇌의 구조 혹은 기능에 일어난 미묘한 변화가 우리의 감정, 사고, 행동에 영향을 미치는 방식에 매료됐다. 그것이 내가 정신과학을 전공으로 선택한 이유다. 정신과학을 공부하는 동안 나는 지크문트 프로이트와 칼 융의 저서를 읽으면서 동시에 뇌의 두려움 네트워크의 신경과학에 관한 저술도 읽었다.

미시간대학교에서 정신과 레지던트 수련과 펠로우십을 마친 뒤 웨인주립대학교에 스트레스, 트라우마, 불안 연구 클리닉Stress, Trauma, Anxiety Research Clinic(STARC)을 설립했다. 나는 연구자와 의사들이 대체로 서로 분리되어 연구한다는 것 그리고 첨단 연구법이 임상에서는 그다지 많이 사용되지 않는다는 사실을 확인했다. STARC는 두 가지 미션이 있다. 그것은 임상적 지혜를 연구에, 연구의 통찰을 임상 치료에 결합하는 것이다. 이제 STARC는 트라우마와 불안 연구 및 치료에 있어서 국제적으로 인정받고 있다. 우리는 트라우마와 스트레스가 우리의 몸, 뇌, 유전자를 어떻게 변화시키는지를 연구한다. 또한 혁신적인 증강현실 기술 및 원격의료 등 첨단 치료법 개발을 위해 노력 중이다. 내가 운영하는 병원에서는 모든 유형의 불안증 환자, 고문 및 인신매매 생존자, 난민, 응급의료종사자들을 치료한다. 나는 불안과 트라우마를 겪은 사람들을 도와주며, 인간의 회복 능력의 놀라움을 확인했다. 또한 공적인 학술연구가 상당한 만족감을 준다는 것도 깨달았다.

2017년 10월 〈더 컨버세이션The Conversation〉에서 우리가 핼러윈을 앞두고 겁먹고 벌받는 걸 좋아하는 이유에 관한 논문을 써달라는 요청을 받았다. 〈두려움의 과학: 우리는 왜 겁먹는 것을 사랑하는가?〉는 처음으로 대중을 위해서 쓴 학술 논문이다. 지금까지 그 논문은 수백만 명이 읽었으며 그 논문과 관련해 수십 번의 라디오와 TV 인터뷰를 진행했다. 덕분에 대중에게 이야기한다는 것이 얼마나 영향력이 큰 일인지를 깨달았다. 훌륭한 공공학술 연구는 수백만 명을 교육할 수 있는 엄청난 잠재성을 지니고 있다. 특히 역정보, 편파적 과학, 사이비 과학이 난무하는 시대에는 흥미롭고 이해하기 쉽지만 과학적으로 확실한 방법으로 대중에게 사실을 제공하는 것이 중요하다. 이 책은 정확히 그러한 목표를 달성하기 위한 노력의 결과물이다.

이 책을 통해서 독자들이 읽게 될 것은 20년에 걸친 임상과 연구 결과물, 프로이트부터 현대 신경과학자들을 포함한 다른 학자들의 연구 결과물이다. 또한 내가 치료한 수천 명의 환자 중 몇 명의 이야기를 이 책에 공유했으며, 나와 다른 과학자들이 불안과 트라우마를 겪은 사람들의 뇌를 연구해서 얻은 결과물도 포함돼 있다. 이 책에 포함된 내용 중에는 대중과 공유할 목적으로 작성한 미디어 기사, 다른 과학자들과 나눈 대화의 결과물, 이 책에서 소개한 주제에 대한 인터뷰의 연장선도 있다. 대중의 흥미를 불러일으키는 것을 목적으로 한 깊이 있는 질문은 흥미로운 방식으로 답변을 만들어내는 데 도움을 주었다.

나는 따분한 과학적 전문 용어를 사용하지 않으려고 노력을 기울였다. 이는 부분적으로는 아내 덕분이다. 그녀는 나의 연구 결과를 상세하게 설명하는 것이 동료 과학자들에게는 중요하지만 일반 독자에게는 늘 흥미로운 것이 아님을 일깨웠다. 나는 아내의 조언을 기억하면서 한 문장 한 문장을 써 내려갔다. 사실을 과장하고 부분적으로만 과학적인 주장을 제공하는 대중심리학적 접근법도 지양했다. 증거 기반의 신경과학, 심리학, 정신의학 그리고 임상 경험으로 이루어진 탄탄한 과학적 근거에 기초해서 책을 썼다. 나는 대다수 독자가 공감할 수 있도록 실제 임상 및 연구 경험에서 얻은 사례들을 최대한 많이 소개하려고 노력했다. 나는 아인슈타인의 말에 동의한다. "사례는 교육의 또 하나의 방법이 아니라 유일한 방법이다." 나는 이 책에 소개된 사례 속 환자들의 익명성을 보장하기 위해서 그들의 성별, 이름, 나이, 직업 등 환자의 신원을 확인할 수 있는 실마리가 될 법한 기타 특징들을 바꾸었다.

또한 독자의 시간을 아끼기 위해서 사설을 길게 늘어놓거나 자전적 이야기를 지나치게 많이 하거나 따분한 연구 방법을 상세하게 설명하지 않고 중요한 개념의 핵심만을 제공했다. 얄팍한 자기 구제법을 제시하는 것을 피하고, 다양한 유형의 불안을 극복하는 방법에 대한 실질적인 팁을 제시했다. 나는 독자들이 이 책을 즐겁게 읽으면서 독자 자신, 주변 사람들, 그들이 속한 사회에 대해서 좀 더 이해하고 자신과 사랑하는 사람을 불필요한 두려움과 불안으로부터 지킬 수 있는 적응적인 방법을 배우기를 바란다.

이 책은 열심히 노력하면서 행복을 최우선 순위로 삼고 살아온 환자들의 이타적인 헌신이 없었다면 결코 세상에 나올 수 없었다. 또한 인생과 학문에서 나의 멘토가 되어준 사람들과 국립보건원을 포함해서 연구비를 지원해 준 후원자들의 도움으로 출간할 수 있었다. 연구가 성과를 낼 수 있도록 지칠 줄 모르고 노력해 준 STARC의 과학자들과 선배 과학자들, 학생들에게 무한한 감사의 말을 전한다. 무엇보다도 최고의 멘토이자 스승이 되어준 환자들에게 감사의 말을 전한다. 그들은 두려움, 트라우마, 불안에 관한 내 지식의 대부분과 인간의 놀라운 회복력에 대해 가르쳐주었다. 또한 이 책을 집필하는 동안 늘 곁을 지켜주고 현실적 조언을 아끼지 않은 아내에게 감사하다는 말을 전하고 싶다.

마지막으로 이 책에 의미를 부여해 준 당신에게 감사의 말을 전한다.

아라시 자반바크트

차례

서문 7

1 두려움의 기원 17
두려움을 느끼도록 진화된 인간

2 선천적인 기질 39
뇌 속의 두려움

3 내 심장이 왜 이렇게 심하게 뛰는 걸까? 59
신체가 느끼는 두려움

4 두려움을 배우는 인간 75
두려움을 배우는 방법과 배우지 않는 방법

5 나의 두려움을 자극해 줘! 99
공포를 사랑하는 이유

6 두려움이 없는 것이 용기가 아니다 117
두려움을 이겨내는 용기

7 나는 두렵다. 그래서 화가 난다 135
두려움과 폭력성

8 정상을 벗어나는 두려움의 정의 153
두려움과 불안의 질병

9 사라지지 않는 기억 179
트라우마와 PTSD

10 야수 길들이기 207
두려움과 불안을 어떻게 치료할까?

11 야수의 등에 올라타기 229
두려움을 유리하게 이용하는 법

12 두려움과 의미 245
두려움이 우리를 규정하기 전에 두려움을 규정하기

13 두려움과 창의성 265
우리가 만든 괴물과 우리를 만든 괴물

14 우리를 지배하는 두려움 279
두려움의 정치

15 두려움의 비즈니스 297
두려움을 이용하는 미디어와 인터넷

AFRAID

1

두려움의 기원

두려움을 느끼도록 진화된 인간

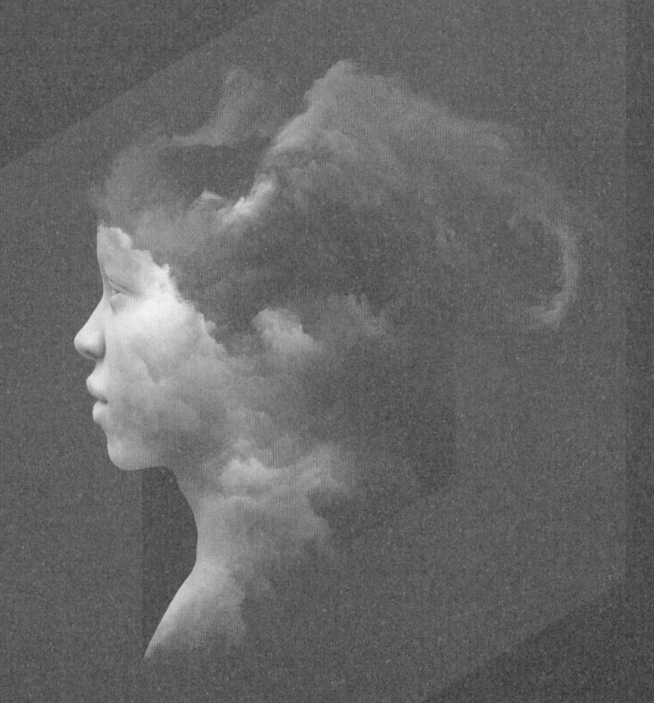

들어가기가 망설여지는 그 동굴에
당신이 찾는 보물이 들어 있다.

- 조셉 캠벨 Joseph Campbell, 미국의 신화종교학자

두려움은 생명체만큼이나 오래전부터 존재해 왔다. 그것은 가장 오래된 생명체에서도 발견할 수 있는 가장 원초적이고 깊게 뿌리내린 생물학적 메커니즘의 하나다. 두려움은 중요한 사명 한 가지를 수행하면서 수억 년 동안 진화해 왔다. 바로 생명체들의 소멸을 막고 생존의 기회를 연장하는 것이다. 두려움은 만졌을 때 움찔하는 달팽이의 더듬이만큼이나 원초적이고 인류의 실존적 두려움만큼이나 복합적이고 추상적이다. 그것은 우리의 생물학적 실제에 깊게 자리 잡은 가장 근본적이고 내밀한 정서적 경험 중 하나다. 우리는 몸과 마음으로 두려움을 경험한다. 뇌의 특정 부위가 손상된 사람들을 제외한 모든 사람이 위험에 정신을 집중하느라 아무것도 할 수 없고, 입이 바짝바짝 마르고, 손에 진땀이 나고, 심장이 두방망이질 치고, 가슴과 복부가 쪼그라드는 듯한 공포의 경험에 익숙하다. 공포는 인간의 삶과 밀접하게 얽혀 있고 문학, 문화, 정치, 예술, 민속에 영향을 미친다.

두려움은 통제 불가능한 감정이라 억제하거나 감추기가 어렵다. 겁에 질리면 우리 내면의 존재가 두려움의 언어를 말하고 듣는다. 두려움은 불안한 감정과 그 결과로써 인식한 위협에 대한 무의식적이고 의식적인 정신적·생리적 반응으로 규정된다.

그러한 위협은 실제하거나 상상일 수 있고 내적 위협이거나 외적 위협일 수 있다. 우리는 다가오는 포식자를, 신화에서 듣거나 영화에서 본 적 있는 괴물과 악마를 두려워할 수 있다. 또한 사랑하는 사람이 질병에 걸릴 것을 걱정하거나 팬데믹에 대한 뉴스를 듣고 두려움에 떨 수 있다. 인간으로서 우리는 한 번도 경험해 본 적 없는 추상적 개념, 상황, 사람에 대해 두려움을 느낄 수 있다. 두려움은 생산적일 수도 있고 비생산적일 수도 있으며 종종 그릇되거나 폭력적일 수 있다. 두려움은 빠른 반응을 촉발해서 달려오는 차량을 피하게 만들어 우리의 생명을 구하기도 하고, 인종, 국적, 종교가 다른 사람들이 위험하다는 말을 듣고 혐오를 키운 나머지 자신과 타인에 해를 가할 수도 있고, 우리 앞에 놓인 기회를 날려버리기도 한다. 우리는 가까운 시공간에 있거나 먼 미래, 심지어 먼 과거에 있는 무언가를 두려워한다.

이 모든 경우, 두려움이라는 감정과 그것이 촉발하는 행동은 실제로 존재하든 아니면 우리 자신이나 타인이 만든 허구든 상관없이 위험하다고 인식된 것에서 우리를 보호하는 기능을 한다.

두려움과 불안

위험에 맞닥뜨리거나 위험을 예상할 때 경험하는 불쾌한 감정을 기술하는 단어는 다양하다. 심리학과 신경과학에서 가장 자주 사용하는 용어는 두려움과 불안이다. 이 두 용어는 호환해서 사용할 때가 많고 대체로 의미가 중복되지만, 감정의 근원에 약간 차이가 있다. 또한 각각의 감정이 유발하는 정신적·의식적·생리학적 기능도 다르다. 두려움은 명확히 규정되고 자각된 외부 위협에 대한 반응이다. 총부리가 우리를 겨누고 있다거나 육식동물이 다가오는 것을 예로 들 수 있다. 이 경우, 두려움은 대상이 확실하고 감정이 단기적으로 지속될 때가 많으며 위협이 제거되면 두려움도 사라진다.

반면에 불안은 모호하고 알 수 없는 위협에 대한 반응이며 내적인 원인에 의해 유발되는 경우가 많다. 또한 불안의 대상은 불분명하다. 우리에게 겨눠진 총부리에 의해 유발되는 감정은 공포다. 한편 탈주한 살인자가 우리 동네에 잠입했다는 사실을 알았을 때 느끼는 감정은 불안이다. 위험이 도사리고 있는 곳이 어디인지 정확히 알 수 없고 언제 그 위험을 맞닥뜨리게 될지도 모른다. 그러나 언젠가는 그 위험과 조우할 것임을 알 수 있다. 간단하게 말하면 두려움이 위협에 맞서거나 피할 수 있는 일종의 준비라면, 불안은 경계 태세를 촉발시켜 불분명하고 모호한 위협이나 위험을 피할 수 있게 우리를 준비시킨다.

우리는 두려움에 휩싸였을 때, 그것에서 탈출하거나 대항하기 위해 모든 관심과 자원을 집중시킨다. 우리는 긴장하면 위협에 대비해 긊

임없이 주변을 경계한다. 불안은 머릿속에 떠오르는 필수적이고 명백한 위험 요소 없이 내적 요인에 의해 촉발되는 경우가 많다. 예를 들어 우리는 두려움의 대상이 무엇인지 모르는 상태에서 공포나 근심의 감정을 경험하기도 한다. 그저 머릿속에서, 몸속에서 두려움을 느낄 뿐이다. 그것이 불안이다.

정신의학에서는 공포와 연관된 정신질환을 공포증phobia이라 부른다. 개공포증이나 뱀공포증을 예로 들 수 있다. 반대로 불안과 연관된 질환은 불분명한 불안을 지속적으로 느끼는 것, 그것이 실제든 상상이든 걱정이 지나치게 많거나 모든 것이 잘못될지 모른다고 걱정하는 것으로 이를 정신의학에서는 일반화된 불안장애라고 부른다.

두려움의 진화론적 기능

나는 늘 환자와 학생들에게 "두려움을 이해하려면 그 진화론적 기능을 알아야 한다"라고 말한다. 그렇지 않으면 우리 몸과 마음속에서 일어나는 무수히 많은 두려움 반응은 현대의 인간 사회에서는 별 의미가 없기 때문이다. 예를 들어 많은 관중 앞에서 말하는 것은 대다수에게 두려운 경험이다. 가슴 두근거림, 헐떡임, 산만함 등은 불편한 감정이며 적어도 대중 앞에서 성공적인 발표를 하는 데 도움이 되지 않는다. 현대의 삶에서 두려움과 불안은 도움이 되지 않을 때가 많다. 그러한 감정은 시험을 치르거나 취업 인터뷰를 하거나 발표를 할 때 우리의 능력에 제약을 가한다. 하지만 우리를 도와주고 보호하기로 되어 있는 반작용이 우리에게 해를 끼치고 기회를 빼앗는 일이라는 것은 도저히 말이 되지 않는다. 하지만 그럴 수밖에 없는 이유는 우리의 두려움 반응 시스템이 진화했던 환경이 우리가 살아가는 현대의 환경과는 상당한 차이가 있기 때문이다.

두려움은 동물이 존재했던 시간만큼 오래된 인간의 감정이며 서서히 진화해 오면서 유기체들이 혹독한 자연환경에 적응하는 데 도움을 줬다. 자연의 다른 변화와 마찬가지로 두려움 네트워크의 진화와 관련된 생리학적 반작용은 서로 다른 종이 서서히 긴밀하게 연계되었다. 그래서 인간의 두려움 네트워크와 반작용은 다른 동물들의 그것과 상당히 비슷하다. 이러한 유사성 때문에 신경과학자들과 심리학자들은 인간의 두려움에 대해 파악하고 모형을 만들기 위해서 생쥐의 뇌와 행동을 연구한다. 흥미롭게도 두려움, 중독, 쾌락 같은 근본적인 정신적 기능일수록 인간과 덜 진화된 동물들 사이에 더 많은 유사성이 존재한다.

진화론적 관점에서 볼 때, 유기체의 가장 중요한 기능은 자기 보호와 번식이다. 비사회적인 원시 동물의 경우 이러한 기능들은 먹이기, 먹히지 않기, 경쟁자에게 죽임을 당하지 않기, 짝짓기 상대 찾기, 새끼를 먹이고 보호하기 등을 포함한다. 사회적 기능을 가진 좀 더 복잡하고 진화된 동물의 경우(예를 들어 침팬지와 유인원)에는 외부 세력에 대항해서 자신의 무리나 부족과 연합하는 능력과 집단의 분노나 두려움의 신호를 감지하는 능력이 생존에 꼭 필요하다. 동료가 겁을 먹었을 때를 감지하고 집단에 가해지는 위험의 원천을 찾아내는 것은 특히 중요하다. 집단 동료나 다른 집단의 구성원들이 화가 났을 때를 인지하는 것 역시 중요하다. 이는 그들과 싸워야 할 수도 있고 그냥 물러나야 할 수도 있기 때문이다. 상당히 유사한 상황이 인류의 조상들에게도 일어났다. 5만 년 전, 생존은 죽음, 부상, 굶주림에서 우리 자신, 자손, 부족 구성원을 지켜낼 수 있는 능력에 좌우됐다. 생존을 위협하는 위험은 자연, 포식자, 경쟁 관계에 있는 부족이나 우리가 속한 부족에게서 기인할 때가 많았다. 이러한 위협에 대처하기 위해서 빠르게 반응하고 물리적으로 위협을 물리치거나 탈출해야 했다. 그를 위해서는 육체적 준비와 고도의 집중이 필요했다. 포식자에게서 도망치거나 경쟁 관계에 있는 부족의 전사와 싸우려면 심장이 피를 좀 더 빠르게 퍼 올려서 근육으로 보내야만 하고, 폐는 산소 공급을 증가시켜야 했다. 이러한 반응의 다수는 현대와는 맞지 않아서, 결국 도움이 되기보다는 집중을 방해하는 요인으로 작용한다.

자주 관찰되는 두려움 반응은 다양한 종이 공유하고 있는 세 가지 범주, 즉 투쟁, 도피, 경직으로 나눌 수 있다. 대다수는 '투쟁 혹은 도피'와 이와 연관된 '아드레날린 분출'이란 개념에 익숙하다. 그리고 뇌와 신체 기능에 급격한 변화를 겪은 동물들은 정신을 집중하고 신체 활동을 할 수 있는 능력을 확대한다. 이를 통해서 인간은 자기방어를 하거나 위협을 막을 수 있다. 인간은 도피를 통해서 위협을 피하려고 노력한다. 죽음이나 부상의 위험이 클 때, 혹은 갈등의 대상(식량 등)이 그러한 위험을 정당화할 가치가 없을 때 도주는 특히 유용하다. 만일 위협을 피하는 것이 불가능하거나 대가가 클 때, 위험의 근원을 물리치거나 손상시킬 때는 대체로 투쟁 모드가 활성화된다. 투쟁과 도피 중 하나를 선택하기가 어렵고, 선택 또한 종에 따라 달라진다(가젤은 도피를 선택하는 경우가 많고, 사자는 투쟁을 선택할 때가 많다). 또한 관련된 종들 사이의 역학, 가용할 자원, 현재 보유하고 있는 에너지와 힘의 수준, 부상, 방어를 위한 준비 태세에 따라서도 달라진다. 복잡한 역학과 빠른 계산을 통해서 적과 교전하는 동안, 쌍방의 동물은 투쟁과 도피 사이를 반복적으로 왔다 갔다 할 수 있다. 가장 잘 알려진 사례를 들자면, 고양이는 자신보다 몸집이 큰 동물을 피해서 도망치는 경우가 더 많다. 하지만 자기방어적 선택으로 마지막에는 공격을 감행할 가능성도 크다. 이러한 역학은 동전의 양면과 같은 두려움과 공격성 사이에 존재하는 흥미롭고 심오한 상관성을 설명하기도 한다.

경직은 인간들에게는 덜 친숙한 또 다른 두려움 반응이다. 경직 반응은 쥐와 토끼처럼 투쟁 능력이 비교적 부족한 동물들에게서 좀 더 두드러지게 나타난다. 경직 반응 동안 해당 동물은 움직이지 못하지만 신경이 곤두서 있고 방어적 자세로 긴장한 상태다. 투쟁 혹은 도주 반응은 확대된 교감신경 활성화를 동반하고 이는 심박수와 혈압의 증가로 이어진다. 반면 경직 반응 동안에는 부교감신경계가 활성화되어 심박수를 줄이고 투쟁 혹은 도주 반응과 관련된 행동을 차단한다. 경직의 주요 기능은 해당 동물이 포식자에게서 몸을 숨길 수 있게 하는 것이다. 도주와 경직 중에서 어느 쪽을 선택하느냐는 어떤 종인지뿐만 아니라 포식자의 위험성, 위험의 근접성, 도주로의 가용성에 달렸다. 포식자가 먹잇감에 가까이 오면 경직은 도주 반응으로 바뀔 수 있다. 이는 먹잇감이 포식자에게 발각됐거나 탈출할 수 있는 도주로가 있음을 의미한다. 매를 발견하고 경직된 토끼를 매가 찾아내기는 상당히 어렵다. 이는 주변 환경에 좀 더 효과적으로 섞여 있기 때문이다. 경직 반응 동안 토끼는 매의 접근, 잠재적 탈출로, 특히 가장 에너지 효율이 높은 탈출로의 탐색 등을 동력학적으로 처리한다. 이는 매가 아주 가까이 왔을 때 필요한 에너지를 절약하기 위한 것이다.

경직 반응은 인간에게는 좀 더 복잡하게 발현해 부동과 정지라는 형태로 나타난다. 생명을 위협하는 강력하고 직접적인 위험에 직면했을 때 나타나는 분리dissociation가 그 예다. 분리는 환경을 구성하는 중요한 요소에서 자신을 분리하는 것을 말한다. 다시 말해 분리란 고통의 인지를 포함해서 가장 고통스러운 측면을 외면하는 것이다. 인간에게 나타나는 경직은 위험에서 탈출하는 것이 불가능하고, 탈출을 위한 필사의 노력이 심각한 부상이나 죽음의 가능성을 높일 때 일어난다. 경직은 마지막 보루로 생존 가능성을 높이고 도주 혹은 위험을 무력화할 수 있는 순간에 사용할 소중한 자원을 비축하는 것이 목표다. 경직은 심각한 학대, 고문, 성폭행 피해자들에게서 자주 나타난다. 이들에게 가장 자기 보존적인 자동 대응은 부동이다. 나는 끔찍한 경험의 생존자들이 자신들의 의지와 상관없이 자동 정지되어 몸을 움직일 수 없고, 또렷하게 생각할 수 없으며, 가해자를 절대 물리칠 수 없다고 말하는 것을 자주 들었다. 분리는 이러한 현상의 일부일 때가 많으며 마치 자신들의 몸에서 자신이 떨어져 나온 것 같은 반의식의 상태를 말한다.

두려움과 현대의 삶

대중 앞에서 발표할 때 불안을 경험하는 발표자는 쿵쾅대는 심장, 호흡 곤란, 진땀, 집중력 감퇴 등으로 어려움과 혼란을 경험한다. 이러한 신체적 변화는 두려움의 진화라는 맥락에서 보면 좀 더 이해하기가 쉽다. 5만 년 전, 만일 우리를 싫어하는 부족의 한 무리에게 말을 건다면 우리는 몇 분 안에 죽임을 당하거나 심각한 부상을 당할 가능성이 높았다. 그러한 의미에서 투쟁 혹은 도주의 신체적 반응은 자기 보존을 위해서 필요했다. 우리가 말할 때 원시 뇌는 잠재적인 사회적 위협에 대비해 투쟁 혹은 도주를 위한 상태로 우리의 몸을 준비시킨다. 여기서 문제는 인간의 생리는 사회적 환경이나 문명의 변화 속도보다 훨씬 더 느리게 변화하고 진화한다는 것이다. 인간의 뇌라는 기재는 지난 수만 년 동안 크게 변화하지 않은 반면, 우리의 환경은 급격한 변화를 겪었다. 우리의 발표를 듣는 사람들이 발표가 마음에 들지 않을 때 일어날 수 있는 최악의 상황은 다시는 발표 기회를 주지 않거나 평가에서 낮은 점수를 주는 것이다. 그러나 인간의 뇌는 백만 년 전에 인식했던 방식과 동일하게 오늘날의 상황을 인식한다. 마치 우리의 내면에 여전히 유인원이 살고 있는 듯 인간의 뇌는 정글에서

처럼 반응한다.

이러한 일은 우리의 일상에서 상당히 빈번하게 일어난다. 사장이나 교수와의 미팅을 앞두고 있을 때, 강렬한 감정과 생각, 신체적 반응, 불행한 운명에 대한 예감 등이 미팅을 앞둔 낮과 밤에 나타난다. 그러한 느낌은 마치 우리가 전쟁을 앞두고 있을 때나 느낄 법한 것이다. 그 이유는 진화라는 자연적 맥락에서는 부족이나 군 지도자가 예상되는 교전을 좋아하지 않으면 우리는 심각한 부상, 죽음, 약탈 그리고 추방의 운명을 맞게 될 것이기 때문이다.

전체적으로 현대의 삶은 진화적으로 매우 중요한 경고 시스템인 두려움을 거짓 경보 시스템으로 바꾸었다. 우리의 생명을 지켜주고 개인과 집단의 생존에 도움을 주었던 이 두려움 시스템은 우리가 속한 현재 상황을 잘못 이해하고 원시인의 삶에만 적당한 반응을 촉발시킨다. 반대로 전쟁, 포식자의 등장, 자연재해의 가능성이 줄어들었기 때문에, 우리는 두려움이 진화해 온 환경에서 겪었던 두려움을 경험하는 일은 드물다. 우리가 진화된 방식으로 우리의 근육을 사용하고 있지 않은 것처럼, 두려움 시스템도 원래처럼 사용하고 있지 않다. 이는 우리에게 두려움, 혼란, 부적응적 불안을 유발한다.

그렇다고 오늘날 두려움이 완전히 쓸모가 없고 중요하지 않다고 말하는 것이 아니다. 한 연구에 따르면 뇌의 두려움 처리 영역이 손상돼 두려움을 느낄 수 없는 동물은 다른 동물에게 죽임을 당하거나 부상을 당할 가능성이 더 높다. 전쟁, 공격, 자연재해, 빠르게 달려오는 차, 성난 개를 맞닥뜨리는 상황에서 두려움과 이와 연관된 신속한 반응과 행동은 우리에게 도움이 된다. 우리는 여전히 두려움이 위험에서 우리를 보호해 주는 중요한 기재임을 알고 있다. 나는 교육생들에게 두려움과 불안은 우리가 착각하고 앉아 있는 의자의 핀과 같아서 그 의자, 그 직업, 그러한 학대적 관계를 떠나야만 한다고 말해준다. 그러나 그러한 두려움과 불안이 부적응적이고 쓸모없는 고통이나 기능장애를 심각한 수준으로 유발한다면 분명 비정상적인 것이다.

선천적 두려움 vs. 후천적 두려움, 구체적인 두려움 vs. 추상적 두려움

형태나 복잡성의 측면에서 두려움과 불안의 원천은 상당히 다양하다. 가장 단순하고 구체적인 형태는 늑대가 다가오는 것같이 외적이고 분명한 대상에 대한 두려움이나 불안이다. 이러한 두려움은 선천적으로 혹은 타인에게서 학습해서 알 수 있다. 예를 들어, 누군가 우리에게 이 동물은 늑대처럼 생긴 착한 개라고 말할 수도 있고 반대로 이 개는 낯선 사람을 싫어한다고 말할 수도 있다. 두려움은 대상과 우리의 생각 그리고 이전의 경험 사이의 상호작용에 의해서도 유발된다. 가령 개가 위험한 질병을 전파할 수 있다고 생각하거나 어린 시절 형제나 자매가 사나운 개에게 물리는 것을 본 기억 등이 그런 예다. 그 개가 어렸을 때 영화에서 본 그 무시무시한 개와 닮았을 수 있다. 나는 영화 〈타란툴라〉, 〈죠스〉, 〈그것〉을 본 후에 거미, 뱀, 광대를 지나칠 정도로 두려워하게 됐다는 환자들을 치료한 적이 있다. 뭔가 나쁜 일이 일어날 것이라는 예상이나 차 사고로 사랑하는 사람을 잃게 될지 모른다는 두려움이 불안을 유발할 수 있다. 강박장애가 있는 환자는 주방기구를 끄지 않았다거나 집에 불이 날 것이라는 반복된 생각으로 불안을 겪을 수 있다.

때때로 우리를 겁먹게 하는 것은 복잡하고 추상적이거나 실존적인 특징을 갖고 있다. 심지어 다른 감정도 복잡하고 덜 구체적인 두려움을 촉발할 수 있다. 인간은 신이나 우주가 내리는 처벌을 두려워할 수 있다. 이러한 두려움은 수년 전에 저지른 나쁜 짓에 대한 죄책감 때문이다. 프로이트의 정신분석학적 접근에서 두려움과 불안은 상충하는 욕망 간의 내적 갈등에서 기인한다. 예를 들어 거세불안castration anxiety은 처벌에 대한 두려움으로, 엄마의 사랑을 쟁취하기 위해서 아버지와 경쟁하는 한 소년의 공상에서 기인한다. 물론 일부는 무의식적이지만 그러한 공상이 존재한다는 것만으로도 아버지가 사망하고 수년이 흐른 뒤에 불안을 유발할 수 있다. 불안의 무의식적 특성 때문에 때때로 그 원인을 모르면서도 불안을 느낄 수 있다.

우리가 느끼는 대부분의 두려움은 경험이나 타인을 통해 학습한 것인 반면 어떤 두려움은 타고난 것일 수 있고, 어떤 이는 다른 사람에 비해 쉽게 불안을 겪는다. 우리의 유전자 암호에 새겨진 몇몇 행동처럼 태어나면서 가지고 있는 두려움도 있다. 몇 가지 사례를 꼽자면 포식자, 큰 소음, 높은 곳, 뱀, 거미, 빠르게 다가오는 물체에 대한 두려움을 꼽을 수 있다. 진화론적 관점에서 보면 이러한 위험은 지극히 일반적이고 종의 생존에 위협이 되므로 이 위험을 피하고 싶어 하는 유전적 경향을 가진 종들은 생존은 물론 그들의 유전자를 다음 세대에게 전달해 줄 확률이 더 높았다.

두려움과 불안의 조절 인자

위험과 마주했을 때 두려움이나 불안의 강도를 결정하는 인자들은 무수히 많다.

인식된 위협

내가 좋아하는 영화 중 하나는 이탈리아 감독이자 배우인 로베르토 베니니의 걸작 〈인생은 아름다워Life Is Beautiful〉다. 이 영화에서 주인공 귀도와 그의 가족은 집단수용소로 끌려간다. 아들을 지키기 위해 귀도는 아들에게 이것은 하나의 게임이고 그들은 지금 수용소 마당에 있는 탱크를 상으로 받기 위해서 이곳에 있는 것이라고 말한다. 귀도는 규칙을 만든다. 고통, 추위, 배고픔을 견뎌내야 하고 불평 없이 이 고통을 가장 잘 견딘 사람이 무조건 상을 받는다는 것이다. 이 영화에서 다른 사람은 겁에 질리고 엄청난 고통에 신음하지만 귀도의 어린 아들은 수용소 안에서도 즐거운 시간을 보낸다. 이는 순전히 수용소의 경험에 대해 다른 틀을 가지고 다르게 이해하기 때문이었다.

이 영화는 우리가 인식한 위험이 반드시 실제로 존재하는 위험의 정도를 정확하게 반영하지는 않는다는 것을 보여주는 하나의 예다. 과거에 어떤 경험을 했는지, 상황에 대해 어떤 설명을 들었는지, 그 상황에 대해 얼마나 알고 있는지, 그것을 마주할 준비가 얼마나 되어 있는지, 어떤 관점에서 그것을 바라보고 있는지에 따라 다른 수준으로 위협을 평가한다. 심지어 동일한 사람도 다른 시간, 다른 정신적 상태에서는 다르게 이해할 수 있다. 귀도와 그의 아들처럼 우리가 신뢰하는 사람이 우리를 대신해서 위험을 정의할 때도 있다. 특히 어린이의 경우 인지 평가 시스템이 완전하게 발달하지 않았고 지식이 미비해서 이에 기반한 결론을 도출할 수 없기에 부모의 평가에 의존해서 위험을 판단한다.

이러한 일은 성인에게도 나타난다. 만약 당신이 아마존을 여행 중인데 갑자기 가이드가 위험한 뱀이 발견됐다고 말했다. 뱀을 직접 눈으로 보지 못했지만 당신의 뇌는 즉각적으로 위협 감지 및 감시 상태로 바뀔 것이다. 하지만 사람은 다른 사람에게서 배우려는 경향이 있어서 두려움이 악용될 가능성이 있다. 예를 들어 부족의 지도자가 다른 부족이 우리 부족을 공격하고 자원을 약탈할 거라고 말한다면 어떨까. 이렇게 정치에서 두려움이 악용되기도 한다.

불확실

대부분 잘 모르는 대상에 대해서 두려움을 느끼거나 그것의 위험을 과장하기가 더 쉽다. 뱀에 대해 잘 모르는 사람은 모든 뱀을 두려워하기 쉽다. 하지만 뱀의 종류가 다양하다는 것을 아는 사람은 독을 품지 않은 뱀을 두려워하지 않을 수 있다. 뱀에 대해서 읽고 배우는 것은 쉬운 반면 더 복잡한 상황에서 불확실성을 극복하기란 좀처럼 쉽지 않다. 특히 정보를 얻을 수 없거나 정보가 상충할 때 그렇다. 코로나 팬데믹이 좋은 예다. 팬데믹이 시작됐을 때 우리는 이 바이러스의 위험성, 전파 경로에 대해 전혀 아는 것이 없었다. 자신을 어떻게 보호해야 하는지, 어떤 마스크를 착용하는 것이 더 나은지, 어디에서 마스크를 착용해야 하는지, 물체를 얼마나 소독해야 하는지, 소독이 필요한지 아닌지에 대해서도 아는 것이 없었다. 연구를 통해서 정보가 점차 늘어나면서 좀 더 확신을 가지게 되었고, 어떤 장소에서 더 주의를 기울여야 하고 어떤 장소는 상대적으로 덜 위험한지를 알게 됐다.

통제감

실제로 있든 아니면 있다고 믿든 통제감은 많은 도움이 된다. 동물 연구에 따르면, 어떤 동물은 통증이나 고통의 정도에 통제력을 지녔다고 느낄 때 스트레스를 덜 받았다. 이는 인간도 마찬가지다. 어떤 상황에 통제력을 잃으면, 우리는 더 두려워하고 스트레스를 받는다. 팬데믹이 시작됐을 때 우리에게는 백신도, 효과적인 치료제도 없었다. 우리 자신을 어떻게 지켜야 할지도 잘 몰랐다. 우리가 할 수 있었던 최선은 기껏해야 집에 머무르는 것뿐이었다. 어떤 이들은 통제에 지나치게 집착한 나머지 집에 있는 모든 가구를 하루에도 몇 번씩 소독하기도 했다. 이러한 행동은 그들이 사실상 거의 통제할 수 없는 어떤 것에 대해서 어느 정도의 통제력을 지녔다고 느끼게 했다. 위협적인 상황을 통제할 수 있다는 인식은 그것이 그릇된 것일지라도 두려움을 통제하는 데 도움을 준다. 역사적으로도 잘못된 통제 인식을 쌓으려는 시도를 미신, 신화, 맹신의 형태로 끊임없이 반복해 왔다. 이러한 미신, 신화, 맹신은 우리가 어떤 특정한 방식으로 무엇인가를 행하면 불행을 막을 수 있을 것이라는 사고에 기반한다. 나무를 두드리면 나쁜 일이 일어나는 것을 막을 수 있다, 올림포스의 신에게 동물을 번제물로 바치면 그 신들이 홍수나 기아를 막아줄 수 있으리라는 믿음이 그러한 예다.

하지만 진정한 통제감은 두려움을 제한할 뿐만 아니라 해를 줄이는 데도 효과적이다. 실제로 팬데믹 동안 백신을 접종하거나 마스크를 착용하면, 심각한 질병에 걸릴 가능성이 낮다는 것을 알고 자신감 넘치게 삶을 살았던 많은 이들이 통제감의 도움을 받았다. 올림포스 신에게 번제물을 바치는 대신 과학과 공학 덕택에 우리는 지진에 내항성을 가진 좀 더 튼튼한 집을 지을 수 있었다.

⁑ 이행

긍정적 이행이든 부정적 이행이든 이행 상황에서는 큰 스트레스를 받는 경우가 많다. 이행하려면 일하는 방식을 재조정하고, 새로운 기술을 습득하고, 새롭고 익숙하지 않은 과제를 수행해야 하기 때문이다. 이행은 우리의 인식, 확신에 대한 의식, 새로운 상황에 대한 통제력에도 영향을 미친다. 팬데믹 동안 급격한 이행이 일어났다. 처음 팬데믹이 발발했을 때, 우리는 삶에 상당한 변화를 주어야만 했다. 재택근무로 이행하면서 우리가 일해온 방식(혹은 우리 중 다수는 일자리를 잃었다), 가족과 동료들과 보내는 시간, 휴가를 보내는 방식, 운동하는 장소와 방식, 사람들과 어울리는 방식에 변화가 일어났다. 하루아침에 새로운 기술에 익숙해져야 했고, 줌Zoom은 대부분 직장과 사회생활에 없어서는 안 되는 것이 되고 말았다. 이러한 이행은 사회적으로 높은 수준의 불안과 정신적 질환을 초래했다. 2021년 4월 출간된 CDC(Centers for Disease Control and Prevention)의 한 보고서에 따르면 최근 미국에서 우울증이나 불안을 겪는 성인의 비율이 36.4%에서 41.5%로 증가했다.

근접성

우리는 위협이 멀리 있다고 인식할 때 덜 두려워하고 위험 회피 행동을 덜 보인다. 우리의 뇌는 멀리 있거나 덜 구체적인 위협을 정확하게 평가하도록 설계돼 있지 않기 때문이다. 실제 실현됐을 때 얼마나 위험한지 혹은 그것에 대비해 얼마나 준비해야 하는지와 상관없이 물리적으로 일시적으로 멀리 있는 위협, 즉 우리의 개인적 경험의 테두리 밖에 있는 위협은 덜 무섭게 보인다. 백 년 전에 일어난 일(스페인 독감), 지금부터 몇십 년 후에 일어날 일(기후변화의 재앙적인 여파)은 우리에게 큰 두려움이나 행동을 유발하지 못한다. 최근에 경험한 팬데믹의 경우, 비극적인 상황이 아시아 다음에 유럽에서 펼쳐지고 있었을 때 많은 미국인과 심지어 그들의 지도자들은 상황의 급박성을 인식하지 못했고 결국 팬데믹이 미국 본토에 도래하는 상황에도 대비하지 못했다. 미국인들은 그 상황을 영화 〈컨테이젼Contagion〉을 보고 있는 것처럼 바라봤다. 뉴욕에서 바이러스가 창궐했을 때 다른 주에 사는 다수의 미국인조차 그것을 심각하게 받아들이지 않았다. 우리는 팬데믹이 우리가 사는 도시와 동네를 강타하는 것을 지켜보면서 그제야 상황의 급박성을 이해할 수 있었다. 심지어 우리 중 일부는 바이러스로 사랑하는 사람을 잃기 전까지 그 심각성을 전혀 이해하지 못했다.

맥락

맥락은 물리적 공간, 사회적 환경, 시간의 변화, 이 모든 배경과 관객의 관계를 제공하는 일련의 환경을 말한다. 맥락이란 아프리카 사하라에서 성난 사자 근처에 있을 때 우리가 보여주는 감정적 반응과 동물원에 있는 성난 사자에게 보여주는 감정적 반응이 완전히 다른 이유다. 같은 사자인데도 두 번째 맥락에서는 행복한 관중(사회적 맥락), 사자와 우리를 분리하는 금속 막대(물리적 맥락), 동물원 표지판(인지적 맥락)이 즐거움과 호기심이라는 감정을 촉발한다. 특히 우리 인간에게 있어서 맥락은 다양한 요소가 광범위하게 결합된 것이다. 그러한 광범위한 요소는 사회적 환경, 물리적 공간과 시간을 포함한다. 시간은 맥락을 이루는 매력적인 측면 중 하나이며 우리의 감정에 영향을 미친다. 많은 이가 불행한 경험을 겪은 날이나 사랑하는 사람을 잃은 날이 다가오면 불안이나 슬픔을 느끼기 시작한다. 어느 날 밤 동네에서 강도를 당한 어떤 이는 그 동네 근처에 가거나 밤이 되면 훨씬 더 긴장한다.

내부적 맥락 또한 두려움과 불안의 경험에서 중요하다. 우리의 사고에 저장된 정보와 기억을 의미하는 인지적 맥락이 내부적 맥락의 일부다. 예를 들어, 출근했을 때 사장이 화가 나서 당신을 찾고 있다는 말을 듣게 된다면, 사장과 만날 때까지 당신이 보유한 인지적 정보는 근심에 찬 불안을 증폭시킨다. 기억, 호르몬 상태, 특정 상황에 우리가 보여주는 내부적 감정이 두려움과 불안의 경험에 영향을 미친다. 위의 사례에서 만일 아침에 나쁜 소식을 듣거나 배우자와 다툼을 해 이미 불안한 상태거나 화가 난 상태에서 출근했다면 불안은 훨씬 더 악화될 것이다.

AFRAID

2

선천적인 기질

뇌 속의 두려움

나는 자네 의견에 절대 반대하는 것도 아니고,
유기적 근거를 가진 심리학을 포기하고 싶은 생각도 없네.
하지만 이것을 빼면 그다음에 무엇을 해야 할지 도무지
알 수가 없다네.

- 지그문트 프로이트 Sigmund Freud, 빌헬름 플리스 Wilhelm Fliess에게 보낸 편지 중에서

호기심이 많은 종인 우리 인간은 감정과 경험의 원천에 대해서 알기를, 적어도 상상할 수 있기를 갈망해 왔다. 그러한 상상에 의존한 감정의 원인에 대한 통찰이 생기면 '나에게 무슨 일이 일어날까?'에 대한 두려움을 통제하고 있다는 기분이 든다. 프로이트 시대에는 뇌 속의 감정을 연구하는 데 필요한 도구들이 없었지만, 많은 발전을 거듭한 지금은 감정과 기분의 진짜 원천을 파악할 수 있다.

역사적으로 우리는 부정적 감정과 정신적 고통의 원인을 외부 세력, 신, 자연, 동물, 영혼, 악령, 자궁, 간, 담즙 탓으로 돌렸고 심장을 감정의 발원지로 여겨왔다. 두려움과 용기 모두 심장의 결과물로 인식해 왔으며, 같은 맥락에서 여전히 용감한 마음brave hearted이라는 말을 사용한다. 이는 몸으로, 특히 아래 흉부와 복부 부위에서 가슴 조임이나 울렁증의 형태로 두려움을 경험할 때가 많기 때문이다. 하지만 이제 우리는 두려움을 몸으로 경험한다고 하더라도 그 시작은 뇌라는 걸 안다. 두려움을 처리하는 뇌 영역이 외부 자극이나 내부 자극에 반응할 때 이러한 감정을 경험한다. 뇌는 두려움에 연관된 신체적 감각이 일어나는 것(숨이 차거나 가슴이 조이는 것)을 인식한다. 우리가 겁을 먹을 때 일어나는 신체적 반응과 변화는 뇌가 우리의 몸에 전달하는 뉴런과 호르몬과 관련된 지시에 따른 결과로 투쟁, 도주 및 경직의 두려움 반응을 촉발한다. 놀랍게도 뇌 조직 자체는 통증은 물론 그 어떤 것도 느낄 수 없다.

나는 늘 불안에 떠는 환자들에게 묻는다. "환자분은 두려움을 머리로 더 느낍니까? 아니면 몸으로 더 느낍니까?" 어떤 환자들은 두려움을 정신적 측면에서 좀 더 크게 인식하고(불안한 생각, 회상, 걱정, 집중력 저하), 어떤 환자들은 신체적 측면에서 좀 더 많이 경험한다(심박수 증가, 가슴 조임, 숨 가쁨, 손끝 저림).

이 장에서는 전문 용어의 사용을 지양하면서 인간의 뇌 속에서 두려움이 처리되는 방식을 설명하고자 한다. 그러고 나서 체내에서 두려움이 어떻게 작동하고 불안과 두려움이 신체에서 어떻게 발현되는지를 살펴볼 것이다.

두려움을 처리하는 뇌 영역

수년 전 주차된 차 안에 앉아 있을 때, 고속으로 달리던 오토바이가 운전석 쪽을 심하게 들이받은 적이 있다. 다행히 아무도 다치지 않았지만 새로 뽑은 차가 심하게 부서졌다. 나는 아직도 슬로모션으로 영화를 찍는 듯 그 사고를 아주 상세하게 기억한다. 나를 향해 다가오는 오토바이 이외에는 다른 어떤 것은 보지도 듣지도 못했다. 이 모든 것은 뇌가 즉각적으로 완전히 다른 작동 방식으로 전환해서 경계심, 시간 감각, 집중력, 기억력을 강화했기 때문이다.

두려움을 느끼는 인간의 뇌에 대한 지식은 동물 실험 연구에 기반한다. 두려움은 상당히 원시적인 기제이므로, 두려움 처리에 관계된 인간의 뇌 회로와 쥐처럼 원시적인 동물의 뇌 회로는 상당 부분 비슷하다. 사실 두려움과 관련된 정신질환에 대한 몇몇 연구는 여전히 동물 실험을 기반한다.

이 장에서는 두려움 처리에 관여하는 주요 뇌 네트워크에 국한해서 설명할 것이다. 인간의 뇌에서 두려움을 생산하고 통제하는 것과 관련해서 밝혀져야 하는 부분이 여전히 많지만, 지금까지도 많은 성과를 이루었다. 뇌의 각 부분을 개별적으로 이야기하겠지만 이 영역들이 각각 분리되어 기능하는 것은 아니다. 오히려 이 영역들은 네트워크를 이룬다. 이 네트워크들은 수천 개의 피드백 회로와 긴밀하게 연결되어 있기에 개별적으로 보는 것은 불가능하다.

역사적으로 신경과학 연구는 동물 연구와 인간 뇌의 사후 부검에 국한돼 있었다. 그러나 뇌 영상화 기술이 발전하면서 우리는 살아 있는 인간의 뇌에서 어떤 일이 일어나는지를 알 수 있게 됐다. 자기공명영상법Magnetic Resonance Imaging(MRI)의 등장으로 뇌 구조를 자세하게 연구하는 것이 가능해졌고, 회백질과 백질의 다양한 영역을 볼 수 있을 뿐만 아니라 이 영역의 크기와 구조도 측정할 수 있다. 또한 정신질환에 의해 유발되는 뇌의 변화에 대해서도 알 수 있다.

뇌의 영역과 그들의 상호작용을 상세하게 다뤄보기 전에 뇌세포, 즉 뉴런에 대해 짧게 언급하고 지나가도록 하겠다. 회백질은 뇌세포체의 집합이며, 백질은 주로 신경세포의 축삭돌기로 이루어져 있다. 축삭돌기는 신경세포의 긴 연장선으로 하나의 신경세포를 다른 신경세포나 다수의 다른 신경세포와 연결한다. 그것은 각 신경세포의 긴 줄기로 마치 다른 세포의 어깨를 두들긴 후 다음에 무엇을 해야 하는지를 명령하는 것처럼 보인다. 다시 말하면 축삭돌기는 함께 작동하는 신경세포와 네트워크를 형성한다.

뉴런 하나의 축삭돌기와 다음 뉴런의 세포체 사이의 연결점을 시냅스라고 부른다. 아주 작은 전기신호(이 전기신호가 하나의 뉴런을 지나 다음 뉴런으로 전달되는 것을 촉진한다)가 이 축삭돌기를 통해 이동하고 축삭돌기 가장 끝에 도달해서 화학물질의 분비를 촉진한다. 이 화학물질을 신경전달물질이라고 부른다. 이 신경전달물질이 방출되면 시냅스에서 뉴런의 수용체에 자리 잡고 뉴런의 활동을 활성화하거나 억제한다. 신경전달물질의 유형, 그것을 받거나 방출하는 뉴런의 유형, 이 신경전달물질을 붙잡고 있는 수용체의 유형에 따라 이것이 수신 뉴런의 활동을 촉발하거나 억제할 수 있다. 요약하면 회백질은 주로 수십억 개의 신경세포의 집합체이고 백질은 이러한 신경세포 사이를 연결하는 조직이다. 백질의 밝은색은 주로 뉴런의 축삭돌기를 감싸고 있는 미엘린 때문이다. 한편 회백질은 흔히 피질(뇌를 감싸고 있는 외피층)로 알려진 것으로, 뇌 깊숙한 곳에 회백질로 이루어진 영역들이 있다. 이 영역들은 두려움 처리에 관여하는 매우 중요한 영역으로 이루어져 있다.

살아 있는 인간의 뇌를 어떻게 연구할 수 있을까?

뇌를 고찰하는 전통적인 방법은 사후 두개골을 열어보는 것이었다. 이러한 방법은 뇌 해부학과 뇌의 다양한 영역 사이의 연결에 대한 이해의 기초를 다지는 데 도움을 주었다. 물리학과 기술의 발전으로 살아 있는 사람의 뇌 속을 들여다볼 수 있는 놀라운 도구들이 개발됐다. MRI는 비침습성 영상화 기술로 자기장을 이용해 뇌나 몸속 분자들의 특징을 결정한다. 간단히 말해서 MRI는 자기에너지로 그 분자들을 충전하고 강한 자기장 방향으로 분자들을 정렬시킨다. 그런 다음 전파의 펄스pulse가 분자들의 배열을 흐트러트린다. 펄스들이 움직임을 멈추고 각각의 분자가 다시 자기장을 따라 재정렬하기까지 각기 다른 시간이 필요하다. MRI 스캐너가 분자들이 방출하는 에너지를 인식해 이러한 분자들로 이루어진 뇌 조직을 파악하는 것을 가능하게 한다. 그런 다음 회백질과 백질 그리고 뇌 소구역을 보여주는 상당히 훌륭한 해상도를 가진 뇌의 3D 이미지를 만들어낸다.

기능자기공명영상(fMRI)은 좀 더 참신하고 복잡하며 멋진 방법으로 각기 다른 뇌의 영역으로 유입되는 혈류의 변화를 추적하는 데 도움을 준다. 근육과 마찬가지로 뇌 영역은 활성화됐을 때 더 많은 혈액이 유입된다. fMRI는 혈액의 흐름을 추적하며 뇌가 동력학적으로 무엇을 하는지를 간접적으로 확인한다. 예를 들어, 한 사람에게 무서운 이미지를 보여주고 뇌의 어떤 부분이 제일 먼저, 가장 활발하게 반응하는지를 확인할 수 있다. 활동이 증가한 영역들은 더 많은 혈액과 산소 공급을 필요로 하는데, fMRI가 이를 감지할 수 있다. 이로써 우리는 뇌의 역학적 기능과 뇌의 네트워크들이 외부 세계와 어떻게 상호작용하는지, 서로는 어떻게 상호작용하는지를 고찰할 수 있다.

⁑ 편도체

편도체amygdala는 뇌의 두려움 처리 네트워크의 핵심이고 실제로 두려움이 시작되는 곳으로 회백질을 구성하는 아몬드 모양의 영역이다. 편도체는 귀 근처 뇌의 측두엽에 위치한다. 뇌로 입력된 감각 정보는 편도체로 들어가고, 이곳에서 주로 동물적 본능에 따라 중요한 결정이 이루어진다. 우리가 물체를 보면 편도체가 그것을 먹어야 하는지, 그것으로부터 도망쳐야 하는지, 혹은 그것과 섹스를 해야 하는지 여부를 결정한다. 눈 깜짝할 사이에, 거의 무의식적 수준에서 이루어지는 결정은 편도체가 수행하는 중요한 기능 중 하나다. 몇 가지 감각 정보(자극)가 편도체에 유입되면 이 정보를 의식적으로 처리하고 생각하기도 전에 유입된 정보에 대해 무의식적 반응을 촉발한다. 편도체 덕분에 우리가 위험에 대해 생각하기도 전에 즉각적이고 빠르게 반응할 수 있다. 예를 들어, 차나 포식자가 빠르게 우리를 향해 접근해 오면 우선 그 자리를 피하거나 달아난 후 두려움 반응에 대한 정신적·

물리적 표현을 느끼기 시작하고(심장 두근거림), 누가 그 차를 운전 중이었는지, 왜 그 차가 그렇게 빨리 나를 향해 돌진했는지, 그 동물은 무엇이었는지, 친구가 북슬북슬한 털옷을 입고 나를 겁주려고 한 것은 아니었는지 생각하기 시작한다. 때때로 편도체의 반응이 너무 미묘해서 그 반응을 의식조차 하지 못할 수 있다. 예를 들어, 당신이 MRI 스캐너 안에 누워 있을 때 무서운 사람의 사진을 보게 된다면, 편도체에 유입되는 혈류량이 증가하는 것을 확인할 수 있다. 이런 사진을 본다고 하더라도 어떤 의식적 감정이 일어나지 않는 것이 일반적이고 그 스캐너 안에서 그런 사진을 봐야 한다는 것이 지루하게 느껴질 수 있다. 그러나 연구자들은 사진에 대한 반응으로 편도체 내의 활동성이 증가한 것을 확인할 수 있다.

사회적 동물인 인간은 다른 인간의 감정, 특히 부정적인 감정에 매우 예민하다. 겁을 먹은 사람이나 성난 사람의 얼굴을 보는 것만으로도 우리 자신과 우리가 사랑하는 사람들을 위협하는 즉각적인 위험으로 인지하고 뇌와 몸은 이에 대응을 준비한다. 한 연구에 따르면 그러한 반응들은 과거 경험에 영향을 받을 수 있다. 예를 들어, 트라우마를 겪은 이력이 있거나 어린 시절에 힘든 일이나 가난을 겪은 사람들의 뇌는 위험 신호에 좀 더 예민하게 반응한다. 우리 연구팀은 fMRI 연구를 통해 빈곤한 가정에서 자란 성인의 뇌는 중간 소득 가정에서 자란 성인의 뇌에 비해 겁먹은 사람이나 성난 사람의 얼굴 사진에 좀 더 큰 편도체 반응을 보인다는 것을 확인했다. 우리는 그러한 차이가 빈곤이라는 환경이 좀 더 부정적인 경험, 예를 들어 범죄,

괴롭힘, 위험한 동네 환경 등에 더 많이 노출되기 때문이며 그 결과 성장하는 아동의 뇌가 자기방어를 위해서 힘든 경험에 좀 더 즉각적으로 반응하도록 훈련이 된다고 가정했다.

두려움 처리에서 편도체의 역할이 상당히 중요하므로 편도체에 손상을 입은 경우, 두려움 반응을 할 수 없을 뿐만 아니라 두려움의 대상을 파악하는 학습 능력도 손상을 입는다. 편도체는 두려움 반응을 촉발하는 역할을 할 뿐만 아니라 분노, 기쁨, 슬픔 등 다른 감정을 경험하는 데도 필요하다. 두려움과 공격 사이의 깊은 연관성은 해부학적이며 기능적인 연관성에 뿌리를 두고 있다.

편도체는 위험에 맞서거나 회피하기 위한 행동이 필요하다고 판단하면 투쟁 혹은 도주 반응을 준비하고 실행시키는 데 관여하는 뇌 영역을 활성화한다. 신체적 행동을 처리하는 뇌 영역은 위협을 막거나 피하는 데 필요한 운동 동작을 계획하고 실행한다. 편도체는 시상하부에 신호를 보내기도 한다. 그러면 시상하부가 교감신경과 면역반응, 신체 기능에 관여하는 호르몬을 활성화한다. 이 호르몬은 위기 상태에서 분비를 증가시키기도 하고 감소시키기도 한다.

편도체는 두려움 반응에서 중요할 뿐만 아니라 두려움의 대상을 학습하는 공포 학습fear learning에도 중요하다. 우리는 무엇이 위험하고 위험하지 않은지를 완벽하게 이해하고 태어나는 것이 아니다. 더욱이 어떤 상황에서는 위험한 것이 다른 상황에서는 위험하지 않을 수 있다. 그러므로 우리가 살아가는 환경에서는 특정한 위험에 적응하거나 위험하고 피해야 할 대상을 판단하는 것이 중요하다. 화가 난 사람이 우리를 향해서 빠르게 다가오는 것이 그다지 좋은 일이 아니라는 것을 본능적으로 알 수 있는 반면 우리를 향해 총을 겨눈 사람을 두려워해야 한다는 것을 태어나면서 알았던 것은 아니다. 이는 총이 비교적 최근에 만들어진 인류의 발명품이기 때문이다. 우리는 일반적으로 뱀을 무서워하지만 늑대에 대한 두려움을 가지고 태어난 것은 아니다. 아마도 이는 우리의 조상이 오랫동안 늑대와 함께 생활해 왔기 때문일지 모른다. 또는 맹독성 뱀이 많이 서식하는 미국 서부의 주민들은 독사를 보는 것이 드문 일인 미시간주 사람들보다 뱀을 좀 더 두려워하는 것이 합당할지 모른다. 우리가 어렵고, 고통스러우며, 위험한 경험을 하고 있을 때 편도체는 두려움을 학습하는 데 중요한 역할을 한다. 우리는 두려운 기억을 형성하는 능력 덕분에 회색곰을 쓰다듬을 때마다 성난 곰의 공격을 받을 것을 걱정하지 않아도 된다. 일단 한 번 공격을 받으면 회색곰뿐만 아니라 색깔과 크기와 관계없이 모든 곰을 피해야 한다는 것을 알게 되기 때문이다.

요약하면 편도체는 위험을 인식하고 두려움 반응을 생산하고 무엇이 위험이고 미래에 그 위험을 만났을 때 피해야 하는지 무력화시켜야 하는지 파악할 때 중요한 역할을 한다. 대체로 편도체가 자동화된 기능을 수행한다는 점에서 공포 학습은 자동화된 프로세스일 때가 많기에 수학을 공부할 때처럼 의식적인 노력을 투입할 필요는 없다. 논리적으로 위험하지 않은 무엇인가를 두려워할 때는 자동화된 두려움 학습을 파악하는 것이 정신질환의 중요한 한 측면이다.

해마

해마hippocampus는 편도체 바로 옆에 위치한 측두엽에 있는 뇌의 중요한 영역 중 하나이며 편도체와 긴밀하게 연결돼 있다. 대부분 해마를 기억과 학습과 관련시키지만 두려움과 안전을 파악하는 것도 해마의 기능 중 하나다. 한 가지 흥미로운 사실은 해마는 상당히 가소성이 뛰어나서 매일 해마 안에 새로운 세포가 생성된다는 것이다. 뇌는 어린 시절 이후 새로운 세포를 생성하지 못한다는 것은 근거 없는 오류이며, 해마와 같은 뇌의 영역은 지속적으로 새로운 세포를 생성한다. 이 새로운 세포가 죽을 때까지 역동적인 인지적 학습과 정서적 학습에 사용된다. 두려움과 불안 관련 질환을 포함해서 정신질환은 해마의 감소와 성장의 둔화를 유발할 수 있지만, 운동을 포함한 건강한 생활방식으로 해마의 구조를 향상시키고 성장을 촉진할 수 있다.

해마는 두려움과 안전 학습 이외에, 감정 조절에도 관여해서 편도체의 반응과 두려움 반응을 조절한다. 이는 몇 가지 메커니즘을 통해 이루어지는데 그중 하나가 맥락 처리다. 즉, 해마는 상황을 맥락 속에 넣는다. 앞에서 설명한 것처럼 맥락은 물리적 공간, 사회적 환경, 시간 그리고 이 모든 환경과 관객viewer과의 관계에 대한 배경지식을 제공하는 일련의 환경이다. 우리가 동물원이나 유령의 집에 있을 때, 맥락은 겁을 먹게 만드는 그 대상(동물원의 사자, 유령의 집에 있는 살인자)이 위험하지 않다는 것을 알려준다. 사람들은 전쟁터라는 맥락에서 큰 소음을 들으면 안전을 위해서 바닥에 엎드린다. 하지만 사격장에서 큰 소음을 듣는다고 바닥에 엎드리는 반응을 보이지 않는다. 편도체는 맥락을 보지 않고 대상에만 반응한다. 사자를 보여주면 편도체가 작동해 투쟁이나 도주 반응을 활성화시킬 준비를 해서 우리의 안전을 지켜준다. 그때 해마가 개입해서 동물원이라는 맥락을 파악하고 편도체에 금지축삭돌기를 통해서 진정하라고 말한다. 편도체와 해마 간의 조율은 무의식적이며 자동화된 차원에서 일어난다. 우리는 편도체에서 촉발된 두려움 반응을 느끼지조차 못한다. 유령의 집에서 우리는 두려움 반응을 느끼지만 오히려 이러한 흥분 상태를 즐긴다.

동물 실험은 해마 손상이 맥락 처리 능력을 약화시킨다는 것을 보여준다. 이 뇌 영역에 손상을 입은 설치류 동물은 위험을 동반한 물리적 맥락에서 동결 행동을 보여주지 않는다. 나중에 설명하겠지만 외상 후 스트레스 장애(PTSD)처럼 맥락 처리에 손상을 입은 경우, 해마는 더 작아지고 반응을 덜 보인다. 외상 후 스트레스 장애가 있는 재향군인의 뇌는 불꽃놀이에서 나는 큰 소음과 전쟁터에서 들리는 소리를 구분하지 못할 수 있다. 그 결과 그 재향군인은 극심한 공포를 느끼거나 자동으로 땅바닥에 엎드리게 될 수 있다.

해마는 과거 위험과 연관된 어떤 대상이 더 이상 위험하지 않다는 것을 판단하는 활동에도 관여한다. 예를 들어 개공포증이 있는 사람의 경우, 그 개와 위험 사이의 상관관계는 치료 후에도 기억에서 지워지지 않는다. 이때 해마는 새로운 기억을 창조함으로써 위험과 그 개를 분리시킨다. 그 이후 개를 봤을 때, 편도체가 여전히 두려움 반응을 유발할지 모른다. 그러나 해마는 편도체에 이 새로운 개는 안전하다고 말하고 두려움 반응을 차단한다. 두려움 기억을 제거하지 못하면 성공적인 치료 후에도 공포증이나 PTSD가 재발한다. 이 때문에 과학자들은 두려운 기억을 지워버릴 수 있는 새로운 치료법을 발견하기 위해 노력하고 있다.

해마의 또 다른 흥미로운 기능은 패턴 인식이다. 해마는 인지된 패턴을 분석하고 그것이 무엇인지를 판단한다. 예를 들어, 해마는 털이 부슬부슬한 동물을 각기 다른 부분으로 분리한다. 다리가 곰이나 사자의 다리와 유사할 수 있고 꼬리는 개나 사자의 꼬리일 수 있으며 얼굴 털은 사자의 갈기와 닮았다. 결론은 눈에 보이는 털이 부슬부슬한 그 생명체는 사자일 수 있다. 패턴 인식은 패턴과 대상을 인식할 수 있게 할 뿐만 아니라 패턴 완성이라는 과정을 통해 모호하거나 누락된 부분을 파악할 수 있게 한다. 모호하거나 불완전한 사물이 뇌에 입력되면 패턴 완성이 기억을 검색하고 그 이미지에서 빠진 부분을 찾아내 완전한 이미지를 완성한다. 예를 들어 'intellgent'라는 단어를 읽는다고 가정하자. 이때 당신은 이 단어에서 'i'가 빠진 것을 알아차리지 못할지 모른다. 이는 해마가 자동으로 그 불완전한 스펠링을 채워넣기 때문이다.

뇌섬엽

뇌섬엽insula은 회색질의 또 다른 뇌 영역으로 편도체보다 좀 더 앞쪽에 있으며 편도체와 상당히 긴밀하게 연결돼 있다. 뇌섬엽은 사교적 공감과 내적 감각 혹은 내부 수용 감각의 인지 등을 포함해 다양한 기능을 수행한다. 심장이 빠르게 뛴다고 느낄 때, 가슴이 조인다거나 소화가 안 된다고 느낄 때, 뇌섬엽이 이러한 감각을 처리하는 데 관여한다. 다시 말해 편도체가 두려움 반응을 촉발할 때 뇌섬엽이 몸과 마음에서 일어나는 두려움 반응을 의식적으로 인지하게 하는 역할을 한다.

전전두피질

눈과 이마 바로 위에 위치한 회색질의 전전두피질prefrontal cortex은 의사결정, 판단, 계획 같은 인간의 복잡하고 의식적인 뇌 기능을 주관한다. 신경과학자들은 각기 다른 특화된 기능을 기반으로 전전두피질을 몇 개의 하부 영역으로 분류한다. 이해를 돕기 위해서 이 책에서는 감정 처리에 관여하는 전두엽 영역을 전전두피질이라고 부른다. 해마처럼 전전두피질은 맥락 처리에 관여하고 좀 더 큰 그림에서 잠재적으로 위험한 대상을 이해하는 데 도움을 준다. 전전두피질의 또 다른 중요한 기능은 두려움을 처리할 때 생각과 지시를 통합하는 것이다. 예를 들어, 우리가 독사의 색깔과 머리 모양에 대해서 읽어본 적이 있을 경우, 그 기억을 바탕으로 그것이 독사인지 아닌지를 판단하고, 그러한 판단을 기초로 두려움을 느낄 수도 느끼지 않을 수도 있다. 우리가 그 뱀을 보는 즉시 편도체가 발화하지만, 그 뱀이 독사인 경우 우리의 인지적 지식이 두려움 반응을 활성화하고, 반면 독사가 아닌 경우 편도체를 억제해 두려움 반응의 활성화를 막는다.

전전두피질은 두려움을 조절하고 완화하는 데 중요한 역할을 하지만 도리어 두려움을 유발할 수도 있다. 전전두피질에서 처리되는 지시가 우리에게 위험을 알려서 두려움의 경험을 상당히 빈번하게 유발하기도 한다. 당신이 기분 좋게 걷고 있을 때 누군가가 그 동네에 탈주 중인 총을 든 사람이 있다고 말했다고 가정하자. 주변에서는 아무 일이 일어나지 않았고 당신은 아무것도 보지 못했지만 즉각적으로 두려움을 느끼게 된다. 위험 평가와 관련된 설명과 생각이 위험에 처해 있다는 판단을 유도하기 때문이다. 이 상황에서 전전두엽 뇌는 두려움 반응을 방해하지는 않지만, 편도체를 활성화시켜 두려움 반응을 활성화한다. 우리가 느끼는 추상적 두려움이나 편견 중 다수가 이러한 메커니즘과 전전두엽피질의 참여에서 기인한다. 현대 인간의 실존적 두려움, 핵전쟁에 대한 공포, 팬데믹에 대한 두려움, 인종차별 같은 비이성적인 형태에 학습된 두려움은 모두 이러한 방식으로 작동한다.

요약하면 잠재적으로 위험한 상황일 때 편도체가 위협의 정도를 판단한다. 만일 그것이 위험한 상황이라고 판단될 경우, 편도체가 뇌의 운동 영역에 신호를 보내 육체적 행동을 준비시키고, 교감신경계에 신호를 보내 신체가 투쟁할지 도주할지 준비시킨다. 뇌섬엽이 활성화되면 신체적으로, 정신적으로 두려움과 불안을 인식하게 된다. 편도체에서 전전두엽 피질로 이어진 직접적인 뉴런 통로들이 우리의 생각에 영향을 미치고 좀 더 복잡한 의사결정을 조절한다. 해마가 두려움을 맥락 속에 넣고, 우리로 하여금 좀 더 커다란 맥락과 환경에서 하나의 대상이 얼마나 위험한 것인지를 판단하게 한다. 또한 해마는 두려움 기억 형성과 이전의 두려운 상황이 더 이상 위협이 아니게 되는 때를 학습하는 데 기여한다. 전전두피질은 위험과 관련된 좀 더 고도화된 사고와 계획을 수행하고, 맥락과 상황에 대한 정보가 우리에게 안전하다고 말하면, 원시 두려움 반응을 억제하는 기능을 한다. 또한 전전두피질은 기억, 논리, 다른 사람들이 전달해 주는 정보에 근거해 위험을 판단하고, 두려움을 유발한다.

두려움에 관여하는 화학물질

아드레날린, 도파민, 세로토닌이 두려움과 불안을 촉발하는 데 기여한다. 당신은 아마도 이 화학물질을 조절해서 불안을 통제하는 약물에 대해서 익히 들었을 것이다. 이러한 화학물질은 뇌 속의 분자들, 즉 신경전달물질로 뇌 회로 속의 뉴런이 서로 소통할 수 있게 한다. 앞에서 설명했듯, 하나의 뉴런이 활성화되면 뉴런의 축삭돌기를 횡단하는 전류를 생성한다. 하지만 이 전류는 시냅스 공간에 의해 원래 뉴런과 분리된 다음 뉴런으로 직접 전달될 수 없다. 이 신호를 이웃한 뉴런에 전달해서 활성화하려면 원래 뉴런이 분자 하나, 즉 신경전달물질 하나를 방출해서 시냅스후postsynaptic 뉴런의 수용체receptor에 안착한다. 이러한 결합이 이웃한 뉴런을 활성화하거나 억제한다. 뇌 속에는 무수히 많은 신경전달물질이 존재한다. 이 신경전달물질이 안착하는 뇌의 영역과 수용체의 형태에 따라 각 뉴런이 시냅스후 뉴런을 활성화할 수도 있고 비활성화할 수 있다.

두려움 네트워크에서 작동하는 주요 신경전달물질에 대해 짧게 언급하고자 한다. 이 신경전달물질들은 주요 항불안 약물의 타깃이 되며, 두려움과 정신의학에서 불안 관련 장애 치료에 사용된다.

이제 뇌 속에서 두려움의 인지가 화학물질들을 통해서가 아닌 네트워크의 렌즈를 통해서 이루어진다는 것을 안다. 그러나 현재 사용하고 있는 약물들은 하나의 네트워크만을 공략할 만큼 똑똑하지 않아서 하나의 특정한 신경전달물질이 뇌 전체에 영향을 미친다.

노르에피네프린norepinephrine은 두려움, 흥분, 경계, 각성의 경험과 학습 그리고 의식 및 집중에 관련된 주요 신경전달물질 중 하나다. 중요한 인터뷰나 시험을 앞둔 전날 저녁에 잠 못 들고 깨어 있거나 긴장하게 하는 신경전달물이기도 하다. 스트레스, 투쟁 혹은 도주 상황에서 증가된 노르에피네프린의 분비가 고조된 각성 상태를 유발해 위험을 지속적으로 점검하고 신중하게 행동한다. 노르에피네프린은 또한 우리의 정신을 위험 신호로 돌리게 하고 위험하다고 학습된 것에 대한 기억의 암호화를 강화한다.

두려움을 경험하는 동안, 노르에피네프린은 편도체, 해마, 전전두피질의 활성화를 증가시킨다. 또한 노르에피네프린은 체내에서 일어나는 교감신경의 투쟁 혹은 도주 반응의 핵심 주체이기도 하다.

도파민dopamine은 노르에피네프린의 가까운 친척으로 동기부여, 운동 기능, 사고에 관여한다. 특히 스트레스와 불안 상황에서는 편도체에서 도파민의 분비가 증가한다. 이 신경전달물질은 두려움의 학습을 강화하기도 한다.

도파민이나 노르에피네프린은 모두 즐거움, 흥분, 전율 경험에서 중요한 역할을 한다. 두려움과 흥분 사이에 공통분모가 존재하고, 취미활동으로 무서운 활동(공포 영화, 롤러코스터, 유령의 집)에 관심을 보이는 이유도 이 때문이다.

세로토닌은 우울증과 관련한 역할과 우울증에 영향을 미치는 플루옥세틴(프로작) 같은 항우울제로 익히 알려져 있다. 세로토닌은 기분, 수면, 식욕, 성욕, 공격성, 불안감을 조절한다. 세로토닌이 안착하는 특정 수용체와 뉴런의 유형에 따라 불안감을 증가시킬 수도, 완화할 수도 있으며 두려움 기억을 지우는 데 특히 도움이 된다. 이 때문에 과학자들은 여전히 항우울제가 어떻게 작용하는지 정확하게 파악하지 못하고 있다.

감마아미노뷰티르산gamma-aminobutyric acid 혹은 가바GABA는 상당히 높은 수준의 농도로 뇌 전체에 퍼져 있다. 가바는 뉴런에 억제력을 발휘하고 불안을 완화시킨다. 벤조디아제핀 계열의 로라제팜 같은 약물과 발작 약제seizure medications 등이 가바 수용체에 작용한다.

반대로 글루탐산glutamate은 활성 신경전달물질로 뇌 전체에 널리 분포한다. 글루탐산은 두려움과 트라우마 기억을 강화하는 역할을 한다. 고농도의 이 신경전달물질에 만성적으로 노출될 경우 뇌의 감정 조절 영역, 즉 해마나 전전두피질의 뉴런을 상실할 수 있다. 두려움과 불안 관련 질환의 주요 원인으로 글루탐산을 연구하는 이유도 이 때문이다. 두려움에 관여하는 다른 분자도 많지만 앞서 언급한 것들이 가장 중요한 역할을 한다.

AFRAID

3

내 심장이 왜 이렇게 심하게 뛰는 걸까?

신체가 느끼는 두려움

때때로 나는 상당히 침착한 모습으로 앉아 있지만
몸 안에서는 폭풍이 일고 있다. 내 몸이 말을 한다.
아니 괴성을 지른다.
심장이 벌렁거려서 목까지 차오르고,
두 손이 땀으로 흥건한 걸 남들에게
들키지 않기 위해서 끊임없이 소맷자락으로
두 손을 가리느라 여념이 없다.

- 불안에 떠는 어느 환자

대부분의 사람들은 심장이 심하게 뛰고 숨이 차서 말하기가 어렵고 위장이 뒤집히고 등줄기가 오싹해지고 두 손이 땀으로 흥건하고 후들후들 떨리는 것을 경험해 봤을 것이다. 강도가 너무 심할 경우 어떤 사람들은 심장마비가 아닐까 생각할 정도다. 뇌가 두려움을 처리하고 인지하지만, 우리는 근육 긴장, 가슴 조임, 심박수 증가, 가슴 두근거림, 숨 가쁨, 터널 시야, 사지 저림, 마비와 같은 다양한 신체적 증상도 경험한다. 일반적으로 다양한 문화에서 심장 혹은 복부를 두려움이나 용기를 의미하는 장기로 간주했다. 우리도 심장이나 복부에서 이러한 감정을 느낄 때가 많다. 이러한 감정은 너무나 강렬해서 문화적으로 언어학적으로 비겁이나 용기는 뇌보다는 심장과 밀접한 관련을 가져왔다. 이는 과학적으로 심장과 위장계로 유입되는 교감신경이 조밀하게 분포된 결과라고 본다.

이 장에서는 뇌에서 촉발된 두려움과 불안이 어떻게 해서 거의 모든 장기에서 일련의 신체적 반응(우리가 흔하게 감지하는 심장 두근거림에서부터 호르몬 변화나 염증반응과 같이 덜 의식되는 반응에 이르기까지)을 일으켜서 도주 혹은 투쟁을 준비하게 하는지를 설명하려고 한다.

두려움은 어떻게 뇌에서 몸으로 이동하는가?

위험에 처해 있다는 판단이 이루어지면 편도체가 뇌에서 일련의 사건을 활성화해서 투쟁이나 도주 모드를 취하도록 우리의 몸을 준비시킨다. 위협이 어디에 존재하는지 그리고 위협과 관련해 어떻게 조치를 취해야 하는지를 결정하는 것은 뇌에서 이루어지지만, 신체의 자원을 활용해서 전략을 행동으로 옮기는 것은 우리의 신체다. 위협과 맞설 수 있게 우리를 준비시키는 이러한 반응과 신체적 변화에 대해서 좀 더 심도 있게 논의하기에 앞서, 잠재적으로 위험한 상황에서 이상적으로 행동하기 위해 우리의 몸이 필요로 하는 것이 무엇인지부터 생각해 보자. 다른 인간, 포식자, 경쟁 관계의 다른 종을 피하거나 맞서기 위해서, 쓰러지는 나무나 굴러떨어지는 바위를 피하기 위해서 수백 년에 걸쳐 진화해 온 인간의 몸을 이야기하고 있다는 사실을 기억해 두자. 이러한 상황에서 우리는 덜 중요한 기능에 필요한 뇌와 신체의 제한적인 자원을 그 순간의 위험 상황에 대처하는 데 사용한다. 그 제한된 자원이란 뇌의 처리 용량, 집중력, 에너지 보관, 혈액 공급(강렬한 신체활동을 하는 데 필요한 중요한 기관들로 혈액을 공급할 필요가 있다), 근육에 저장된 에너지 분자, 부상 방지 및 회복 능력, 상처에 염증

발생을 예방하는 것 등을 말한다. 부상은 신체적 능력의 감퇴와 혈액 손실(혈액의 양은 제한적)로 이어질 수 있다.

전전두피질과 해마와 같은 뇌의 다른 영역과의 조율을 통해서 편도체는 위험에 처해 있음을 판단하고, 뇌의 다른 지휘센터로 신호를 보내 신체의 두려움 반응을 활성화한다. 이 지휘센터들은 (예를 들어 두려움 혹은 분노의) 표정에서부터 위협과 투쟁하거나 위협을 회피할 때 학습된 신체 움직임에 이르는 일련의 운동 및 신체적 행위에 관여하는 네트워크를 포함한다. 이를 통해서 근육은 물론, 근육을 활성화하라는 신경 신호를 보내는 뇌의 운동 처리 영역을 준비시킨다.

신체가 두려움을 느끼게 하는 또 다른 중요한 영역은 교감신경계다. 이 교감신경계는 우리가 두려움, 흥분, 전율을 느낄 때 그리고 최적의 육체적 퍼포먼스(예를 들어 운동경기)가 필요할 때 활성화된다. 교감신경계를 활성화하려면 편도체가 뇌의 또 다른 중요 영역인 해마에 신호를 보내야 한다. 해마는 뇌의 중앙과 전두엽 뒤에 위치한다. 해마는 몸 전체의 신진대사, 체온, 굶주림, 다양한 호르몬 분비(성장호르몬, 갑상선호르몬, 옥시토신, 성호르몬)의 조절 및 교감신경계와 부교감신경계의 활성화를 포함해 다수의 중요한 기능을 수행한다. 교감신경과 부교감신경은 신경계의 음과 양으로 볼 수 있다. 교감신경과 부교감신경은 가장 중요한 기관에 광범위하게 퍼져 있으며 이들 기관(장기)에서 서로 반대되는 기능을 수행할 때가 많다. 교감신경계가 외부 세계에 대해 행동을 취할 준비를 한다면, 부교감신경계는 위장기관, 방광, 타액 분비와 같은 내적 유지 및 물질대사 행동을 준비시킨다. 이러한 행위들은 생명이 위협받는 상황에서는 우선순위가 아니기 때문에, 위급한 상황에서는 생명을 보존하는 데 직접적으로 필요한 기관으로 에너지와 산소 그리고 혈액을 보내는 것이 더 바람직하다.

교감신경계

교감신경계sympathetic nervous system, SNS는 넓게 분포된 뉴런의 네트워크로 신체의 가장 중요한 구석구석에 뻗어 있다. 그것은 뉴런으로 이루어진 사슬로, 척추 양측에서 나란하게 이어져 있으며 투쟁 혹은 도주 등 여타 광범위한 신체활동에 필요한 기관에 축삭돌기를 보낸다. 이러한 활동은 두려움이나 불안 상황뿐만 아니라 운동, 경쟁 등과 같이 고조된 활동, 각성 상태도 포함된다. 우리는 공포 상황에서 가슴이 뛰는 것을 경험하기도 하지만 운동, 달리기, 사냥, 스포츠에서의 경쟁, 기타 중요한 활동을 할 때나 사랑에 빠졌을 때도 가슴이 뛴다. 이로 인해서 전율의 경험과 두려움의 경험은 상당한 공통분모를 공유한다.

이제 교감신경 활성화가 우리의 몸에 어떤 영향을 미치는지에 대해 들여다보자. 인간에게 눈은 아마도 가장 중요한 감각기관일 것이다. 이는 위협을 탐색하거나 추적할 때 후각보다는 시각적 정보에 더 의존하기 때문이다. 증가한 교감신경의 활동은 동공 확장으로 이어져서 극대화된 시각 정보를 확보한다. 동시에 원시가 강화되어 먼 곳에서부터 우리를 공격하기 위해 올지도 모르는 대상을 좀 더 시각적으로 경계할 수 있게 된다. 입안에서는 교감신경의 기능 중 하나로 타액 분비가 감소한다. 그래서 긴장하면 입이 마른다. 기능적인 관점에서 입안이 미끈거리는 타액으로 가득 차지 않는 것은 어느 정도 일리가 있다. 전반적으로 투쟁 혹은 도주 때는 음식을 먹거나 소화시키는 문제에 대해 그렇게 신경을 쓰지 않으므로 많은 타액은 불필요하다.

또한 교감신경의 활성화는 에너지 생산을 증가시키고 에너지를 경제적으로 활용하는 데 목표를 둔다. 인간의 제한된 자원을 자기보존에 필요한 기능에 활용해야 하기 때문이다. 이러한 중요한 자원으로는 포도당이 있다. 포도당은 중요한 장기, 뇌, 근육에 필요한 연료를 빠르게 주입하는 역할을 한다. 이렇게 빠르게 연료를 주입하기 위해서 포도당을 다량으로 생산하는 장기 중 하나인 간에서 포도당의 생산을 증가시킨다. 반대로 췌장은 혈류에서 간이나 지방세포로 포도당을 이동시키는 호르몬인 인슐린의 분비를 줄인다. 인슐린 분비의 감소는 연료를 증가시켜야 할 때를 대비해 혈류 내 포도당을 안정적인 수준으로 유지한다. 자동차가 가솔린을 연소하기 위해서 산소가 필요한 것처럼 체내 세포도 포도당을 연소하고 에너지를 생산하기 위해서 산소가 필요하다. 산소 공급을 증가시키기 위해 기도가 확장되고 호흡이 점차 무겁고 빨라져 증가한 산소가 혈류 내로 유입된다. 극도의 두려움이나 불안 혹은 공황발작 때 과호흡 증상을 경험할 때가 가끔 있다. 소화기계통(위와 장)과 같이 투쟁 혹은 도주 반응과 직접적인 관련이 없는 장기들은 활동을 줄이고 결과적으로 포도당의 사용도 줄인다. 위와 장은 움직임을 줄이고 괄약근을 조이며 소화력이 더뎌진다.

포도당과 산소는 동맥과 모세혈관의 혈류를 통해서 몸 전체의 근육으로 전달된다. 포도당과 산소의 가용성을 증가시키기 위해서 심장은 좀 더 강한 압력으로 혈액을 좀 더 빠르게 펴 올린다. 이 때문에 교감신경계는 심박수를 증가시키고 수축할 때마다 혈액의 박출 강도를 증가시킨다. 심근의 수축은 점점 강해지고 더 단단해진다. 공포를 경험할 때 심장이 빠른 속도로 방망이질 치는 것처럼 느껴지는 이유가 바로 이 때문이다. 혈관계는 근육으로 들어가는 동맥이 확장되는 것으로 반응하고, 반면 장, 비장, 신장과 같은 관련성이 낮은 장기와 피부로 들어가는 동맥들은 조인다. 피부에서는 땀의 분비도 증가한다. 그 결과 우리의 피부는 수분이 증가하고 차가워진다.

재미있는 사실이 있다. 교감신경계의 활동으로 일어나는 땀의 분비 변화는 굉장히 역동적이고 예민하기 때문에 피부의 수분을 측정해서 교감신경계의 활동을 추적할 수 있다. 이를 측정하는 방법은 상당히 쉽다. 두 개의 전극을 손바닥 위나 인접한 두 개의 손가락 위에 올려놓으면 이 두 개의 전극 사이에 작은 전류가 전달된다. 이 전류는 아주 미세해서 전류가 흐른다는 것조차 느낄 수 없다. 피부 수분감이 증가하면 땀으로 전기율이 좀 더 높아지기 때문에 전류가 두 개의 전극 사이를 좀 더 수월하게 이동할 수 있고, 결과적으로 피부 전도도가 상당히 증가한다. 이것이 거짓말 탐지기가 작동하는 근본적인 방식 중 하나다. 거짓말을 하면 긴장을 하게 되고 이는 교감신경 활성화와 피부 전도도 증가로 이어지기 때문에 이러한 변화를 거짓말 탐지기가 파악할 수 있게 된다. 우리는 이러한 기법을 활용해서 흥분이나 두려움을 유발할지 모르는 것에 대한 교감신경의 반응을 측정한다. 예를 들어, 파블로프의 두려움 훈련을 통해서 어떤 이의 편도체가 소리를 큰 소음으로 연관시키게 됐다면 소리가 재생되었을 때 증가한 교감신경의 활동이 피부 전도도 반응을 증가시킨다. 이 사람의 다섯 손가락 끝에 두 개의 전선을 부착하고 이 전선을 태블릿에 연결하면 피부 전도도의 변화를 실시간으로 확인할 수 있다. 내 연구실에서는 이 방법을 사용해서 사람들의 신체가 트라우마 경험을 어떻게 기억해 내는지를 확인했다. 그들이 극도의 스트레스 상황을 기억하고 이야기할 때 피부 전도도가 어떻게 증가하는지를 확인할 수 있다.

교감신경 활성화는 근육의 반사적 반응도 증가시킨다. 이는 근육이 좀 더 빠르게 반응하게 할 뿐만 아니라 좀 더 강력하게 수축하게도 한다. 두려움을 느끼면 좀 더 쉽게 깜짝 놀라는 이유도 그 때문이다. 신경과학자인 내 동료들은 두 개의 전극을 피실험자의 눈에 부착해서 혐오 자극이나 두려움 자극에 대한 눈깜빡임의 정도를 측정하는 것으로 이러한 놀람 반응 증가를 측정했다.

요약하면 두려움과 불안은 교감신경계의 활동을 증가시키고 이는 중요한 기관으로 유입되는 포도당과 산소 공급을 증가시키며 생존에 필요치 않은 기관에는 포도당과 산소의 공급을 감소시킨다. 이는 지난 수백 년 동안 생존확률을 극대화하기 위해서 진화해 온 우리의 물리적 실존을 위한 복잡하고 종합적인 노력의 결과다.

교감신경계는 신체 기관 대부분에 폭넓게 퍼져 있는 한편, 인체 세포에 쉽게 도달할 수 있고 두려움 반응과 생존에 중요한 반응을 유도하는 분자들을 혈류에 방출하는 호르몬의 경로를 활성화하기도 한다. 이러한 종류의 중요한 호르몬 중 하나가 아드레날린이다. 아드레날린은 부신adrenal gland에서 분비된다.

부신

부신은 신장 맨 위에 각각 위치한다. 명칭 아드레날adrenal에서 'ren'은 라틴어로 신장을 의미한다. 대중문화에서 두려움과 흥분의 호르몬으로 널리 알려진 아드레날린adrenaline과 노르아드레날린noradrenaline은 두려움과 흥분 상황에서 부신에서 분비되는 두 분자다. 이 둘을 함께 아드레날 카테콜라민이라고도 부른다. 이 호르몬들은 주로 앞서 언급한 교감신경계의 기능들을 강화한다. 예를 들어, 이 두 호르몬은 심박동수와 혈압을 증가시키고, 장의 운동성을 감소시킨다. 또한 호흡의 깊이와 수를 증가시키고 기도를 확장시키고 땀의 분비를 증가시킨다. 흥미로운 것은 카테콜라민은 통증의 인지 예민도를 감소시키기도 한다는 것이다. 이는 투쟁 혹은 도주 기간에 부상의 위험이 크고 통증이 최적의 기능을 수행하는 데 방해 요소로 작용하므로 중요한 기능이다. 일시적으로 통증 자각을 감소시키는 것으로 부상에서 유발된 통증에 덜 신경을 쓰고 힘든 시간을 계속해서 견딜 수 있다. 경쟁이 치열한 스포츠 경기에서 부상을 입었을 때 통증을 자각하는 정도에 변화가 있는 것을 경험해 봤을 것이다. 시합이나 경쟁을 할 때는 그다지 통증을 느끼지 못했을 수 있지만 시합이 끝나고 흥분이 가라앉고 난 후 통증이 훨씬 심해지는 것을 알아차렸을 것이다.

투쟁 혹은 도주 기간에는 부상이나 출혈의 가능성이 높다. 그래서 인체는 피부에서 혈액 공급을 다른 데로 이동시킬 뿐만 아니라 혈전이 생기거나 혈액이 응고되는 것을 완화하는 방법으로 생명에 직결되면서 제한적인 혈액 공급을 유지하기 위해 최선의 노력을 기울인다. 혈액 응고는 혈전이 생성되는 프로세스를 말하며, 이 과정은 나중에 혈관이 회복될 때까지 출혈이 멈추도록 일시적으로 손상된 혈관을 막아준다. 교감신경계와 부신의 활동 증가는 혈액 응고를 촉진해서 출혈을 줄여준다.

부교감신경계와 동결 반응

교감신경계와 부교감신경계는 인체의 음과 양처럼 기능한다. 교감신경은 위험을 피해야 할 때, 사냥할 때, 강도 높은 신체활동을 할 때처럼 외부 세계에 관여할 때 좀 더 활성화된다. 반면 부교감신경계parasympathetic nervous system, PNS는 즉각적인 투쟁이나 도주에 필요하지 않은 인체의 내부 기능을 관리한다. 이러한 기능은 유지, 식사, 소화에 중요하고 회복을 위해서 둔화된다. 교감신경계와 반대로 부교감신경계는 동공의 수축, 심박수 감소, 내장 기관으로 유입되는 혈관의 확장, 혈압 및 호흡 저하 등을 유발한다. 위장관계에서 부교감신경계는 침 분비, 장운동, 음식을 분해하는 효소 분비와 같이 음식의 소화를 원활하게 한다. 부교감신경계는 주로 '평화 시' 신체 기능에 관여하지만, 투쟁이나 회피의 위험이 너무 높고, 아무것도 하지 않는 것이 낫다고 판단한 경우에는 두려움에 관여할 때가 가끔 있다. 피하거나 제거할 수 없는 상황에서 인간의 몸은 위험에 따른 치명적인 손상을 입지 않기 위해서 동결 반응을 취한다. 부교감신경계는 감소된 근긴장, 줄어든 심박수 및 혈압을 유발하는 투쟁 및 도주 반응을 완전히 차단한다. 부교감신경계가 촉발한 동결 반응의 간단한 임상 사례로 피, 부상, 주사 등에 대한 공포증을 꼽을 수 있다. 이러한 공포증 환자가 피를 보거나 부상당한 부위가 노출되거나 주사를 맞거나 주사를 맞게 될 것을 예상하면 저혈압으로 기절할 수 있다.

두려움과 면역체계

면역체계는 바이러스나 박테리아 같은 침입성 유기체로부터 우리의 몸을 방어하는 것으로 알려져 있다. 면역체계란 혈류 내의 백혈구와 혈액이 면역반응할 때 백혈구에서 방출되는 분자들을 말한다. 이 분자 중 일부 항체들이 침입한 바이러스, 세포, 입자에 붙어서 그것을 파괴하거나 해당 부위에 백혈구 및 다른 분자를 불러와서 침입자를 파괴한다. 우리가 접종을 통해 얻는 면역성은 항체 생산을 기억하게 하는 방식으로 이 항체들은 백신이 목표로 삼는 바이러스나 박테리아 속 특정 분자를 무력화하도록 설계돼 있다. 백혈구에서 분비되는 다른 분자들, 즉 사이토카인cytokines은 면역반응을 활성화하기도 하고 조절하기도 한다. 사이토카인은 한 군대의 다른 분대들 사이에 중계되는 무선 신호와 비슷하다. 이 신호들은 적에 대한 공격을 조직하고 적군이 무력화됐을 때는 군기지로 되돌아온다. 이 시스템이 손상되면 영토를 방어하는 군대의 기능에 막대한 영향을 미칠 수 있다. 인체 내 면역체계의 오작동은 과도한 염증을 유발하거나 류마티즘성관절염처럼 자가면역질환자의 건강한 세포를 파괴하기도 한다.

면역체계는 두려움 반응의 중요한 요소다. 우리의 두려움 체계는 투쟁이나 도주가 신체적 위해나 부상으로 이어질 때가 많은 험난한 환경에서 진화했다. 박테리아와 병원균(상처가 난 피부)을 차단하는 장벽이 손상될 가능성과 부상이나 상처를 치유할 수 있도록 대비해야 하는 필요성이 늘 존재했다. 이는 포식자의 앞발에 의해 생긴 상처를 통해서 인체로 침투하는 세균을 막는 기제를 포함한다. 해마와 교감신경의 활성화는 사이토카인의 분비를 증가시키고 이는 결과적으로 염증반응의 활성화로 이어진다.

면역체계는 고조된 긴장 상태로 바뀌어 침입하는 병원균을 무력화할 채비를 한다. 흥미롭게도 사이토카인은 해마를 포함한 두려움 반응에 관여하는 뇌 영역과 교감신경계에도 영향을 미친다. 비과활성화된 면역체계에 비정상적이고 만성적으로 노출되면 뇌와 장기에 손상을 초래할 수 있다. 염증은 PTSD와 불안장애 연구의 최첨단 분야다. 경우에 따라서, 비정상적 면역반응이 이러한 질병을 부분적으로 유발할 수 있고 뇌, 심혈관계, 기타 장기에 손상을 유발할 수 있다.

만성 불안과 스트레스가 인체에 미치는 영향

만성 불안과 스트레스는 불안장애와 PTSD처럼 장기적으로 신체와 뇌를 손상시킬 수 있다. 이는 심장, 폐, 혈관을 압박해 다양한 질병 유발의 위험을 높인다. 이러한 질병으로는 심장질환, 고혈압, 당뇨병, 비만, 통증, 자가면역질환 그리고 전반적인 건강 인식도 낮아질 수 있다. 반면에 만성적 스트레스가 뇌에 미치는 치명적 영향, 즉 뇌의 크기가 줄고 해마의 감정 조절 기능의 손상 등으로 인해서 우울증 및 정신질환이 발생한다. 그러므로 현대 정신과학과 의학은 정신질환을 뇌와 정신에 영향을 미칠 뿐만 아니라 신체질환에도 해로운 영향을 미치는 것으로 보고 치료한다. 뇌와 인체 사이에 가상의 경계선은 더 이상 존재하지 않는다. 뇌와 인체는 놀라울 정도로 긴밀하게 연결된 하나의 시스템이다.

뇌가 교감신경계, 부신, 면역체계 등을 통해 위협에 맞서 행동을 취할 것인지를 결정할 때, 인간의 몸은 고조된 긴장 상태에서 투쟁이나 도주에 필요한 최적의 활동을 준비한다. 이를 위해서 포도당(연료) 생산의 증가, 산소 흡수, 생존에 필요한 장기로 포도당과 산소를 운반하는 혈액이 필요하다. 이러한 보급품은 자기방어에 중요하지 않은 장기에서 심장과 근육으로 전용된다. 심장은 더 빨리 효과적으로 피를 퍼올려서 혈압이 증가하고 면역체계는 고도의 경계 태세로 전환한다. 이는 우리의 몸이 빠르고 강렬한 신체활동과 부상과 출혈의 가능성에 대비하게 한다. 이러한 방식으로 두려움은 장기와 세포 수준에서부터 우리의 정신과 육체에 영향을 미친다.

A F R A I D

4

두려움을 배우는 인간

두려움을 배우는 방법과
배우지 않는 방법

우리는 두려움을 배우고, 원하면 학습을 통해 두려움을
극복할 수 있다.

- 칼 메닝거Karl Menninger, 미국의 정신과 의사

어린 시절의 어느 날, 나는 초등학교 운동장에서 나를 데리러 올 부모님을 기다리고 있었다. 그동안 나는 축구 골대 수평봉 위에서 곡예를 해보려고 안간힘을 쓰고 있었다. 바로 그때 부모님이 숙모와 함께 도착했다. 나는 잠깐 집중력을 잃는 바람에 등부터 땅에 떨어졌다. 처음에는 통증이 거의 느껴지지 않아서 괜찮았다. 부모님과 숙모가 나를 향해 달려왔다. 아빠는 겁에 잔뜩 질린 것처럼 보였고 계속해서 내가 괜찮은지 확인했다. 근심스러운 아빠의 얼굴을 본 나는 울기 시작했다. 뭔가 위험한 일이 벌어진 것 같았기 때문이다. "별일 아니야, 괜찮아. 그런데 왜 울어?"라고 숙모가 물었다. 나는 그 질문에 대답하면서 아빠를 가리켰다. "아빠를 보니까 울어야 할 것 같았어요." 아빠는 그런 말을 하지 않았지만, 나는 아빠의 표정을 보고 겁을 먹어야 할 상황임을 배웠다는 것을 어린아이의 방식으로 설명하려고 노력했다.

우리가 느끼는 두려움 중 일부는 선천적이며 우리 대다수가 공유하고 있는 것처럼 보이지만, 살면서 두려움을 느끼는 대상 중 대부분은 태어나면서부터 두려움의 대상이었던 것은 아니었다. 우리 대부분은 정도의 차이는 있지만 뱀, 죽음, 높은 곳, 어둠, 혹은 빠르게 돌진해 오는 물체에 두려움을 느낀다. 이런 잠재적 위험이 우리의 조상을 위협했으므로 어떤 방식으로든 우리의 유전적 기억에도 암호화되어 있을지 모른다. 그러한 두려움을 선천적이라고 부르든 본능적이라고 부르든 학습된 것으로 보이지는 않는다. 물론 학습을 통해 두려움을 강화하거나 완화시킬 수는 있다. 예를 들어, 뱀과 타란툴라에 대해 배운 사람은 독이 없는 뱀과 타란툴라(독거미의 일종)를 다른 사람보다 덜 무서워할 것이다. 그 사람은 독사가 있을 때는 조심하겠지만 독이 없는 뱀을 기꺼이 만질지도 모른다. 대체로 동물 실험을 통해서 이루어지지만 선천적 두려움에 대한 이론은 다양하다. 선천적 두려움에 대한 오래된 이론 중 하나는 칼 융이 집단 무의식이라고 부르는 데서 기인한 원시적 상징, 이미지, 행동으로서의 원형 개념이다.

과학자들은 선천적 두려움이 보편적으로 위험한 상황에 직면했을 때 인간의 생존에 도움이 된다고 주장한다. 마틴 셀리그먼Martine Seligman의 준비성 이론에 따르면 인간은 조상들에게 위험을 초래해 온 특정 대상이나 상황에 쉽게 두려움을 느끼게 되어 있다. 진화론의 관점에서 볼 때, 잠재적 위험이 큰 상황에 대비할 줄 아는 사람들이 이 상황에 재빨리 대처할 수 없는 사람들에 비해서 생존확률이 더 높았다. 예를 들어, 빠르게 접근해 오는 대상을 재빨리 피할 준비가 된 조상들이 굴러떨어지는 바위를 더 잘 피해서 생존할 수 있었고, 자신들의 유전자를 후손들에게 물려줄 수 있었다. 계곡 가장자리에 신중하게 접근했던 사람들이 계곡 아래로 떨어져 죽을 가능성이 더 낮고, 자손을 낳고 기를 수 있었다.

그러나 우리가 지닌 두려움 중 일부가 선천적인 것이라면 우리 모두 하나같이 거미, 뱀, 높은 곳을 두려워하지는 않는 이유는 무엇인가? 그 답은 우리의 유전적 구성이 조금씩 다르기 때문이거나 직면한 상황에 따라 조상들의 경험이 다르기 때문일지도 모른다. 평지에 살았던 조상들에게 낭떠러지 가장자리에서 조심성을 발휘하는 것은 산악지대에 살았던 조상들만큼 생명을 좌우하는 중요한 자질은 아니었을 것이다. 이러한 성향은 우리 모두에게 유전적 소인을 주었을지 몰라도 특정 환경의 상호작용에서만 활성화될 수도 있다. 예를 들어, 어떤 사람은 토끼보다 거미에 두려움을 느낄 수 있다. 거미를 보고 놀라는 엄마를 보거나 어린 시절 거대 독거미에 대한 영화를 본 적이 있는 사람은 거미에 두려움을 느끼게 된다. 그러나 같은 사람이 영화 〈도니 다코Donnie Darko〉에서 섬뜩한 토끼를 봤다고 해서 토끼에 두려움을 느끼게 될 가능성은 낮다.

과학자들은 이러한 학습된 두려움에 대한 선천적인 취약성을 입증해 왔다. 1989년에 발표된 한 연구에 따르면 쿡Cook과 미네카Mineka는 붉은털원숭이에게 겁먹은 원숭이가 장난감 뱀, 장난감 악어, 꽃이나 장난감 토끼 같은 안전한 물건에 반응하는 것처럼 보이는 비디오를 보여줬다. 12회 훈련 세션을 마친 원숭이들은 악어를 두려워하게 됐지만 토끼에게는 두려움을 느끼지 않았다. 2010년에 발표된 한 연구에 따르면 로부LoBue와 데로쉐DeLoache는 8개월에서 14개월 된 아기들에게 뱀, 개구리, 꽃 사진을 두 장씩 보여줬다. 아기들은 개구리나 꽃보다는 뱀을 좀 더 빨리 쳐다봤다. 흥미롭게도 그 아기들은 행복한 사람의 표정보다 성난 사람의 표정에 유사한 패턴을 보였다. 즉, 아기들은 성난 얼굴을 좀 더 빠르게 응시했다. 동일한 패턴은 성인에게서도 확인됐다. 2001년 발표된 한 연구에 따르면, 연구자들은 뱀, 거미, 꽃, 버섯으로 이루어진 매트릭스를 참가자들에게 보여주고 그 매트릭스 속에서 지정된 목표 이미지를 찾아보라고 요청했다. 이 연구에서 참가자들은 꽃이나 버섯을 감지하는 것보다 좀 더 재빠르게 뱀이나 거미를 인지했다. 이러한 실험 결과는 다른 영장류와 마찬가지로 우리 인간도 태어날 때부터 좀 더 위험할 것 같은 뱀이나 성난 인간 같은 대상에 좀 더 빨리 반응하게 되어 있을지 모른다는 걸 보여준다.

끊임없이 변화하는 환경 속에서는 무엇이 위험한 대상인지를 인지할 수 있는 능력이 종의 생존에도 상당히 중요하다. 과거 인간의 조상들은 조우하지 못했지만, 현재 우리의 목숨을 위협할 수도 있는 상황들이 많다. 천 년 전에 태어난 사람은 총이 무엇인지 전혀 알지 못하지만, 지금 태어난 어린아이는 총이 자신의 목숨을 앗아갈 수 있다는 것을 안다. 또 다른 사례로 우리 조상들이 회색곰을 쓰다듬다가 이미 팔 하나가 잘렸는데도 곰을 볼 때마다 쓰다듬으려고 했다면 아주 끔찍한 결과를 불러왔을 것이다.

경험에 의한 학습

인간이나 다른 동물이 두려움을 학습하는 가장 기본적이고 보편적인 방법 중 하나는 파블로프식 훈련이나 연합학습이다(연구에서는 조건화라고 부른다). 이반 파블로프의 유명한 실험에서 생래적으로 기쁨을 주는 자극(음식)과 함께 신경 감각 자극(벨 소리)을 반복적으로 제공했다. 이 실험에서 벨 소리는 개의 뇌가 음식이 제공될 것임을 예측할 수 있게 했고 생리적 반응, 즉 타액으로 음식을 먹을 준비를 했다.

두려움 조건화는 동물을 대상으로 폭넓게 연구되었으며, 두려움과 트라우마와 연관된 공포증과 PTSD 증상 같은 정신질환의 지배적인 이론적 모형이다. 한 실험에서 쥐를 생래적으로 두려운 자극(고양이 냄새, 동결 반응을 유발할 수 있는 고양이 냄새, 전기충격이나 비조건화된 자극)과 함께 신경 자극(소리나 냄새, 조건화된 자극)에 반복적으로 노출시켰다. 이 실험으로 쥐의 뇌는 신경 자극을 위험과 연결시켰다. 쥐는 학습이 끝나고 비조건화된 자극 없이 조건화된 자극만을 제시하더라도 동결 반응을 보인다.

두려움 연합학습은 인간을 대상으로도 연구되고 있다. 내 실험실에서는 헤드폰을 착용한 건강한 참가자들에게 컴퓨터 스크린상에서 다양한 빛을 발산하는 램프의 사진을 반복해서 보여주었다. 그들에게 특정한 색의 조명과 함께, 가령 파란빛과 함께 깜짝 놀랄 정도의 큰 소리를 들려줬다. 훈련이 끝나고 참가자들은 파란색 램프를 보면 큰 소리를 예측할 수 있게 됐지만 다른 색의 조명은 그렇지 않다고 말했다. 흥미롭게도 이 학습은 자동화된 무의식적인 차원에서도 일어난다. 이는 그들의 신체 반응에서 관찰됐다. 그들이 파란빛을 봤을 때 그들의 몸에서 교감신경 반응이 증가한 것을 확인할 수 있었다. 이러한 교감신경 반응의 증가는 피부 전기 전도도로 확인할 수 있었다. 놀랍게도 두려움 조건화는 그것을 의식적으로 인지하지 못할 때조차도 일어난다. 예를 들어 과학자들은 다른 이미지로 가려진 이미지들을 보여주면서(참가자들은 그 이미지들을 의식적으로 보고 있지는 않았다) 동시에 손에 전기충격을 가했다. 참가자들은 무슨 일어났는지 몰랐지만 그들의 신체는 여전히 그 가려진 이미지에 대해 피부 전도도 반응을 보였다. 임상에서 우리는 자동화된 무의식적 두려움과 불안의 형태로 이를 보게 된다. 물론 환자는 두려움과 불안의 근원이 무엇인지 파악할 수 없다. 정신분석학 연구에서는 그러한 원시적 두려움 학습을 발견하는 데 도움을 주고 그러한 두려움 학습을 환자의 의식이라는 빛으로 끌어내고 있다.

두려움 학습은 파란 램프에만 일어나는 것이 아니라 좀 더 복잡한 상황에서도 일어난다. 연구자들은 음향이나 목소리, 얼굴 사진, 심지어 물리적 맥락과 두려움을 함께 보여주었다. 두려움 조건화의 흥미로운 측면 중 하나는 의미론적, 개념적 두려움 학습이다. 단어, 생각, 관계 혹은 사회적 맥락이 고통스러운 경험과 동시에 일어날 수 있다. 엄격한 수학 선생님 때문에 고통스러운 경험을 한 사람은 수년이 흐른 뒤에 숫자를 계산할 때 불안을 경험할 수 있다. 만일 비판적인 부모 아래에서 자랐다면, 이 사람의 뇌는 부모와 같은 인물이나 권위적인 인물을 고통과 두려움으로 연상할 수 있다. 심지어 성인이 되어 상관이나 권력자와 상호작용할 때도 자동으로 극도의 두려움을 느낄 수 있으며, 그 사람들이 왜 두려운지 이유를 알지 못한 채 투쟁이나 도주 반응을 보일 수 있다(긴장하거나 회피 자세를 취하거나 적대적이거나 대립적인 태도를 보인다). 이는 결과적으로 상대방에게 부정적인 반응을 초래하고 이것이 그 사람들의 머리에서는 두려움으로 확인된다. 그러한 사람은 늘 권위자나 관리자를 적대적이고 무자비한 사람이라고 생각하게 된다. 프로이트의 반복 강박repetition compulsion이라는 개념 혹은 타인과 고통스러운 상호작용을 반복하려는 경향이 나타나는 이유는 부분적으로 이러한 역학이 존재하기 때문이다.

두려움 일반화

나는 트라우마 전문가로 일하면서 재향군인, 구급대원, 난민, 총격이나 폭발 사고로 인해 PTSD를 앓는 민간인을 만났다. 1년 중에 이들 중 많은 사람이 두려워하는 날이 하루 있다. 바로 독립기념일이다. 독립기념일을 기념하는 불꽃놀이가 그들의 불안, 회상, 공황장애를 유발한다. 심지어 폭죽이 터지는 소리를 들으면 자동으로 땅바닥에 몸을 낮추고 방어 자세를 취한다고 말하는 재향군인들도 있었다.

이는 두려움 학습의 한 가지 중요한 측면인 두려움의 일반화에서 기인한다. 두려움의 일반화란 자신이 경험한 위험한 상황과 유사성이 있는 상황에 두려움 반응을 확장해서 적용하는 능력을 말한다. 예를 들어, 셰퍼드의 공격을 받은 아이는 셰퍼드, 몸집이 큰 개, 일반 개, 북슬북슬한 털을 가진 모든 동물에 공포증이 생길 수 있다. 옆집의 다정한 시츄에도 두려움을 느끼는 것이 비논리적으로 보이겠지만 두려움의 일반화에는 진화론적 목적이 있다. 5만 년 전 우리의 조상이 크고 갈색의 털 달린 짐승(갈색곰)에게 공격을 받았다면 비슷하게 생긴 검은색 동물(흑곰)을 피하는 것은 일리가 있었다. 갈색곰에게 물린 사고가 난 1년 후, 검은색 곰을 쓰다듬으려고 하는 것은 진화적으로 불리한 일이다. 두려움의 일반화는 두려움과 불안에 대한 그 사람의 유전적 소인(원인), 이전 경험, 그 상황을 처음 직면했을 때의 위험이나 위해의 심각성에 따라 달라진다. 내 실험의 참가자들은 며칠이 지난 후 파란 램프와 굉음을 동시에 경험했다는 것을 잊어버릴지 모르지만 상어에게 공격당했던 사람은 상어가 위험하다는 사실을 절대 잊어버리지 않을 것이다. 흥미롭게도 두려움의 일반화는 어린아이에게 좀 더 크게 일어나고 어린이가 공포 상황과 부분적인 연관성이 있는 상황에 두려움을 확대해 연결시킬 가능성이 더 큰 것으로 보인다. 이는 그들을 둘러싼 주변 세계와 그들을 위협할 수 있는 상황이 무엇인지를 이해하는 중요한 발달 단계이기 때문일 수 있다.

인간의 두려움 일반화는 오랫동안 폭넓게 다루어져 온 연구 주제다. 과학자들은 조건화된 자극과 연관된 형태, 비슷하게 생긴 사람의 얼굴, 심지어 의미상으로 관련된 단어에 대한 반응으로 두려움의 일반화가 나타남을 확인했다. 예를 들어, '스파이더 웹spiderweb'이란 어휘에 대한 두려움 학습은 '워스프 네스트wasp nest'란 용어에 대한 두려움 반응으로 이어질 수 있다. 환자가 과거의 고통스러운 경험에서 벗어나고 현재 삶에 어떻게 영향을 미치는지를 이해하도록 돕기 위해 이러한 형태의 두려움 일반화는 중요한 임상적 의미가 있다.

학생들을 가르칠 때 나는 종종 다음 사례를 활용한다. 식료품 가게 근처에서 한 젊은 남자가 몰던 노란색 자가용이 일으킨 심각한 교통사고에서 생존한 사람이 있다. 이 사람의 뇌는 이 경험을 구성하는 다양한 측면, 즉 차, 운전, 남성, 젊은, 노란색, 식료품점과 같은 것을 위험과 연관시킬 것이다. 이 다양한 측면을 무제한적으로 결합해 그 사람은 운전, 노란색 차량, 젊은 운전자, 남자 운전자 혹은 식료품점에 운전해서 가는 것을 두려워하게 되거나 어디에서든 해당 식료품점 체인을 볼 때마다 긴장할 수 있다.

우리는 정신분석이나 인지 요법 같은 치료를 통해 과거의 부정적인 정서적 경험이 (종종 무의식적인 차원에서) 한 사람의 감정적 반응을 형성할 수 있는지를 밝히기 위해 노력한다. 성공한 중년 여성 메리라는 환자가 기억에 남는다. 그녀는 친구들과 외출하면 당혹스러울 정도로 지나치게 많은 술을 마셨다. 그녀는 이러한 패턴을 싫어하지만 멈출 수가 없다. 또한 외출만 하면 왜 그렇게 많은 술을 마시게 되는지 도무지 이유를 알 수도 없었다. 치료하는 동안, 그녀는 한 가지 사실을 의식하게 됐다. 그것은 '술을 마실 때 다른 사람들에게 더 사랑을 받고 관심을 받는구나'였다. 깊이 있는 대화를 많이 나눈 후 그녀는 어린 시절의 기억 하나를 떠올렸다. 그녀는 아버지가 안 계시고 우울증을 앓는 홀어머니 밑에서 불우한 어린 시절을 보냈다. 당시 마을에는 스미스 씨 부부가 있었는데, 그들은 다정하고, 배려심이 많으며 그녀에게 상당히 친절했다. 그녀는 그 부부만이 자신에게 관심을 보이는 유일한 사람이라고 생각했다. 그러나 스미스 씨 부부는 알코올중독자였고 늘 술에 취해 있었다. 그녀는 그들을 만날 때마다 술 냄새를 맡아야 했다. 우리는 메리라는 여성이 자동으로 술, 술 냄새, 만취 등을 사랑받는 것, 칭찬받는 것과 연관시켰다는 사실을 알았다. 물론 그녀는 자신이 이러한 연관을 만들었다는 사실을 의식하지 못했다.

관찰을 통한 학습

우리는 사회적 종으로서 다른 사람이나 다른 부족원을 관찰하며 많은 것을 배운다. 이러한 진화론적 장점은 우리에게 많은 도움을 주었으며 지식, 문화, 기술을 축적하게 했다. 과학의 발전, 역사적인 교훈(물론 이 부분에서 우리는 실패할 때가 많다), 기술과 공학의 괄목할 만한 성장은 이러한 축적된 지식이 있었기에 가능했다. 우리 각자가 불을 피우는 법을 배우고 모든 것을 처음부터 해야 한다면 오늘날 인류의 문명은 어떻게 되어 있을지 상상해 보라. 우리는 초중고등학교와 대학에서 다른 사람의 말을 듣거나 관찰하는 것으로 역사의 시작 이래에 축적된 지식을 배운다. 우리는 또한 대부분의 사교적이고 사적인 기술을 부모나 양육자로부터 배운다.

마찬가지로 우리가 두려움을 느끼는 대상 중 다수가 다른 사람들을 통해서 학습한 결과다. 이는 사회적 동물로서 생존확률을 눈에 띄게 증가시켰다. 5만 년 전 부족원 하나가 포식동물에 부상당하거나 죽임을 당하는 것을 봤다면, 직접적으로 공격당하지는 않았더라도 그 동물을 피해야 한다는 것을 알게 된다. 우리는 다른 부족원의 경험에서 두려움을 가져야 하는 대상이 무엇인지를 배울 뿐만 아니라 생존을 위해 무엇을 해야 하는지도 배운다. 우리는 다른 부족원이 적군, 포식자, 자연재해에 맞서 싸우는 것을 봤고 그들의 기술을 배웠다. 사실 관찰은 무언가를 배울 수 있는 가장 좋은 방법 중 하나다. 우리는 여전히 그렇게 하고 있다. 부모님, 선생님, 영화를 보면서 무엇을 두려워해야 하는지를 알게 된다. 그들은 어떤 것이 무서운 것이라고 우리에게 굳이 말해줄 필요가 없다. 우리는 엄마가 거미를 보고 기겁하는 모습을 보고 거미가 위험한 대상임을 알게 된다. 나는 개를 두려워하는 환자를 여럿 봤는데 그들은 개와 별로 친근하지 않은 문화나 들개가 유난히 많은 문화에서 자랐을 가능성이 높다. 그 환자들은 부모의 얼굴을 보고 개가 위험하다는 것을 알게 됐거나 친구가 들개의 공격을 받는 것을 목격했다. 비록 지금은 친구의 개가 아주 다정하다는 것을 논리적으로는 알고 있지만 그들의 마음 한구석에서는 여전히 개가 가까이 오는 것을 허락하지 않는다. 우리 중 일부는 이러한 두려움을 언제부터 갖게 됐는지조차 알지 못하지만 어쨌든 개에 대한 두려움을 알게 됐다.

부모에게서 두려움을 배우는 것은 다른 동물에서도 확인된다. 미시간대학교의 자첵 디빅Jacek Deiec 박사는 쥐를 대상으로 흥미로운 실험을 했다. 그는 임신하지 않은 성인 암컷 쥐들에게 페퍼민트 냄새에 대한 두려움 조건화를 시켰다. 조건화는 약한 전기충격을 쥐에게 주면서 동시에 페퍼민트 향도 반복적으로 맡게 하는 것으로 이루어졌다. 파블로프의 조건화를 통해서 이 쥐들은 페퍼민트 냄새에만 두려움 반응을 보이게 됐다. 새끼를 낳은 후, 새끼와 함께 있을 때 엄마 쥐들에게 페퍼민트 향을 맡게 했는데 나중에 새끼 쥐들(전기충격을 전혀 당하지 않음)도 페퍼민트 향에 회피 두려움 행동 반응을 보였다. 이 관찰은 성인 쥐에게서도 반복됐다. 성인 쥐들도 마찬가지로 전기충격을 받지 않아도 어떤 냄새 혹은 소리를 두려워해야 한다는 사실을 다른 쥐들을 통해서 학습한다.

인간을 대상으로 한 유사한 연구들이 있다. 올슨Olsson과 펠프스Phelps는 실험 참가자들에게 다른 사람이 두려움 조건화를 거치고 있는 비디오를 시청하게 했다. 비디오 속의 사람은 조건화된 자극(예: 파란 직사각형)을 봤을 때 손가락에 다소 불편한 전기충격을 받았다. 시청이 끝나고 비디오를 본 참가자들에게 그들도 같은 실험을 받게 될 것이라고 말했다. 사실 그들은 손가락에 전기충격을 받지 않았지만 피부 전도도 반응에서 파란색 사각형에 대한 두려움 반응을 보였다.

전쟁이나 자연재해와 같이 힘든 시기에는 부모나 양육자에게 배우는 것이 어린아이의 생존에 특히 중요하다. 미국의 국립아동보건 및 인간발달연구소(NICHD)가 자금을 지원한 한 연구에서 우리는 전쟁 트라우마와 강제 이주가 현재 미국에 정착한 시리아와 이라크 난민

아동에게 미치는 영향을 조사하고 있다. STARC에서 진행된 이 연구에서 우리는 난민 아동의 불안 정도와 부모의 PTSD 증상 및 불안의 중증도 사이의 직접적인 연관을 확인했다. 부모의 불안과 스트레스의 정도가 높을수록 아동의 불안 정도도 높았다. 아동은 외부 세계의 위험성을 스스로 판단할 정도로 지식 기반이 발달하지 않았기 때문에 부모의 평가에 의존한다. 이는 아동 발달 분야에서 흥미로운 부분이다. 상대적으로 단순하지 않은 현대의 삶을 비춰보면 특히 그렇다. 예를 들어, 시험에서 탈락하거나 상관에게 부정적인 평가를 받는 것이 얼마나 무서운 일일까? 논리적으로 보면 이러한 상황은 생사가 달린 일이 아니다. 그러나 우리 중 일부는 그런 일이 일어날 것을 극도로 두려워한다. 우리의 실패에 대한 부모의 반응을 보고 그 실패가 얼마나 좋지 않은 일인지를 알고 있기 때문이다. 만일 어떤 사람의 아빠가 초등학교 시절 낮은 점수를 받았을 때 극도로 실망하고 스트레스를 받고 화를 냈다면, 그 사람은 시험을 못 보는 것이 얼마나 무서운 일인지 알게 됐을지 모른다. 이러한 학습은 그들이 성인이 되어서까지 이어지며 사교, 직업, 학업 실패에 지나치게 두려움을 가질 수 있다.

자손들에게 두려움과 불안을 물려주는 것은 관찰에 의한 학습에만 국한되지 않는다. 홀로코스트 같은 끔찍한 경험을 겪은 사람들의 자녀나 손자 손녀들은 그들의 부모나 조부모를 위협하는 것에 훨씬 더 강한 불안을 보이는 경향이 많다. 이러한 트라우마의 세대 간 전이 intergenerational transmission of trauma는 미래 세대에 전달된 학습 행동을 통해서뿐만 아니라 유전자의 변이를 통해서도 일어난다. 이러한 후생적 변화는 부모가 트라우마 환경을 벗어난 후에도 자녀들에게 전달될 수 있고 부모의 행동이나 말을 통해서 배운 것 이상의 수준으로 두려움과 불안을 유발할 수 있다. 그렇다면 후생적 변화란 무엇인가? 우리는 유전자의 절반은 어머니에게서, 나머지 절반은 아버지로부터 받는다. 유전자는 암호로 발현됐을 때 우리의 뇌와 몸에서 각기 다른 분자를 생산하라고 지시한다. 이 분자들이 육체적 형태와 행동적인 성향을 결정한다. 이 유전자의 대다수는 하나의 분자가 관리하고, 이 분자가 유전자들을 끄고 발현을 막는다. 이 메틸화 캡이 제거되면 유전자는 발현될 기회를 찾는다. 트라우마에 의해 촉발된 후생적 변화는 이러한 메틸화 캡을 특정 유전자에서 제거하거나 특정 유전자에 더하게 된다. 그리고 이는 자녀에게 대물림되고 두려움과 관련된 분자들의 발현과 그로 인한 두려움 반응의 증가로 이어질 수 있다. 트라우마의 세대 간 전이는 홀로코스트 같은 가장 극단적인 상황과 관련이 있지만, 조상으로부터 어느 정도의 불안 행동을 물려받는 사람도 많다.

사회적 학습은 진화의 측면에서 장점이 있지만 불필요한 두려움을 유발할 수도 있다. 우선 부모나 부족원으로부터 배우는 두려움은 과거에는 정당화됐을지 모르지만, 현대에는 적용되지 않는다. 예를 들어 전쟁이나 기근에 안전과 식량에 대한 걱정은 생존에 필요한 것이지만, 같은 걱정이 안전하고 문명화된 삶에는 해당하지 않는다. 전쟁이나 기근에서 살아남은 사람들의 후손은 지나치게 신중한 태도를 보이며 건강 문제, 불필요한 스트레스, 기회 상실 등을 유발할 수 있다. 그뿐만 아니라 위험을 판단하는 데 있어서 우리의 부모나 조부모가 항상 옳은 것이 아니다. 심지어 그들이 살던 시대에도. 부모들이 무슨 이유에서인지 권력자들이 두려운 존재임을 배웠을 수 있다. 상관을 만난다는 것을 예상하면서 이들은 지나치게 불안해하거나 걱정하는 것처럼 보일지 모른다. 그 결과 그들의 자녀도 권력자에게 불필요한 두려움을 가지고 성장할지 모른다. 만일 엄마가 다양한 이유에서 개를 무서워한다면, 그녀의 아이도 왜 그런 두려움을 느끼게 됐는지 이유도 모르는 채 개에 대한 두려움을 배우게 될 것이다. 나는 환자를 치료할 때 과거 그들이 학습한 두려움이 시대에 뒤처지고 더 이상 유용하지 않다는 것을 깨닫게 유도하는 경우가 많다.

말을 통한 학습

고도의 발달한 언어 기술을 가진 종으로서 우리가 보유한 기술 중 많은 것은 구어나 문어 상관없이 타인의 말을 통해서 배운다. 우리는 다른 사람이 우리에게 말해준 것을 통해서 무엇을 두려워해야 할지 판단하며, 이는 진화론적인 측면에서 장점으로 작용한다. 수천 년 전, 부족의 노인들이 영토의 어떤 곳에 포식자들이 살고 있으니 그곳을 피하라고 조언한다면, 우리는 그들의 말을 들었을 것이다. 타인에게 전해 들은 위협이 크면 클수록 우리는 그 경고에 귀를 기울일 가능성이 높다. 만일 그것이 살인벌이라면 호기심이 그 경고보다 우선시될 것이다. 하지만 그 지역에서 회색곰이 부족원들을 여럿 죽였다는 말을 듣게 된다면, 우리는 아마도 그곳에 가는 위험을 무릅쓰지는 않을 것이다.

전달을 통한 두려움 학습instructed fear learning 혹은 타인의 말을 통한 두려움 학습과 선천적인 두려움과의 상호작용은 흥미로운 연구 분야 중 하나다. 2018년의 한 연구에서 참가자들은 두려움과 연관된 사진(거미 혹은 뱀)과 두려움과 무관한 사진(나비 혹은 새)을 봤다. 그들은 각 그룹의 사진을 한 장(뱀과 새)씩 본 뒤, 불쾌한 전기충격이 손가락에 가해질 것이라는 말을 들었다. 그러고 나서 그들에게 스크린 한쪽에 '안전한' 사진 하나를 보여줬고(거미와 나비), 반대편 스크린에서는 뱀 혹은 새의 사진을 보여줬다. 그러나 전기충격을 단 한 번도 가하지 않았다. 연구자들은 참가자들이 전기충격을 받게 될 것이라는 말을 들은 사진(뱀 혹은 새)은 좀 더 빠르게 쳐다봤다는 걸 확인했다. 이것은 해당 사진의 잠재적이고 선천적인 두려움과의 연관성과는 무관한 것이었다. 내 실험실에서 수행된 한 연구에서 우리는 참가자들에게 두 개의 이미지를 보여줬다(파란색 램프와 초록색 램프 사진). 실험에 들어가기 전, 우리는 참가자들에게 파란색 램프와 함께 헤드폰을 통해서 큰 소음을 듣게 될 것이라고 말해줬다. 우리는 그들에게 초록색 램프에 대해서는 아무 말도 하지 않았다. 그들은 파란색 램프와 초록색 램프를 보고 동일한 큰 소음을 들었지만, 파란색 램프에 더 큰 전기 피부 반응을 보였다. 흥미롭게도 큰 소음을 함께 들려주는 것을 중단했을 때 참가자들은 파란색 램프가 더 이상 위험하지 않다는 것을 정상 범주보다는 더 더디게 인지했다. 다시 말해 이는 참가자들이 파란색 램프와 통증 사이의 연상을 좀 더 오래 기억했다는 의미다.

한 실험에서 연구자들은 두려움을 학습하는 세 가지 방법을 연구했다. 세 개 그룹의 참가자들 중 한 그룹은 하나의 이미지와 충격이 함께 주어진다는 것을 개인적으로 경험했고, 한 그룹은 관찰했으며, 한 그룹은 타인에게서 그 사실을 전해 들었다. 그러고 나서 연구자들은 즉각적으로 다른 사진을 보여주고 원래 사진을 가렸다. 이 때문에 뇌의 네트워크가 해당 이미지를 처리했다고 하더라도 참가자들은 그들이 그것을 봤다는 것을 인식하지 못했다. 개인의 경험 혹은 타인의 관찰을 통해서 두려움을 학습한 사람들은 해당 이미지에 피부 전도 반응이 증가하는 양상을 보였다. 흥미롭게도 전달된 이야기를 통해서 두려움을 알게 된 사람들은 자동화된 두려움 반응을 보이지 않았다. 이는 타인의 이야기 혹은 독서를 통해서 알게 된 두려움은 두려움의 대상이 실제 존재한다는 것을 의식적으로 인지할 때만 작동한다는 것을 뜻한다. 반대로 경험을 통해서나 관찰을 통해서 획득한 두려움은 좀 더 심오한 메커니즘을 지녔을 수도 있고, 좀 더 자동화되어 있어서 논리나 침착함을 유도하는 말로는 통제하기가 더 힘들다.

말을 통해 학습한 두려움은 현대의 삶에서는 복잡하고 추상적인 형태를 띤다. 2020년 우리는 공기 중으로 전파되는, 눈에 보이지 않는 유기체를 두려워해야 한다는 것을 알게 됐다. 물론 우리 중 다수는 그것을 보지 못했고, 그것 때문에 목숨을 잃지도 않았지만 치명적인 감염을 피하기 위해서 사회적 특권 중 일부를 포기할 의향까지 보였다. 우리는 테러리스트 공격, 팬데믹, 자연재해의 위험성이 있다는 말을 들었을 때 권위자나 권력자의 말에 귀를 기울인다. 통신 기술과 미디어의 발달은 이러한 위협에 대한 정보를 효과적으로 활용하는 방법과 우리를 위험에서 구할 방법을 알려줬다. 그러나 타인의 말을 통해서 두려움을 학습하는 것은 그 자체로 단점이 있으며, 대규모 재앙으로 이어지는 경우가 많다. 우리는 부모, 사회, 문화를 통해 두려움이 꼭 사실이 아닐 수도 있음을 배운다. 숫자 13이 불행을 의미한다고 믿는 것이나 나무를 두드리면 행운이 온다고 믿는 것과 같은 미신은 근거 없는 두려움이 순화된 형태다. 그러나 부족, 종교, 정당, 국가의 지도자를 신뢰하는 것은 끔찍한 재앙을 유발해 왔다. 지도자들은 이러한 생물학적 허점을 반복해서 이용하면서 사람들을 지배할 기회로 삼고 그들의 생존이 타인을 전멸시키는 데 달린 것처럼 믿도록 만들었다. 인종차별주의, 국수주의, 전쟁, 집단학살 등이 그 결과다.

안전함을 배우는 방법

어떤 대상이 더 이상 두렵지 않다는 것을 배우는 것은 잠재적으로 무서운 대상을 배우는 것만큼 중요하다. 어떤 상황에서 위험한 것이 또 다른 상황에서 반드시 위험한 것은 아닐 수 있다. 성난 사자는 사하라 사막에서는 위험한 존재지만 동물원에서는 아니다. 정글에서 늑대를 만지려는 것은 좋은 생각이 아니지만 집에서 기르는 개는 훌륭한 안내자다. 끊임없이 변화하는 세상에서 적응과 두려움과 안전에 대한 지속적인 학습은 우리의 생존에 매우 중요하다.

안전을 학습하는 메커니즘은 두려움을 학습하는 메커니즘과 유사하다. 즉, 개인의 경험, 사회적 관찰, 언어적 메시지를 통해서 이루어진다. 경험을 통한 학습은 소거 학습extinction learning을 통해서 일어나는데, 이는 인간과 다른 동물 모두 공유하고 있는 보편적인 메커니즘이다. 우리는 앞서 파블로프의 두려움 조건화에서 반복적인 노출을 통해서 쥐가 소리와 전기충격을 연합해서 두려움을 학습한다는 사실을 확인했다. 그 이후에 전기충격 없이 반복적으로 소리만 들려주면, 그 소리가 더 이상 위험을 의미하는 것은 아님을 가르치고 두려움 행동을 중단하게 할 수 있다. 안전하고 친근한 개에게 점진적으로 노출하면 개공포증이 있는 사람의 뇌는 개가 두려운 존재가 아님을 학습할 수 있다. 50킬로그램이 넘는 나의 반려견 그레이트 피레니즈 제스퍼에게 점진적으로 접근하게 함으로써 개에 대한 두려움을 극복하는데 도움을 주었다. 개를 두려워하는 사람에게 안전함을 학습시키는 또 다른 방법은 재스퍼에 다가가도 아무런 일이 일어나지 않는다는 것을 관찰하게 하는 것이다. 그것이 치료사가 치료 과정에서 해야 하는 중요한 역할이다. 치료사가 침착하고 확신에 찬 모습으로 함께하고 있다는 믿음을 줄 때 환자는 현재의 상황이 안전하다고 인식한다.

마지막으로 우리는 말을 통해서도 안전을 학습한다. 친구가 보아뱀을 가리키면서 그것이 자신의 반려뱀이라고 말하면 당신은 그 뱀을 보고 비명을 지르려고 할지 모른다. 어려운 시기에도 사회의 불안을 안정시키기 위해, 지도자와 미디어가 상당히 강력한 역할을 수행할 수 있다. 그런데 슬프게도 이 시대의 지도자와 미디어는 정반대의 역할을 할 때가 많다.

파블로프의 소거 학습은 한때 위협으로 인식됐던 어떤 것이 더 이상 위험하지 않다는 것을 알게 되는 것이 매우 중요하다. 비록 소거 학습 후에 두려움에 대한 기억이 활동을 멈춘다고 하더라도 그 두려움이 완전히 사라졌다고 할 수는 없다. 최근의 한 연구에서는 두려움의 기억들은 소거 후에도 지워지지 않는다는 것을 확인했다(뇌 속에는 개는 위험하다는 기억이 여전히 암호화되어 남아 있다). 소거 이후에는 두려움에 상응하는 안전함에 대한 기억이 형성된다. 이전에 두려움의 대상이었던 것을 만났을 때, 해마와 전전두피질은 이 안전함의 기억을 이용해서 편도체에서 두려움 반응이 일어나는 것을 억제한다. STARC의 우리 연구에서 모든 사람에게 소거 학습이 잘 이루어지는 것은 아님을 확인했다. 큰 소음 없이 반복적으로 파란색 불빛을 본 후 참가자들 일부는 여전히 큰 소음이 파란색 불빛 뒤에 따라올 것이라고 믿었다. fMRI 스캔에서 우리는 다른 참가자들에 비해 이들의 전전두피질, 해마, 편도체의 활동이 낮음을 확인했다. 흥미로운 것은 불안의 정도가 심한 사람들은 불안 정도가 낮은 사람에 비해 두려움을 소거할 가능성이 더 낮다는 것이다.

A F R A I D

5

나의 두려움을 자극해 줘!

공포를 사랑하는 이유

공포는 보편적인 언어다. 우리는 모두 두려움을 느끼고 있다. 두려움은 선천적이며, 우리는 모두 두려움의 대상이 있다. 죽음, 장애, 사랑하는 사람의 죽음 등 내가 두려워하는 모든 것을 당신도 두려워하고, 당신이 두려워하는 모든 것을 나도 두려워한다. 그러므로 모든 이가 두려움과 긴장을 느낀다. 우리는 한때 어린아이였고 그러한 기본적인 인간 조건을 필요로 하므로 두려워하지 말고 그냥 맞서라.
당신은 새로운 공포를 만들 수 있다.

- 존 카펜터 John Carpenter, 영화 〈할로윈〉 감독

어린 시절 난생처음 사다리 위에서 아래를 내려다본 이후 나는 높은 곳에 올라가는 것에 두려움을 느끼게 됐다. 고소공포증까지는 아니지만 높은 건물의 창문이나 층계에서 아래를 내려다보면 무릎에 힘이 풀리고 찌릿찌릿 전기가 오는 듯 느낀다. 그렇지만 나는 산을 사랑하고 그랜드캐니언 아래까지 노새를 타고 내려가본 적도 있고, 심지어 전투기를 타고 곡예비행을 해본 적도 있다.

인간은 복잡하고 때로는 역설적인 존재다. 두려움이란 혼란스럽고 적극적으로 피하고 싶은 감정 중 하나지만 적극적으로 두려움을 찾을 때도 많다. 우리는 위험을 회피하기 위해서 위험을 무릅쓰고, 정신건강 전문가로부터 전문적인 도움을 받으려고 하고, 심지어 과도한 두려움이나 불안과 싸우기 위해서 약이나 술의 힘을 빌리기도 한다. 동시에 신화, 전래동화, 영화, 다양한 오락 활동에서 두려움을 추구하거나 두려움에 대한 환상을 가질 때가 많다.

두려움으로 채색된 이야기나 전설, 허구의 인물이나 미신이 없는 문화는 거의 없을 것이다. 그것이 슬라브족 설화 속 마녀 바바 야가가 됐든, 헨젤과 그레텔의 마녀 홀다가 됐든, 페르시아와 이란의 신화 속 스네이크 숄더 자학이 됐든, 모든 문화가 공포를 창조하고 공유하는 것을 즐겨왔다. 두려움 산업은 굉장히 수익성이 높은 산업으로 공포 영화는 세계적으로 인기가 높다. 영화 〈그것IT〉은 2017년 영화 개봉 이후 7억 달러 이상의 순수익을 올렸다. 이는 수백만 명이 돈을 내고 연쇄 살인범이 작은 마을을 공포로 몰아넣는 것을 지켜봤다는 의미다.

전 세계적으로 공포를 주제로 한 축제와 문화 활동이 존재하듯 미국에는 국경일 하루가 온전히 두려움에 할애되기도 한다. 핼러윈은 전 세계인이 축하하는 날로, 대부분은 핼러윈의 기원을 알지 못하면서도 미국에서만 수십억 달러의 수익을 내는 하나의 산업이기도 하다. 번지점프와 스카이다이빙과 같이 스릴을 좇는 오락 활동은 인기가 많으며 사람들은 타인이 공포와 싸워 이기는 것이나 고속으로 달리는 자동차 경주, 그랜드캐니언 위에서 줄타기하는 것을 보는 것을 좋아한다. 그러나 어떤 이들은 공포 영화나 유령의 집이 견딜 수 없을 만큼 공포스럽다고 생각하기도 하고 어떤 이들은 그것이 지루하고 유치하다고 느끼기도 한다.

생물학적으로 피하거나 싫어하게 되는 감정 반응을 일부러 추구하는 사람들은 왜 그런 것일까? 불안을 완화하는 약물과 공포 영화 모두 수십억 달러 규모의 시장을 형성하고 있는 이유는 무엇일까? 우리 중 어떤 이들은 무서운 경험을 즐기지만 반대로 어떤 이들은 피하고, 또 어떤 이들은 무관심한 이유는 무엇일까?

설화 속 두려움

우리는 로맨스와 폭력에 그런 것처럼 동일한 이유로 우리의 이야기들을 두려움으로 덧칠한다. 이러한 이야기들은 인간이 생존하고 자식을 낳고 사는 데 도움을 준 보편적이고, 근본적이며, 원초적인 본능이자 욕구이자 감정이다. 우리는 모두 두려움, 분노, 사랑, 슬픔을 경험하며 타인이 느끼는 이러한 감정을 포착하고 공감할 수 있게 설계돼 있다. 이러한 감정은 그것이 유발하는 유쾌함이나 불쾌함과 무관하게 타인 그리고 우리 자신과 긴밀한 관계를 맺는 데 도움을 준다.

인간으로서 우리는 생각, 감정, 내적 경험을 외부 세계로 투영하려는 경향이 있다. 우리는 자신의 눈으로 세상을 바라보고 우리의 생각과 감정을 환경 탓으로 돌린다. 영화 속에서 나무가 말하고 개가 두 발로 걸어 다니는 모습을 보는 것이 우리에게는 놀라운 일이 아니다. 우주의 창조자인 제우스를 수염이 난 노인으로 표현하는 것도 이상한 일이 아니다. 우리는 이러한 일을 매일 밤 꿈속에서도 한다. 우리 대다수는 자는 동안 포식자나 악마의 먹잇감이 되거나 적에게 추격당하기도 한다. 무의식 속 우리의 뇌는 두려움, 바람, 절망, 야망을 상징적인 방식이나 우리의 기억이 창조된 시나리오의 형태로 처리한다. 현대 미국인은 총을 맞는 끔찍한 악몽을 꿀지 모르며 중세 일본인은 일본도로 죽임을 당하는 꿈을 꿀지 모른다. 우리는 마음 깊은 곳에 자리 잡은 오래된 두려움을 꿈속에서 표현하기도 한다.

정신분석학 이론에서는 어린 시절 어머니와의 고통스러운 경험으로 인해서 여성을 두려워하는 남성은 지하실에서 무시무시한 마녀를 만나는 악몽을 꿀 수도 있다고 한다. 추격을 당하거나 총을 맞는 악몽을 꾸다가 자주 잠에서 깨는 경찰관을 본 적 있다. 그는 과거 총격으로 동료를 잃었다. 치료할 때 우리는 꿈을 활용해 내면 깊숙한 곳에 자리한 두려움과 무의식적 소망, 부모님과의 갈등을 파악한다. 프로이트의 관점에서 꿈은 무의식으로 가는 왕도roayl road to the unconscious다.

국가와 문화도 집단적인 바람이나 특정 민족에 대한 두려움을 반영한 신화나 전설의 형태로 꿈을 꾼다. 이러한 두려움과 소망 대부분은 시간과 지역과 무관하게 보편적이다. 문화나 국적과 상관없이 우리 모두 새처럼 날고, 낭떠러지에서 떨어지고 추격을 당하는 꿈을 꾸는 것처럼 지리적 거리와 시간으로 구분되는 국가들도 용, 악마, 마술사, 마녀와 같은 상상 속 생명체가 등장하는 유사한 신화들을 창조해 왔다. 우리가 반드시 무서운 꿈이나 신화를 즐길 필요는 없지만 이미 그것은 우리의 일부다. 우리는 그러한 꿈이나 신화에 매료되는데 이는 우리의 가장 내밀한 정신 작용과 밀접한 관련이 있기 때문이다. 그러한 꿈이나 신화는 인간의 원초적 내면에 말을 건다. 칼 융은 선조의 무의식적 기억과 인류가 공유한 기능인 집단 무의식collective unconscious이라는 용어로 이러한 현상을 지칭했다.

우리가 어떤 대상 때문에 불안하고, 걱정하고, 겁을 먹고, 스트레스를 받는다면 무서운 꿈을 더 자주 꾼다. 마찬가지로 위협이나 불확실성의 시대에 국가들은 두려움으로 가득 찬 설화, 신화 혹은 영화들을 더 많이 생산하고 소비한다.

생물학

앞에서 편도체, 교감신경계, 신경전달물질 도파민, 에피네프린, 노르에피네프린이 두려움을 경험할 때 중요한 기능을 한다는 것을 언급한 바 있다. 흥미롭게도 두려움과 흥분 사이에는 중요한 생물학적 공통분모가 있다. 긍정적인 두려움 경험을 하는 동안 편도체, 교감신경계 그리고 신경전달물질들이 관여한다. 심지어 우리는 아드레날린 분출이라는 용어를 사용해서 스릴이라는 경험을 묘사한다. 이는 부분적으로 증가한 아드레날린 활성화 때문이다. 도파민, 노르에피네프린은 짜릿한 흥분과 두려움의 처리에 모두 관여한다. 사랑에 빠지거나 치열하고 경쟁적인 스포츠 시합, 흥분 만점의 비디오 게임, 불안의 신체적 경험이 모두 상당 부분 겹친다. 이러한 상황에서 숨이 가빠지고 심장이 더 빠르게 뛰며, 정신을 집중하게 되고, 극도로 각성하거나 경계심을 느낀다. 투쟁 혹은 도피 시스템은 전율과 흥분 시스템이기도 하다. 스포츠 경기와 같이 흥분되는 활동들은 투쟁 혹은 도주 상황일 때 활성화되는 고강도의 퍼포먼스가 필요하다.

두렵지만 안전한 경험에 몰입할 때는 동일한 신체적 반응과 정신적 반응이 촉발된다. 우리는 내면의 동물적인 것을 깜짝 놀라게 해서 고속주행을 즐기면서 우리가 안전하다는 것을 안다. 이것이 작동하기 위해서는 편도체에서 통제된 두려움 반응을 할 수 있게 전두엽 뇌와 해마의 활동을 허용해야 한다. 그것은 개가 TV에서 늑대를 볼 때와 어느 정도 유사하다. 개는 진짜 늑대와 화면 속 늑대의 차이를 알지 못하고 극도로 예민해질 것이다. 그러나 당신은 그 차이를 알고 흥미진진하게 개의 반응을 살핀다.

TV를 보는 개와 달리 공포 영화를 보는 우리는 그 공포 경험을 맥락 속에서 넣을 수 있다. 그 살인자가 우리 거실이 아닌 TV 속에 존재한다는 것을 안다. 칼을 든 복면 남자에게 쫓기는 것이 어두운 계곡이나 어두운 유령의 집에서 일어난다고 가정하면 완전히 다른 경험이 될 것이다. 이 두 상황에서 모두 편도체가 발화되지만, 맥락을 처리할 줄 아는 뇌가 이러한 반응을 조절하고 유령의 집을 즐기는 것을 가능하게 한다.

균형

전율 경험을 즐기기 위해서는 뇌 하부에서 촉발된 두려움 반응과 논리적 뇌인 전두피질에서 활성화되는 안전과 통제의 의식 사이에 적절한 균형이 있어야 한다. 다시 말해 전율 경험 상황이 충분히 진짜 같아야 하지만 너무 진짜 같으면 안 된다. 이 경우 우리의 일부는 현실에서 분리되어 공포 영화에 몰두하지만, 마음의 배후에서는 우리가 편안하게 소파에 앉아서 와인과 피자를 먹고 있다는 것을 안다. 각기 다른 마음이 실제와 가짜의 균형을 맞추는 정도가 다르기 때문에, 어떤 사람은 공포 영화를 즐기고 어떤 사람은 그것이 너무 무섭다고 생각하고 어떤 사람은 너무 지루하고 유치하다고 생각한다. 같은 사람이 어떤 공포 영화는 흥미롭다고 생각하다가 다른 것은 지루하고 또 다른 것은 보기 어렵다고 생각할지 모른다. 현실에서 분리되어 전율 경험에 몰두하는 능력은 매우 중요하다. 현실에서의 분리가 우리를 일상의 삶과 피곤함에서 벗어나 영화 속 인물에 공감하고 두 시간 후에는 다시 소파에 돌아와 앉아 있는 우리를 발견하기 때문이다.

전율 경험이 지나치게 현실적이면 우리는 안전에 대한 통제력 상실감이나 신뢰 부족을 느끼고 그 경험은 견디기 어려워질 수 있다. 이 모든 경우, 논리적인 뇌가 최적의 상황에서 두려움 반응을 통제할 수 없고 두려움은 통제 불능이 된다. 그것은 마치 겁에 질린 개가 목줄을 너무 심하게 당겨서 더 이상 그 개를 통제할 수 없는 것과 유사하다. 같은 사람이라도 각기 다른 공포 경험이 현실 자각에 근거해서 각기 다른 결과를 도출할 수 있다. 나는 〈나이트메어Nightmare on Elm Street〉가 흥미로운 공포 영화라고 생각한다. 이는 맥락과 인물이 너무 현실적이지 않아서 실제 내 삶에서 그런 일이 일어나리라 상상할 수 없기 때문이다. 그러나 〈엑소시스트The Exorcist〉와 〈유전Hereditary〉은 굉장히 무서웠다. 〈엑소시스트〉를 봤을 때 이야기가 너무 진짜 같아서 내 침실에서도 그런 일이 일어날 것 같은 생각이 들었기 때문이다. 영화를 본 그날 밤 10대의 자부심 덕택에 나는 부모님께 함께 자도 되냐는 질문을 하지 않을 수 있었다.

전율 경험이 너무 현실성이 없을 때나 객관적이고 분석적인 사고가 과도하게 관여할 경우에는 흥분감을 제거한다. 나는 처음 〈워킹 데드The Walking Dead〉 시리즈를 친구와 함께 봤던 것을 기억한다. 나는 좀비의 인간적 생리학에 대해서 지나치게 분석적이었다. 살아 있는 심장이 피를 펌핑하고 우리의 근육에 산소를 보내지 않는 한 좀비가 걸어다니는 것은 불가능하다고 생각했다. 우리가 활동하는 데 필요한 연료가 없는데 어떻게 좀비의 근육이 움직일 수 있다는 말인가? 친구가 이렇게 말할 때까지 나는 계속 좀비를 분석했다. "만일 네가 정말로 이 영화를 즐겁게 보고 싶다면 너의 분석적인 뇌를 닫아야 해." 그의 조언은 효과가 있었다.

통제력과 우리가 안전하다는 확실성 그리고 믿음에 대한 의식은 전율이 느껴지는 공포 경험을 할 때도 작동한다. 만일 누군가 상황에 대한 통제감을 잃는다면, 그 경험이 지나치게 낯설다면, 그들은 그것을 견디기 어렵다고 생각할 수 있다. 너무 무섭거나 휴식이 필요하다고 판단할 때 TV를 끄거나 공포 영화를 중단시킬 수 있다는 것을 우리는 안다. 당신이 홀로 공포 영화를 보고 있는데 그것을 끄거나 중단시킬 수 없다고 생각해 보자. 비슷하게 많은 이가 롤러코스터를 타지 않는 이유는 출발하면 멈출 때까지 내릴 수 없기 때문이다. 이러한 통제감의 정도가 공포의 경험이 적당히 흥분되거나 지나치게 무섭다고 판단하는 데 굉장히 중요한 역할을 한다.

공포 영화를 보거나 유령의 집에 있을 때 우리가 지니는 통제력은 통제할 수 없는 걱정스러운 현실들과 대조된다. 이 때문에 때때로 사람들은 통제 불가능한 현실을 보상하기 위해서 비현실적인 공포 경험에서 피난처를 찾으려고 한다. 스릴을 추구하는 다수가 실제 삶에서 높은 불안감을 경험한다. 스카이다이빙이나 번지점프는 자신들이 통제할 수 있는 공포와 불안 상황을 경험할 기회를 제공한다. 그들은 통제 가능한 공포 상황에 노출시키면서 현실에 없는 통제감을 얻는다.

자신의 안전을 책임지고 있는 사람이나 시스템을 신뢰하는 것은 공포를 즐기는 중요한 요소다. 만일 당신이 유령의 집 배우들이 당신을 건드릴 수 없다는 것을 안다면, 그들이 당신을 건드릴 수 있을 때보다 덜 무섭다고 느낄지 모른다. 놀이공원에서 롤러코스터 제작에 사용된 과학과 공학을 아는 사람은 롤러코스터의 오작동으로 사람이 죽었다는 말을 들은 사람보다 자신이 안전하리라고 확신할 것이다.

연습

나는 어린 시절, 밤마다 아빠와 함께 사자에 대한 다큐멘터리를 봤다. 새끼 사자들이 다른 새끼 사자들과 장난스럽게 뒹굴면서 어미를 물었다. 아빠는 나에게 이렇게 물었다. "아라시, 너 저 새끼 사자들이 왜 저러는지 아니?" 나는 "그냥 노는 거잖아"라고 답했다. "재들은 그냥 노는 게 아냐. 나중에 컸을 때를 대비해서 싸움과 사냥을 연습하고 재현해 보는 거지." 아빠의 말이 맞았다. 물고, 뒹굴고 서로를 쫓으면서 새끼 사자들은 싸움과 사냥에 필요한 기술을 연습하고 있었다. 엄마의 보호가 주는 안전감이 그들이 혼자가 됐을 때 필요한 기술을 학습할 좋은 기회를 제공했다.

그러나 우리가 자발적으로 공포스러운 상황을 경험할 때도 이런 학습이 적용이 될까? 공포 영화나 유령의 집에서의 경험이 위험한 상황에서 살아남는 법을 정신적으로, 육체적으로 연습할 수 있게 할까? 우리가 수천 년 전, 수백만 년 전에 훨씬 냉혹한 환경에서 진화해 왔다는 사실을 상기해 보면 좀 더 이치에 맞는다. 우리와 우리의 부족원들은 위험한 상황에서, 그것이 포식자든 자연재해든 아니면 다른 부족이든, 자주 목숨을 위협받았다. 이러한 경험을 통해서 문제를 해결하는 법과 위험에서 안전을 유지하는 법을 자연스럽게 익혔다. 또한 부족원들의 경험을 통해서도 배웠다. 예를 들어, 연장자들이 어떻게 투쟁하고 사냥했는지에 대한 이야기를 전해 들음으로써 지식을 쌓았다. 오늘날 전율 경험, 공포 영화, 공포 소설을 좋아하는 경향이 지닌 기능 중 하나는 경계심, 준비성, 문제 해결을 연습하는 것일 가능성이 높다. 이는 영화나 신화 속 인물이 생존하는 것이나 큰 대가를 치르는 것을 지켜보면서 이런 자질을 연마할 수 있기 때문이다. 이는 마녀나 악마로부터 부족을 구한 흥미진진하지만 다소 무서운 영웅의 이야기에 귀를 기울였던 우리의 조상들과 크게 다르지 않다. 이것은 우리가 위험에서 탈출하거나 위험을 무력화시키는 법을 마음속으로 연습할 수 있게 한다.

당신은 영화 속 인물이 안전해지기 위해서 무엇을 해야 하는지를 그 인물을 향해 소리치거나 당신의 조언을 따르지 않은 그들에게 화가 나거나 실망한 적이 몇 번이나 있는가? 머릿속으로 문제 해결을 하는 자신을 발견하거나 영화 속 배우가 처한 위험한 상황에서 나라면 무엇을 할지를 상상해 본 적이 있는가? 우리는 이런 일이 일어난다면 어떻게 하면 목숨을 구할 수 있을지를 생존에 능숙한 인물로부터 배운다. 사람들은 〈워킹데드〉에서 대릴과 캐롤이 극악무도한 상황을 어떻게 노련하게 헤쳐나가는지를 보는 것을 좋아한다. 우리는 이러한 기회를 이용해서 우리의 방어력을 업데이트하고 고도화하며 진짜 위험한 상황이 일어났을 때를 대비한다. 새끼 사자처럼 우리가 연습하고 있다는 것을 인식조차 못 할지도 모르겠지만 본능은 우리가 무슨 일을 하는지 안다.

전율 경험은 내가 그것을 해냈고 생존했다는 성취감이나 자부심, 통제감으로 끝나는 경우가 많다. 우리는 성공했고 살아남았고, 생존한 것에 대해 보상을 받는다. 우리는 이제 영화 속 다른 사람이 정체불명의 생명체에 목숨을 잃은 후에도 여전히 살아남은 주인공이다. 우리는 놀이공원에서 가장 무서운 롤러코스터를 타거나 가장 무서운 유령의 집에 들어갈 용기를 가졌던 그 친구들과 어깨를 나란히 하게 된 거다. 우리 내면의 원시성 관점에서 보면 그 승리는 훨씬 더 현실적이다. 마치 TV 속 늑대를 쫓아버린 개처럼.

마음 챙김 수련

두려움은 가장 소비적인 감정 중 하나다. 그것은 우리의 모든 감각을 마비시키고 다른 곳에 모았던 우리의 집중력을 완전히 흡수해 버린다. 위험에서 살아남으려면 우리는 모든 초능력적 수행력을 두려운 상황에 집중시켜야 하고 그 순간 생존에 필요치 않은 모든 것에서 멀어져야 한다. 두려움은 모든 것을 잊어버리게 한다. 두려움은 지금 이 순간에 집중하게 만들고 과거의 생각이나 미래의 걱정으로부터 멀어지게 한다. 공포 영화를 볼 때 그날 오전에 상사와 빚었던 갈등이나 다음 주에 치러야 하는 시험 또는 형편없는 서비스로 우리를 실망시킨 하도급자에 대해 생각하는 사람은 거의 없다. 마음 챙김 연습이 현재에 집중하게 만들고 실망, 걱정, 반추에서 벗어나게 하는 것과 똑같이 공포 영화나 스카이다이빙 역시 그러한 현실의 두려움과 걱정을 완전히 잊게 해주며, 바로 이 순간을 살 수 있게 해준다. 사실 마음 챙김은 불안, 걱정, 슬픔 등을 해결하는 가장 좋은 방법 중 하나다. 그리고 정신건강 전문가들이 적극 권장하는 방법이기도 하다.

연대감 강화의 기회

우리는 오락 목적의 공포나 전율을 느끼는 활동을 혼자서 하지는 않는다. 가끔 영화, 공연, 다큐멘터리 등을 혼자서 보지만, 공포 영화를 보거나 유령의 집이나 놀이공원에 갈 때는 친구나 가족과 함께하는 경우가 일반적이다. 집단으로서 통제감을 증대시키는 것 이외에 타인과 함께 있다는 것이 고조된 감정 경험을 공유할 수 있게 한다. 고조된 감정은 종종 연대감을 강화하고 서로의 관계를 단단하게 한다. 유령의 집에서 함께 비명을 지르고 웃고 안도의 한숨을 쉰다. 우리는 영화 속 주인공이 살아남기 위해서는 무엇을 해야 하는지를 논의하고, 유령의 집 배우가 우리 앞에 튀어나오면 어떻게 대비해야 하는지를 서로에게서 배운다. 이러한 경험의 공유는 더 깊은 연대감을 싹트게 하고 해결책, 방어책, 기술 등을 공유하는 것을 가능하게 한다. 또한 위험한 상황을 함께 극복한 전우애를 공유하기도 한다.

우리에게는 공포가 필요할지도 모른다

나이가 어렸을 때 나는 다락방으로 이어진 사다리를 올라가지 못할 정도로 높은 곳을 두려워했다. 어느 해 친구 하나가 그랜드캐니언에서 휴가를 보내는 것이 어떠냐고 제안했다. 또한 그녀의 추천으로 노새를 타고 그 거대한 협곡을 내려가는 프로그램도 신청했다. 그곳에 도착하기 전까지 내가 무엇을 신청했는지도 정확하게 기억하지 못했다. 그것은 높은 곳을 두려워하는 사람에게는 좋은 선택은 아니었지만, 마음을 바꾸기에는 이미 너무 늦었다. 거기 있는 다른 사람들 앞에서 꽁무니를 빼고 물러선다면 굉장히 무안해질 수 있었다. 벽이 높게 솟아 있었고 협곡에 난 길은 경사가 급하고 얼음도 얼어 있었다. 노새들은 협곡 가장자리를 걷는 것을 좋아했다. 그런 곡예를 하면서도 노새들은 노련했고 확신에 차 있었다. 우리는 노새 타기 프로그램이 진행된 지난 수십 년 동안 단 한 마리의 노새도, 단 한 명의 사람도 협곡 아래로 떨어진 적이 없다는 말을 들었다. 나는 노새들이 유턴할 때, 수천 피트 아래를 내려다볼 수 있었다. 12월의 얼음 덮인 길에서 유턴은 쉽지 않았으며 때때로 얼음에서 미끄러지기도 했다. 이 무시무시한 노새 타기 프로그램의 끝자락에서 나는 흥미로운 사실 하나를 발견했다. 내가 덜 무섭고 덜 불안해한다는 사실이었다.

이 경험 덕택에 나는 적당한 정도의 실제 공포에 정기적으로 노출될 필요가 있다고 생각하게 됐다. 현대인의 삶은 인간의 두려움 체계가 진화해 온 환경과 비교했을 때 지나치게 안전하다. 우리가 살아가는 이 시대에 우리의 두려움 뇌 회로는 충분한 '훈련'을 하지 않고 있다. 우리는 근육, 심장, 폐를 단련시켜야 한다는 것을 안다. 이는 이러한 장기들이 강도 높은 신체활동을 빈번하게 요구하는 상황에서 진화되었기 때문이다. 우리는 정기적으로 운동할 때 더 기분이 좋고 덜 스트레스를 받는다. 이는 우리의 몸이 하루 종일 책상 앞에 앉아 있도록 진화해 온 것이 아니기 때문이다. 이는 우리의 두려움 체계에도 적용될 수 있을지 모른다. 오늘날 우리는 극도로 안전한 환경에서 산다. 그리고 우리가 현대의 삶에서 느끼는 대부분의 두려움과 불안은 우리의 두려움 체계가 진화해 온 방식과는 무관하다. 오늘날 두려움과 불안 중 일부는 두려움의 대상에 대한 정상적인 노출이 없어서 느껴지는 감정일 수 있다. 우리는 안전한 오락용 두려움과 전율을 경험하는 것으로 우리의 두려움 체계를 훈련하고 있는 것인지 모른다. 우리가 몸을 단련하기 위해 운동을 하는 것처럼. 우리의 진화에 부합하는 두려움에 스스로 노출할 경우, 삶에서 경험하는 두려움과 불안을 맥락 속에 집어넣을 수 있고 우리의 두려움 시스템을 쉬게 할 수도 있다. 우리는 무엇이 진짜 위험인지 무엇이 망상 속 위험인지에 대한 좀 더 분명한 시야를 가질 수 있다.

실질적 조언

흥분과 공포를 경험할 수 있는 취미와 관련해서 '재미있다' '너무 무섭다' '지루하다' 같은 판단은 사람마다 큰 차이를 보인다. 개인의 두려움 경험을 결정할 때 작용하는 요소가 무수히 많기 때문에 누구나 자신의 한계를 아는 것이 중요하다. 동료의 압박을 받거나 나는 아닌데 다른 사람이 재밌다고 했다는 이유로 그 일을 할 필요는 없다. 스스로 너무 무섭다고 판단될 때는 유령의 집에 간다거나 공포 영화를 볼 필요는 없다는 의미다. 자신을 알고 자신의 속도대로 가면 되고, 괴로워하면서까지 할 필요는 없으며, 필요하다면 TV를 끄면 된다. 목적은 즐거움을 느끼는 것임을 명심해야 한다. 만일 더 이상 즐겁지 않다면 과감하게 그것을 중단하는 것이 좋다.

당신의 한계를 알고 존중할 때 약간의 즐거움을 더하기 위해서 그 한계를 조금 확장하고 두려움에 대한 수용도를 높일 수 있다.

A F R A I D

6

두려움이 없는 것이 용기가 아니다

두려움을 이겨내는 용기

제가 이 전쟁에서 무엇을 배웠는지 아십니까? 공포를 느끼지 않는 것은 지극히 정상이지만 두려움을 느끼는 것도 정상입니다. 역설적으로 들리겠지만 적에 대한 두려움은 전혀 없습니다. 두려움이 우리 자신을 마비시키게 둬서는 안 됩니다. 그러나 어떤 대상을 두려워하는 것은 지극히 정상입니다.

- 우크라이나 외무부 장관 드미트로 쿨레바, 미국 CBS 심야 토크쇼 〈레이트 쇼 위드 스티븐 콜베어〉와의 인터뷰, 2022년 9월 22일

우리는 모두 용감해지기를 원하고 다른 사람의 용기bravery를 부러워한다. 용감하다고 평가받는 사람들은 전설, 역사, 문화, 미디어의 찬사를 받는다. 용기 있다고 판단되는 행동의 동기는 상황에 따라 달라질 수 있다. 두려움에 맞서 용기 있는 행동을 하는 이유는 심지어 모순적일 수 있다. 어떤 사람들은 같은 행동을 비겁한 행동이나 범죄라고 볼 수 있고, 반면에 다른 사람들은 그것을 영웅적 행동이라고 평가할 수도 있다. 이런 일은 전쟁에서 자주 일어난다. 어떤 이들은 특정 군대의 군인들을 범죄자로 보지만, 다른 이들은 그 군인들을 용감한 영웅이라고 생각한다. 지금 우크라이나에서는 전쟁이 진행 중이고, 대다수 세계인은 침략국인 러시아를 무자비한 폭력배들이라고 비난하지만 러시아 내에서는 전쟁에서 사망한 군인들을 그들의 망상적 대의를 지키기 위해 목숨을 바친 영웅이라고 칭송한다.

용기의 정의를 좁히기 위한 시도로 사람들은 신체적 용기, 영웅주의 같은 용어를 제안한다. 예를 들어, 신체적 용기는 신체적 위해나 죽음을 무릅쓰고 행동하는 것인 반면 영웅주의는 자신의 위험을 감수하는 친사회적 행동으로 정의할 수 있다.

그런 의미를 떠나서 용기란 무엇이며 무엇으로 이루어지는 것일까? 용감한 사람들의 특징은 무엇인가? 우리는 어떻게 하면 좀 더 용감해질 수 있는 것일까? 용감한 사람들은 두려움을 모르는 것일까? 위험에 맞닥뜨렸을 때 두려워하지 않는 것이 좋은 것일까?

절대 아니다. 두려움이나 불안을 경험하지 못하는 것은 진화론적 측면에서 굉장히 불리하다. 건강한 사람이 두려움을 안다는 사실은 두려움을 모르는 유전학적 차이를 가진 사람들이 자연선택에서 불이익을 받았음을 암시한다. 그것은 고통을 느끼지 못하는 것도 마찬가지다. 고통을 느끼지 못하는 사람들은 몸 안의 질병을 감지하지 못하므로 심각한 부상이나 감염에 노출되기 쉽고, 이는 잠재적으로 건강에 치명적인 위험을 초래할 수 있다. 두려움을 느끼지 못하는 것에 대한 연구는 주로 동물을 대상으로 이루어져 왔다. 과학자들이 동물의 양측 뇌에서 편도체를 제거하자 이 동물들은 두려움을 배우는 능력과 탈출, 동결 같은 두려움과 관련된 행동을 보이는 능력을 상실했다. 예를 들어 쥐는 고양이의 냄새를 맡고도 아무런 반응을 보이지 않았고, 학습했다면 충격을 피하는 데 도움을 줄 수 있는 소리와 충격 사이의 연관성을 배울 수 없었다. 두려움이 없는 원숭이는 호랑이를 봐도 아무런 반응을 보이지 않거나 성난 알파원숭이 근처에서도 지나치게 편안하고 안락하다고 느낄 수 있다.

양측 편도체에 손상을 가져올 수 있는 질병을 앓거나 부상을 입은 사람은 잠재적으로 위험한 상황에서 두려움을 경험하지 못한다. 심지어 그들은 다른 사람이 느끼는 공포를 경험할 수 없거나 위협과 관련된 실마리에 집중할 줄도 모른다. 매우 흥미로운 한 실험에서 과학자들은 양측 편도체가 손상된 사람을 다른 사람들이 무섭거나 위험하다고 생각하는 각기 다른 상황에 노출시켰다. 그녀는 낯설고 무서운 동물 근처에서 매우 편안했으며, 유령의 집에서도 전혀 움찔거리지도 않았고, 공포 영화를 전혀 무서워하지도 않았다. 그녀는 뱀에 관심을 보였고 호기심에 차서 뱀을 손으로 잡으려고 했다. 유령의 집에서는 거침없이 연구자들보다 앞서서 갔다. 유령의 집의 그 어떤 괴물도 그녀를 놀라게 할 수 없었다. 오히려 그녀는 그 괴물들을 보고 웃거나 호기심을 보였다.

두려움이 없다는 것이 어찌 보면 굉장히 멋진 일이라고 생각될 수 있다. 하지만 앞서 언급한 연구 사례를 보면 그 사람은 실제 위험에 맞닥뜨렸을 때 심각한 문제에 봉착할 수 있다. 성이 나서 사정없이 짖는 개를 만지려고 하거나 총구를 겨눈 도둑과 이야기를 나누려고 한다거나 미사일이 쏟아져 내리는 전쟁터 근처에서 산책하려 한다고 생각해 보자.

두려움의 중요한 기능 중 하나는 교감신경의 활성화, 고조된 집중력과 각성, 민첩한 반응을 통해서 분명하고 정밀하며 빠르게 행동할 수 있게 몸 전체와 뇌를 준비시키는 것이다. 만일 두려움을 느끼지 못한다면, 위험에 빠졌을 때 이러한 진화론적인 장점을 활용할 수 없다. 이쯤 되면 두려움이 없다는 게 우리에게 그다지 좋은 것이 아님을 그리고 훌륭한 군인이나 영웅도 만들 수 없음을 충분히 납득시켰을 것이라고 믿고 싶다. 그러면 용기란 무엇일까?

두려움이 없어서 용감한 행동을 했다는 건 충분한 이유로 보이지 않을 것이다. 즉, 두려움은 용감해지는 데 필요한 요소다. 다시 말해 용기와 대범함은 두려움에 직면했을 때만 발휘된다. 용감한 사람은 무섭다고 여겨지는 것이나 다른 사람들이 행동에 나서기를 포기하는 것에 맞선다. 따라서 용기란 다른 사람들보다 겁이 없거나 두려움에 다르게 반응하거나 두려움 행동을 통제할 수 있는 능력을 말한다. 결국 용기 있는 행동이란 눈에 보이는 행동이며, 여기에는 각기 다른 동기가 있을 수 있고 간혹 모순적일 수도 있다. 다시 말해 우리는 용감한 사람들의 머릿속에서 무슨 일이 일어나는지 알 수 없다. 우리는 그저 그들의 행동을 눈으로 확인할 뿐이다. 단 용감한 행동의 경우, 두려움 자체에 대한 감정이 약하거나 두려움과 그 결과와 관련된 행동, 즉 회피, 탈출, 지연 등의 행동이 그 사람에게 두려움과 맞서게 한다. 동료의 목숨을 구하기 위해서 수류탄 위로 몸을 던진 군인은 다른 군인들보다 겁이 없거나 도주 혹은 동결 반응을 잘 통제할 수 있기 때문일 것이다.

나는 트라우마 전문가로 일하며 고통스러운 트라우마 경험을 겪은 응급의료종사자를 많이 치료했다. 한번은 총격으로 파트너이자 친구를 잃은 한 경찰관과 이야기를 나눴다. 그녀는 자신의 파트너가 목에 총을 맞고 쓰러졌다는 것을 안 순간, 곧바로 달려가 피가 솟구치는 경동맥을 눌러서 지압했다. 총알이 여전히 빗발치고 있었고 그녀는 누구의 엄호도 받지 못했다. 그때 저격범이 그녀와 그녀의 파트너를 향해 걸어왔지만 지원 경찰이 도착해서 목숨을 구할 수 있었다. 나는 그녀에게 물었다. "엄호도 받지 못한 상태에서 동료를 구하러 뛰어갔잖아요. 그때 자신이 목숨을 잃을 수 있다는 생각은 안 했습니까?" 그녀는 이렇게 답했다. "그런 생각은 하지 않았어요." 심지어 그녀는 자신이 한 행동이 용감한 행동이라고 생각하지도 않았다. 그녀는 그 외에는 다른 생각을 할 수 없었다. 그녀에게 그 행동은 정상적이고 당연히 해야 하는 옳은 일이었다.

용기와 정의에 대해서는 의견이 분분하지만, 실용성을 위해 여기서는 눈앞의 위험에 맞서거나 타인이 위험하다고 판단하는 상황에 맞닥뜨렸을 때 행동할 수 있는 능력을 용기라고 정의할 것이다. 또한 용기가 눈에 보이는 위협과 맞서는 것이든 좀 더 추상적인 위협에 직면했을 때 조치를 취하는 것이든 도주 반응이나 동결 반응보다는 투쟁 측면과 좀 더 연관성이 있음을 알 수 있을 것이다. 이러한 관점에서 우리는 용기 있는 행동을 실행한 사람의 머릿속에서 무슨 일이 일어났는지 분명하게 알 수 없을지 모른다. 앞서 사례로 든 경찰관처럼 그들도 정확한 답을 하기 어려울지 모른다. 과거 경험에 대한 기억이 항상 가장 정확한 것은 아닐지도 모른다. 우리가 기억을 회상할 때, 우리의 뇌와 몸은 투쟁 반응 때의 그 상태가 아니다. 사람들은 용감한 사람이 좀 더 수용 가능한 이유를 말해주기를 도덕적으로, 문화적으로 기대한다. 흥미롭게도 그리고 슬프게도 용기라고 정의된 것의 도덕적·문화적 측면은 시간에 따라 변화한다. 그러한 한 가지 사례가 미국의 헬리콥터 조종사 휴 톰슨 주니어 준위가 베트남 전쟁 중 베트남 여성과 어린이를 보호한 것이다. 당시 그는 반역자로 평가받았다. 그러나 전쟁에 대한 인식이 바뀌면서 그는 후일 수훈비행십자장 Distinguished Flying Cross을 수여받았다. 중요한 것은 우리가 용감한 행동의 기저 메커니즘을 완벽하게 이해하지 못한다는 것이다. 또 용감한 행동을 한 사람은 그 행위를 할 당시 자신을 용감하다고 생각했는지도 명확하게 알지 못할 때가 많다.

용기의 이유

용감한 행동을 해체 분석하기 위해 이미 우리가 알고 있는 두려움과 그것에 영향을 미치고 수정하는 요인들을 다시 들여다봐야 한다.

⁑ 위협 인지

두려움을 경험하는 가장 첫 단계는 위협을 인지하는 것이다. 망상적 위험이나 실제 위험이 없다면 두려움은 없다. 이러한 면에서 용감해지는 길은 위험의 인식 정도를 조작하는 것이다. 심지어 동일한 위협을 서로 다른 사람이 서로 다르게 인식한다. 감지된 위협의 정도가 낮을 때 사람들은 같은 상황을 좀 더 위험하다고 판단하는 사람에 비해 좀 더 용감하게 행동할 수 있다. 위협 인지는 위협 그 자체와 인식이라는 두 가지 측면이 있다. 위협은 객관적 정도, 예를 들어 칼을 들고 있는 강도의 칼을 빼으려고 할 때 등의 위험 상황에서 해를 입을 가능성의 정도를 통계적으로 추정하는 것을 말한다. 그러나 동일한 상황에서조차 해를 입을 통계적 가능성이 두 당사자의 신체적 조건, 두 사람의 거리, 민첩성, 훈련의 여부에 따라 현저히 달라질 수 있다. 미국의 해군 특수부대 네이비실은 이러한 상황에서 나보다는 훨씬 낮은 위험에 직면하게 될 것이 분명하다.

그러나 좀 더 복잡한 측면은 상황을 어떻게 처리해야 하는지를 결정하는 사람의 위험 인지다. 위협 인지에 영향을 미치는 요인들을 살펴보자. 정확한 위험 평가는 생존 및 상황을 적절하게 다루는 데 매우 중요하다. 위험을 과소평가하면 우리는 막대한 대가를 치러야 하며, 과대평가 역시 기회를 상실하는 결과를 초래한다. 성난 포식자에게서 달아나지 못했다면 우리의 조상들은 죽었을 것이며, 너구리에게서 도망친다면 식량을 너구리에게 빼앗기는 결과를 맞았을 것이다. 위험에 대한 잘못된 계산은 목숨을 대가로 내놔야 하는 결과를 초래한다. 그러나 위험을 비논리적으로 과대평가하는 사람은 덜 용감하게 행동하게 될 것이고, 위험을 과소평가한 사람은 운이 좋아서 실제 위험에서 살아남는다면 용감한 사람으로 비칠 것이다. 후자에 대한 페르시아의 속담이 하나 있다. "현명한 사람은 깊은 강물을 어떻게 건너갈지를 계산하는 반면에 어리석은 사람은 이미 건너갔다."

우리가 위험의 정도를 인식할 때 그것이 항상 정확한 것은 아니다. 어떤 사람이 일자리, 소득, 명예를 잃을 수도 있는 잠재적 재앙에 대해 상사와 의견이 다를 때, 또 다른 사람은 이러한 의견의 불일치를 건설적인 토론이라고 볼 수도 있다. 이러한 각기 다른 인식은 상사와의 의견 불일치를 피하게 만들 수 있고 상사와 의견을 달리한 동료는 권위에 도전한 용감한 사람으로 평가하게 할 수 있다.

⁑ 지식

위험 평가를 정확히 하려면 경험과 지식 그리고 위험의 정도에 영향을 미치는 다양한 변수를 처리할 능력이 필요하다. 야생동물이 인간을 공격할 의사가 전혀 없다거나 심지어 야생동물이 태생적으로 인간을 두려워한다는 것을 아는 동물학자는 그 야생동물과 있어도 편안함을 느낄 것이고 좀 더 확신에 차서 행동할 것이다. 반면에 경험이 없거나 정보가 없는 사람의 눈에는 이 동물학자가 용감하게 보일지 모른다. 이 전문가의 경우, 본능적인 두려움 반응이 촉발되기는 하겠지만, 전전두피질과 해마에서 처리된 맥락 정보가 편도체를 진정시키고 두려움을 해소한다.

상황이 얼마나 위험한지를 판단하지 못할 경우에는 그 정반대의 상황도 일어난다. 어미 울버린이 얼마나 위험한지를 모르는 사람이 털이 보송보송한 새끼 울버린에게 다가가 만지려고 할 때, 어미가 자리에 없는 행운까지 겹친다면 그 사람은 용감해 보일 수 있다.

기술

위험한 상황에 대처하는 법과 이에 대처하기 위해 가용할 수 있는 도구와 자원을 활용하는 법을 아는 것은 두려움에서 중요한 요소 중 하나다. 의대 수련 과정은 힘들고 고되며 응급실에서 상태가 심각한 환자를 편안하게 치료하기 위해서는 무수히 많은 기술을 습득해야 한다. 의사로서 훈련을 받는 동안, 동료들과 나는 응급실에 우리만 있다는 사실에 겁을 먹을 때가 가끔 있었다. 이는 목숨이 위험한 중환자가 응급실에 도착했을 때 완벽하게 대처할 만한 실력을 충분히 갖추지 않았으면 어쩌나 하는 걱정 때문이었다. 반대로 현직 의사들은 훨씬 편안하고 두려움 없이 환자를 돌본다. 대부분의 위급한 상황에 대처할 만큼 충분한 전문지식을 갖고 있고, 확신이 서지 않을 때도 어떻게 도움을 청할 수 있는지 알고 있기 때문이다. 레지던트 1년 차에 정신과 수련을 받을 때 폭력적이고 성난 정신병 환자가 응급실 전체를 공포의 도가니에 몰아넣은 적이 있다. 하지만 나는 공격성에 대한 신호를 알고 있었고 협상과 공감 기술을 가지고 있었기에 훨씬 더 자신감 있게 행동했다. 나는 여전히 변한 것이 없었지만, 나의 기술은 변했다. 우리 같은 레지던트들에게 현직 의사들은 굉장히 용감하게 보였다. 수련의로 훈련을 받는 동안 우리는 더 많은 경험을 쌓으면서 환자의 불안과 분노가 상승함을 알려주는 다양한 신호를 알게 됐고 스스로의 안전을 지키는 데 사용할 자원도 갖게 됐다. 우리의 뇌가 잘못된 경보음을 울리는 횟수가 점차 줄었고 우리는 환자의 공격성이 나타나려고 할 때 언제 어떻게 위험을 피해야 하는지도 알게 됐다.

많은 훈련을 마친 노련한 네이비실은 빠르고 효과적으로 행동하는 뇌 경로를 갖게 된다. 그들은 행동 계획을 A부터 Z까지 철저하게 대비했기 때문에 생존의 가능성이 높아졌다는 사실과 위험한 상황에서 빠져나갈 출구 전략을 잘 알고 있다.

통제감

실질적인 통제력이나 통제할 수 있다는 생각은 두려움과 불안을 줄이는 데 중요한 역할을 한다. 전쟁에서 효과적인 무기를 갖고 있거나 팬데믹 동안 환자를 치료할 때 N95 마스크를 쓰고 있다는 사실은 위협을 통제할 수 있으리라는 인식을 준다. 이는 우리가 공포를 극복할 수 있는 가상의 통제력을 만들 수 있을 정도로 중요하다. 인간이라는 종은 자연재해나 인간이 초래한 재앙에 맞닥뜨리면 항상 가상의 통제력을 창조하는 일을 해왔다. 우리의 운명을 통제할 수 있다는 믿음과 나쁜 결과를 막을 수 있는 능력은 너무나 중요해서 우리는 부족원을 신이나 신령에게 번제물로 바치면 그들이 나머지 부족원을 보호해 줄 것이라고 믿었다. 우리는 지금도 그런 일을 한다. 우리는 기도하고, 팔찌나 목걸이를 착용하고, 나무 막대기를 두드리며 주문을 외우고, 과학적으로 입증되지 않은 방법을 활용한다. 이러한 행동을 하면 두려워하는 일이 일어나지 않을 것 같은 기분이 들기 때문이다. 때때로 걱정 자체가 우리에게 일종의 주체 의식 같은 것을 주기도 한다. 나는 심각한 불안을 겪는 많은 환자가 놀랍게도 어떤 것에 두려움을 느끼는 것 자체가 그 일이 일어날 가능성을 줄여주는 것처럼 느낀다는 사실을 알게 되었다. 그들이 단 1분이라도 걱정을 멈추려고 하면 무의식적 차원에서 그것을 거부한다. 이는 무의식적으로 걱정이 재앙을 막아줄 것이라고 믿고 있기 때문이다. 삶의 대부분을 통제할 수 없다는 현실을 받아들이는 것이 사실상 해방을 주는 이유다. 우리가 통제할 수 없다는 것을 인정하면 우리는 통제력을 얻기 위해 투쟁하거나 통제할 수 있다는 망상을 하지 않을 수 있고, 그 결과 우리가 바꿀 수 있는 것에만 집중할 수 있다. 이것은 현명하게 용감해질 수 있는 중요한 요소 중 하나다.

차선 선택하기

페르시아의 속담 중에 "나는 용을 피해 뱀이 있는 곳에 피난처를 마련하고 있다"라는 말이 있다. 때때로 두려움에 맞서는 행위는 더 크다고 인식한 위협을 피하는 것일 경우가 있다. 전쟁터의 군인은 모든 역경에도 자신의 임무를 다한다. 이는 명령을 무시했을 때 훨씬 더 무서운 처벌을 받을 것이 두렵기 때문이다. 한편으로는 명령을 무시했을 때 분명하게 따라올 소득의 상실, 투옥, 심지어 사형이라는 처벌에 대한 두려움 때문이다. 하지만 명령을 따랐을 때는 부상을 입거나 죽게 될 가능성도 있다. 혁명은 행복하게 삶을 즐기는 사람들에 의해서 달성되지 않는다. 어쩌면 확실한 해악을 면하기 위해서 잠재적인 위험을 선택했을지 모른다. 사람들은 빈곤, 억압, 불평등에 진정으로 지쳤을 때 투옥이나 죽음이라는 위험을 선택한다. 역경은 불공평하다는 의식과 함께 사람들을 더 용감하게 만들고 자신의 안위를 덜 고려하게 한다. 그러나 더 나쁜 두려움은 늘 구체적이고 분명하게 드러나지는 않는다. 만일 전쟁이 종교적으로 허용된다면 두려움은 포기, 수치, 고립, 지옥에 가는 것과 같이 문화적으로 뿌리 깊이 잠재된 개념이 될 수도 있다. 결국 지옥에서 영원히 불에 타는 고통을 받는 것보다 총에 맞거나 죽는 것이 더 나은 선택일 수 있다. 특히 죄인들이 지옥에서 받는 가장 잔인한 고문의 이미지가 각인된 채 성장한 사람이라면 특히 그럴 것이다. 지도자들은 사람들에게 잔혹한 행위를 저지르도록 종용할 때 항상 더 큰 악에 대한 두려움을 악용해 왔다.

목적

스티브는 은퇴한 경찰관이자 미 해군, SWAT팀 일원, 아빠, 남편, 구급대원이다. 우리는 성공적인 협업을 통해서 그가 PTSD를 극복하는 데 도움을 주었다. 내 책상에는 그와 함께 찍은 사진이 한 장 있는데, 그 사진에는 이런 글이 쓰여 있다. "누가 더 잘생겼지?" 우리는 이 질문에 대한 해답을 아직 찾지 못했지만, 나의 존경심은 의심의 여지가 없다. 내가 치료했던 다른 구급대원들에게 그랬던 것처럼 나는 스티브에게도 왜 구급대원이 됐는지를 물었다. 봉급도 많지 않고 극도의 스트레스를 받는 직업이며, 인간이 서로에게 가할 수 있는 최악의 행위에 자주 노출되는 직업이기 때문이다. 그의 답은 다른 사람들과 크게 다르지 않았다. 성장하면서 사회가 가하는 부당함, 괴롭힘, 학대를 목격했다. 그는 이러한 참혹한 경험을 하는 사람들을 보호해 주고 싶었고, 이 명분을 위해 기꺼이 스스로 상처를 입는 위험도 감수할 수 있었다. 스티브는 죽어가는 갓난아이에게 심폐소생술을 했고, 치열한 총격전 현장에 달려갔고, 운전자의 머리가 차량 뒷좌석에서 발견된 교통사고 현장에도 있었다. 그러나 그는 "가장 큰 트라우마를 경험할 때는 사람을 구할 수 없을 때예요"라고 말한다.

우리는 의미로 이루어진 생명체다. 우리는 경험을 해석하고, 그 경험에 부여하는 가치가 우리의 행동과 감정에 영향을 미친다. 우리가 전전두 경로를 통해서 각각의 상황에 부여하는 의미가 편도체에서 이루어지는 두려움 경험을 완화하기도 하고 증가시키기도 한다. 동포와 국가를 보호한다는 영예로운 명분을 위해 싸우고 있는 우크라이나 군인은 푸틴의 망상적 야망을 위해서 부당하게 싸우고 있는 러시아 군인과 비교했을 때, 전쟁의 끔찍함과 죽음의 가능성에 다른 시각을 갖고 있다. 사담 후세인의 군대가 이란을 침공했을 당시 일부 이란군은 동료 장병이 안전하게 지나갈 수 있게 자발적으로 지뢰매설 지역으로 걸어 들어가기도 했다. 역사는 도덕적, 문화적, 영적, 애국적인 명분으로 영웅적인 행위를 하거나 극악무도한 행위를 하는 사례들로 가득 차 있다. 어떤 사람에게 일어난 일의 정황이 예측에 반하는 이유다. 볼로디미르 젤렌스키 우크라이나 대통령이 국제사회의 예상과 예측을 거스르고 어떻게 전직 코미디언에서 전쟁 영웅이 되었는지가 가장 좋은 예다. 그는 전쟁이 시작됐을 때 우크라이나를 떠나라는 서방 동맹국들의 제안을 받았다. 하지만 그는 "내게 필요한 것은 피신할 차량이 아니라 탄약이다"라고 말했다.

⁂ 생물학

두려움을 처리하고 감정을 조절하는 생물학적 구성은 우리가 두려운 상황을 처리할 때 중요한 역할을 한다. 위협 인식, 감정 조절, 평상시 불안 및 반응 정도 등의 유전적 차이가 이러한 변수들이다. 우리 중에는 생물학적으로 좀 더 반응적인 사람들이 있는 반면, 어떤 사람들은 좀 더 느긋하다. 우리 조상들이 역경을 통해서 얻은 다양한 경험도 이러한 차이를 구성하는 후생적 기질의 일부가 된다. 후생적이고 생물학적인 뇌의 차이는 우리의 잊힌 경험에 의해서 유발될 수 있다. 감정 조절 기술을 연습하면 시간이 지나면서 뇌의 경로를 강화할 수 있다. 저돌적인 사람들이 좀 더 선천적으로 충동적이며 위험을 덜 인식한다. 이런 사람들은 위험에 직면했을 때 덜 산술적이며 그들의 행동은 좀 더 용감하게 보인다. 그러나 그들의 무모한 행동은 그들 자신은 물론 타인에게 해를 미칠 수 있다.

요약하면 용기 있는 행동처럼 보이는 것은 수없이 다양하면서도 종종 모순되는 변수의 결과다. 용기는 지혜와 이타주의, 위험에 대한 충동적 오판이나 위험을 초래할 수 있는 능력에 의해서도 유발될 수 있다. 위험을 과소평가하거나 그 상황을 처리할 수 있는 자신의 능력을 과대평가하는 것은 무지에 의한 용기다. 반대로 진정한 용기는 위험에 맞닥뜨렸을 때나 극도의 스트레스 상황에서도 결단력 있고 정확하게 행동하는 능력을 말한다. 진정한 용기는 행동했을 때나 행동하지 않았을 때나 자신과 타인이 맞게 될 위기와 이점 등을 고려한 위협의 평가, 가능한 결과에 대한 산출 그리고 자신의 능력과 보유하고 있는 자원에 대한 고려 등을 필요로 한다.

A F R A I D

7

나는 두렵다.
그래서 화가 난다

두려움과 폭력성

두려움은 분노가 되고, 분노는 혐오가 되며,
혐오는 고통을 부른다.

- 마스터 요다

2020년 9월 독립영화 〈코끼리와 풀The Elephants and the Grass〉을 감독한 천재 프로듀서이자 지금은 내 친구인 브랜든 굴리시Brandon Gulish가 인터뷰를 위해서 찾아왔다. 이 멋진 다큐멘터리 영화는 남수단의 젊은 난민 여성과 그녀의 어머니에 관한 이야기다. 이 두 여성은 끔찍한 전쟁과 새로운 곳에 정착해야 하는 어려움을 겪었다. 브랜든은 내가 지닌 일반적인 트라우마 연구와 치료, 더 구체적으로 말하면 난민 분야의 전문성 때문에 나를 인터뷰하기를 원했다. 인터뷰 중 어느 시점에서 브랜든은 흥미로운 질문을 했다. "트라우마의 개인적 경험이 정치 지도자들의 폭력성에도 영향을 미칠까요?" 나는 잠시 생각할 시간이 필요했다. 흔히 우리는 이러한 관점에서 폭력성을 바라보지는 않는다. 잔인한 독재자들은 두려움을 모르는 강인한 사람으로 비칠 때가 많다. 그러나 두려움(적어도 권력과 통제의 상실에 대한 두려움)은 그들의 생각과 결정 그리고 폭력을 자행할 때 중요한 요소로 작용한다.

나는 공격성을 해결하지 않고서는 두려움과 공격성과의 밀접한 관계에 대해 깊이 있게 이해하기 어렵다고 생각한다. 실제로 두려움은 언제나 겁을 먹은 대상에 가해지는 분노, 공격성 혹은 폭력을 인식하고 이에 대한 반응일 때가 많다. 반면에 분노, 공격성, 폭력은 표면적으로는 두려움의 반대처럼 보이지만 그것 자체가 두려움에 대한 반발일 때가 많다. 나는 임상 치료를 하면서 환자의 분노를 알아차린 후 나 자신에게 먼저 질문한다. "이 환자가 두려워하는 대상이 뭐지? 이 환자가 분노를 통해서 반발하는 위협은 무엇이며, 그들이 보호하고 싶은 것은 뭐지?" 이제 두려움과 공격성의 생물학적이며 심리학적인 교집합과 그들의 역학에 대해서 논의하고자 한다.

진화론적 관점에서 두려움의 기능은 위협이 수반하는 해로부터 우리 자신을 보호하는 것이다. 우리는 부상, 죽음, 자원의 상실을 피하기 위해서 투쟁과 도주라는 도구를 갖고 있다. 우리 인간과 다른 동물들은 상황을 파악해서 위험의 대상을 공격할 때도 있고 도주할 때도 있다. 겁먹은 사람이나 동물은 자기보존을 위해서 무엇이 더 적절한지에 따라 투쟁 혹은 도주 사이를 오고 간다. 그리고 투쟁이 반드시 전면적인 공격을 의미하지는 않는다. 궁지에 몰린 고양이가 씩씩거리고, 필사적인 개가 이빨을 드러내면서 으르렁거리며, 괴롭힘을 당한 아이는 소리를 지른다. 그들은 모두 자신이 보내는 신호를 상대가 진지하게 받아들여서 자신을 더 이상 괴롭히지 않기를 바란다. 여기서 목표는 적을 겁줘서 쫓는 것이므로, 타인의 내면에서 두려움이 작동하는 방식을 충분히 이해해야 한다. 다시 말해 공격자는 목표물이 느끼는 공포에 공감할 줄 알아야 한다. 그것은 두려움과 공격성 간의 밀접한 관련성을 보여주는 또 다른 증거이며, 독재자들은 자신의 두려움을 이용해서 다른 사람을 공포에 떨게 만든다.

두려움과 공격성 연구에서 축적한 지식은 흥미롭다. 예를 들어, 우리는 동물들의 발달 단계, 성별, 내부의 호르몬 상태에 따라 이 도피와 공격성 사이에서의 선택이 달라진다는 것을 발견했다. 성인 수컷 쥐는 어린 수컷에 비해서 특정한 냄새에 공격적인 행동을 보여줄 가능성이 높다. 기술이 미숙하고 힘이 약한 어린 쥐에게 도주는 더 큰 쥐를 공격하는 것보다 좀 더 효과적이다. 수컷의 성호르몬은 성인 수컷 쥐의 공격성을 더 강화한다. 거세된 수컷 쥐는 이러한 공격성이 없다. 젖을 분비하는 암컷 쥐 또한 좀 더 공격적이다. 이는 새끼가 엄마만큼 이동성이 좋지 않기 때문이며, 만일 어미가 도주하면 새끼는 다른 쥐나 포식자에게 먹이가 될 위험성이 높아지기 때문이다.

인간에게 있어서 분노는 좀 더 다양하고 복잡한 방식으로 드러난다. 분노는 분노의 감정을 표현하지 않고 단순히 우리의 몸과 머리에서 분노의 감정을 인지하는 것에서부터, 성난 얼굴이나 비언어적 실마리를 보여주거나, 분노를 말로 표현하거나 공격 의도를 드러내거나, 폭력성을 행동으로 드러내는 것에 이르기까지 다양하다. 소셜미디어에서 누군가를 차단하거나 예술이나 문학의 형태로 표현할 때처럼 공격성은 추상적이고 상징적일 수도 있다. 때때로 사람들은 그들의 분노를 인지하지조차 못한다. 예를 들면 누군가 이렇게 외친다. "나 화난 거 아니야!" 이렇듯 두려움에 의해 촉발된 분노는 다른 사람은 물론 겁을 먹은 사람 자신도 속일 수 있다.

위험에 빠졌을 때 우리는 빠르게 행동해야 한다. 그것은 두려움이 논리적 감정이라기보다는 충동에 가까운 감정이기 때문이다. 또한 위협에 직면했을 때는 경고 신호를 오해해도 괜찮다. 만일 덤불 뒤에 포식자가 숨어 있을 가능성이 10% 존재한다면, 에너지 낭비가 분명하다고 하더라도 도망치는 것이 여전히 현명한 행동이다. 위협이 존재한다고 인식됐을 때 이에 대한 대응으로 같은 원리가 적용된다. 우리의 조상들은 (실제적으로는 아니더라도) 잠재적으로 위험한 동물을 만났을 때 할 수 있다면 그 동물을 죽이려고 했다. 어떤 뱀은 독을 갖고 있었기 때문에 그들은 동굴에 침입하는 모든 뱀을 죽였다. 두려움과 마찬가지로 분노 또한 빠르고 충동적이며 덜 논리적이다.

신경학적 공통점

분노나 두려움을 느낄 때 정신적 반응과 신체적 반응은 유사하다. 그것은 투쟁과 도주의 경우 위험의 원천으로부터 도주하거나 그 대상을 공격하는 데 필요한 신체 움직임에 에너지와 자원을 집중시켜야 하기 때문이다. 정신적으로 경계심을 갖고 우리를 겁먹게 하는 대상에만 온 정신을 집중한다. 전쟁 지역을 순찰하는 군인은 꽃이나 하늘에 관심을 두지 않는다. 하지만 덤불에서 감지된 작은 움직임에도 신경이 곤두선다. 우리의 뇌는 위협이 사라지기 전까지 인식된 위협과 그것을 무력화시킬 방법을 끊임없이 생각한다. 그것이 우리가 계속해서 두려운 일이나 분노할 일이 일어날지 모른다고 생각하는 이유다. 이 두 가지 감정 모두 내면 깊숙한 곳에 자리 잡고 있고 떨쳐내기 쉽지 않다. 두려움과 공격성은 활성화된 교감신경계의 신체 증상을 공유한다. 근육이 긴장하고, 호흡이 가빠지며, 심박수가 증가한다. 그리고 좀 더 쉽게 놀란다. 이는 두려움과 분노의 진화론적 결과가 상당히 비슷하기 때문이다. 즉, 두 가지 감정 모두 위협으로부터 달아나거나 대응하기 위한 신체 움직임을 보인다. 두려움과 마찬가지로 분노와 공격성은 인간과 동물 모두 편도체가 상당히 많이 관여한다. 전전두피질은 분노의 조절 및 통제에 관여하며, 전전두피질의 활동과 크기가 감소하는 것이 좀 더 공격적인 행동과 관련이 있음이 확인되고 있다.

연구자들은 타인이 경험한 두려움과 분노를 인식했을 때도 대규모 편도체 반응이 일어나는 것을 관찰한 바 있다. fMRI 연구에서 환자들에게 성난 얼굴이나 공포에 질린 얼굴을 보여줬을 때 그들의 편도체는 무표정한 사람의 얼굴을 봤을 때보다 더 큰 반응을 보였다. 우리와 같은 사회적 동물에게는 타인의 두려움과 분노가 뭔가 나쁜 일이 우리 집단에 일어날지 모른다는 신호다. 두 경우, 편도체가 나머지 뇌 영역과 신체에 행동을 취할 준비를 하라는 경고를 보낸다. 타인이 느끼는 두려움이나 분노와 관련된 행동을 인식하게 되면 편도체의 활성화를 유도한다. 그러므로 우리는 물론 타인이 느끼는 두려움과 공포 감정을 인식하면 우리의 뇌에서도 같은 반응이 일어난다. 흥미롭게도 불안한 사람이나 트라우마나 역경을 겪은 사람의 경우, 분노하고 겁에 질린 얼굴을 보면 증가한 편도체 반응이 관찰된다. 이는 이 사람들의 뇌가 과거 노출 경험 때문에 잠재적인 위험에 좀 더 경계하고 신중해지도록 훈련되어 있다는 의미다. 우리 연구팀은 빈곤한 가정환경에서 성장한 성인들은 화가 난 사람의 얼굴이나 공포에 질린 사람의 얼굴에 증가한 편도체 반응을 보였고, 반면 행복한 사람의 얼굴에는 감소한 편도체 반응을 보였다는 걸 확인했다. 어린 시절에 가난을 동반하는 고된 환경에 노출된 경우, 그들의 뇌가 긍정적인 신호는 파악하지 못하면서 잠재적 위험 신호에는 좀 더 민감해진다고 짐작한다.

뇌의 화학적 농도 측면에서 보면, 도파민과 노르에피네프린은 두려움과 분노에 대한 고조된 각성 상태와 연관이 있다. 동물 연구에 따르면, 공격이 예측되거나 폭력적인 행동을 하고 난 후에 뇌의 도파민 수치가 증가했다. 세로토닌은 공격적이고 폭력적인 행동, 두려움과 불안과 관련이 있어 보인다. 자신과 타인을 향해 공격적인 행동을 하는 동물이나 사람의 뇌는 세로토닌 수치가 낮다는 것이 확인됐다. 자살을 실행하는 좀 더 폭력적인 방법도 뇌의 세로토닌 수치가 낮은 것과 연관이 있다. 그래서 뇌의 세로토닌 기능을 조절하는 선택적 세로토닌 재흡수 억제제selective serotonin reuptake inhibitor (SSRI)와 같은 약물이 불안과 충동적 행동을 치료하는 데 사용되며 잠재적으로 공격성을 줄일 수 있다.

호르몬 수치도 우리의 뇌가 위험 신호를 처리하는 방식에 영향을 미친다. 오스트리아 연구진들은 연구를 통해 남성의 테스토스테론 수치가 겁을 먹은 사람의 얼굴과 성난 사람을 봤을 때 편도체 반응의 정도와 연관이 있음을 확인했다. 즉, 테스토스테론 수치가 높을수록 위험 신호를 보내는 얼굴에 대한 편도체 반응이 더 커진다는 것을 의미한다. 마찬가지로 테스토스테론은 공격적 행동의 증가와도 연관이 있다. 불안과 공격성을 겪는 동안 스트레스 호르몬 수치가 동물과 인간 모두에서 증가한다. 공격적인 동물에게서는 (사랑 호르몬으로 널리 알려진) 옥시토신 수치가 줄어든 것도 관찰됐다.

두려움과 폭력 노출의 역사

연구에 따르면 공격이나 폭력의 노출이 두려움의 뇌와 두려움의 경험에 장기적으로 영향을 미친다고 한다. 심지어 공격의 근원이 사라진 후 오랜 시간이 지나서도 영향을 미친다. 우리는 극도로 위험했던 경험을 오랫동안 기억하는데 이는 이후에도 그 위험 상황을 피할 수 있게 하기 위함이다. 늑대에 대한 고통스러운 경험이 있다면 늑대와 비슷하게 생긴 동물을 다시는 쓰다듬지 않을 것이다. 두려움의 일반화는 하나의 메커니즘으로, 공격이나 폭력에 노출되면 이를 통해서 지속적인 두려움이나 불안 그리고 위협의 인식과 고조된 각성을 유발한다. PTSD는 대단히 충격적이고 폭력적인 경험의 극단적 결과의 하나다. 또한 폭력은 뇌와 행동에서 좀 더 미묘한 변화를 유발한다. 예를 들어 모든 위험 신호에 과도한 경계를 하거나 증가한 불안 상태를 보이는 것이 이에 해당한다. 지나치게 신중한 행동과 회피가 항상 적절하거나 의미가 있는 것은 아니며 우리가 기회를 놓치게 할 수도 있다. 나는 병원을 찾는 환자들이 행복하고 풍요로운 삶을 살 기회를 극대화하는 것을 방해하는 과거의 오래된 두려움에서 벗어날 수 있게 도움을 준다. 예를 들어, 과거에, 심지어 수십 년 전에 학대를 받은 경험이 있는 사람 중 다수가 같은 경험을 하게 될 것을 두려워한 나머지 관계를 맺는 것을 회피하는 경향이 있다. 역설적으로 너무 겁을 먹거나 지나치게 신중할 경우에도 미래에 학대나 왕따를 받을 가능성을 열어놓게 된다. 학교에서 왕따 피해자는 늘 더 소심하고 겁이 많은 아이들이다. 그리고 그것은 한때 또래 집단과의 고통스러운 경험을 한 사람이 다시 괴롭힘과 학대를 당하는 악순환을 유발할 수 있다.

지난 10년에 걸쳐서, 어린 시절 트라우마와 역경에의 노출은 가장 관심을 받은 연구 주제였으며, 그러한 어린 시절 노출이 건강과 행동에 평생 영향을 미칠 수 있음을 알게 됐다. 나의 동료이자 친구인 타냐 조바노빅 박사와 그녀의 연구팀은 2020년 출간된 논문에서 어린 시절에 폭력에 노출된 경우, 두려움 처리에서 중요한 역할을 하는 편도체, 해마, 전전두피질의 구조와 기능이 변할 수 있다는 것을 확인했다. 뇌 처리와 그로 인해 유발된 감정과 행동에 미치는 영향은 대단히 미묘하고 무의식적일 때가 많아서 변화를 인식하지조차 못할 수 있다. 사람들은 어떤 상황에서 불편하다고 느끼거나 이유를 알 수 없이 도망치고 싶고 피하고 싶다고 생각할 수 있다.

또 다른 흥미로운 연구에 따르면, 실험 참가자 한 팀에게 집단 폭력의 사진들을 보여주고, 또 다른 한 팀에는 중립적인 사진들을 보여줬다. 사진을 보여준 후, 두 그룹 모두 파블로프식의 두려움 조건화와 소거 학습 과정을 거쳤다. 두려움 조건화 전에 폭력적인 사진을 본 참가자들은 조건화된 자극에 대해 증가한 피부 전도 반응(두려움을 나타내는 교감신경 반응성 척도)을 보였다. 이것은 폭력에의 노출이 두려움과 위험에 대한 인식을 강화할 수 있다는 의미다. 한번 공포를 경험한 사람은 다음에도 더 쉽게 겁을 먹을 수 있다. 중요한 것은, 이 연구에서 소거 학습이 약화됐는데, 이는 과거 위험한 자극이 더 이상은 위험하지 않다는 것을 아는 능력이 손상되었음을 의미한다. 또는 한번 겁을 먹은 사람은 다음번에는 안전하다고 느끼기가 더 어려울 수 있다.

두려움에 반응하는 공격성

공격성은 두려움에서 유발될 수 있고 위험에서 자신을 방어하는 하나의 수단일 수 있다. 두려움의 목표가 위협을 감지하고 위협에서 살아남는 데 도움을 주는 행동이 무엇일지를 산출하는 것이므로, 이러한 산출에서 계산된 가능한 결과는 공격성과 폭력이다. 공격 대 도주, 회피와 관련해서 개인의 결정이 어떻게 이루어지는지에 대한 공식은 존재하지 않는다. 만일 그 반응이 두려움(도주)이나 공격성(투쟁)으로 기울어지는 결정을 할 때 영향을 미치는 몇 가지 주요 변수들을 알아보기로 하자.

⁂ 통제감

수년 전 나는 지금은 무지개다리를 건너간 나의 반려견 검정 래브라도 헤일리와 뒷마당에 있었다. 이때 헤일리가 주머니쥐를 발견했다. 헤일리가 자연스럽게 다가가자 주머니쥐가 죽은 척했다. 그러나 헤일리가 계속 가까이 가서 주머니쥐의 냄새를 맡기 시작했다. 작은 주머니쥐는 호기심 많은 헤일리의 행동에 태도를 바꿔서 여전히 땅에 누운 채 이빨을 보이기 시작했다. 이 반응이 효과가 없자 주머니쥐는 오히려 헤일리에게 바짝 몸을 들이댔고, 헤일리가 움찔거리며 물러선 틈을 타서 도망갔다.

통제감의 결여는 두려움과 불안을 결정하는 중요한 인자 중 하나다. 두려움과 공격성은 밀접한 관계가 있기 때문에 통제력이 없거나 출구가 없다고 느낄 경우 공격 가능성이 증가한다. 이는 동물에게는 적용되지만 인간에게는 적용이 되지 않는다. 칼을 들고 폭력을 행사하는 사람을 제압할 수 있다고 확신하는 노련하고 뛰어난 경호원은 총기 훈련을 받지 않은 일반인보다 같은 상황에서 총의 방아쇠를 당길 가능성이 낮다. 이 사례에서 상황을 통제할 수 있다는 인식은 공격성의 가능성뿐만 아니라 공격성의 정도도 줄일 수 있다. 이 경호원은 난동을 부린 사람을 제압하기 위해서 무력을 사용한다고 하더라도 덜 폭력적이고 좀 더 통제된 방식으로 사용할 것이다. 통제력이 없다고 판단할 경우, 위협과 위협의 정도를 판단하는 데도 영향을 미친다. 통제할 수 없다고 판단할 때 상황이 실제보다 더 두렵기 때문이다. 연구자들은 상황을 통제할 수 없다고 생각한 참가자들이 중립적인 얼굴을 성난 얼굴로 인식할 가능성이 더 높고, 위협에 대한 인식이 고조되면서 공격적인 행동을 보일 가능성이 높다는 것을 확인했다. 슬프게도 공격성과 학대의 노출과 통제감의 감소는 반복적으로 일어난다. 예를 들어, 어린 시절 만성적 학대에 노출된 사람은 자신의 내적 통제와 주체 의식보다 외적 통제를 더 강하게 인식한다는 것이 확인됐다. 이는 그 사람들이 자신의 결정보다 외적 요인이 삶에 더 큰 영향을 미친다고 느끼고 있음을 의미한다.

그러나 통제와 공격성 사이의 연관성에는 또 다른 측면도 있다. 잘못된 사람이 너무 많은 통제력을 가질 경우, 무력, 폭력, 공격성이 증가할 수 있다. 폭력 및 범죄 경향이 있는 사람의 경우, 응징의 두려움이 그들의 공격성을 예방하거나 제한하는 데 중요한 요소가 된다. 밀그램 실험Milgram experiment은 통제와 공격성에 대한 유명한 연구다. 이 연구에서 참가자들은 다른 사람에게 원하는 정도의 전기충격을 줄 수 있다고 믿었다. 그 사람은 배우여서 전기충격을 전혀 받지 않았지만 마치 전기충격의 고통을 겪고 있는 것처럼 행동했다. 연구진은 이 연구를 위해 모집된 평범한 참가자 중 다수가 전기충격의 수준을 혼자서 결정할 수 있고 전기충격을 사용해도 좋다는 허락을 받았을 때, 다른 사람에게 최대치의 전기충격을 가하고 싶어 한다는 것을 발견했다. 이 연구는 심각한 윤리적 문제로 우리 시대에는 연구 검토 위원회의 승인을 받지 못할 것이다.

인류의 역사는 이 실험의 실제 사례로 가득 차 있다. 응징에 대한 두려움이 없을 때, 무수히 많은 독재자와 폭군이 자신들의 망상을 위해서 수백만의 무해한 시민들에게 고문, 고통, 죽음을 가하는 데 주저함이 없었다.

사랑, 보호 그리고 호르몬

나는 어렸을 때 가족과 함께 주말 휴가로 이란의 한 마을을 방문한 적이 있다. 당시 이란은 가정에서 반려견을 기르는 일이 드물었고, 개들은 주로 농장, 양, 과수원을 지키는 용도로 활용됐다. 나는 집에서 기르는 개 한 마리가 새끼들과 함께 얌전하게 앉아 있는 것을 봤다. 어미 개가 온순해 보여서 강아지들을 쓰다듬으려고 다가갔다. 그것은 굉장히 잘못된 선택이었다. 나는 아직도 어미 개가 얼마나 사납게 짖으면서 물러서라는 경고를 보냈는지를 생생하게 기억한다.

모성 공격성maternal aggression은 동물에게 보이는 상당히 흥미로운 현상이다. 모성 공격성의 목적은 새끼를 보호하는 것이다. 쥐를 대상으로 모성 공격성에 대한 방대한 연구가 이루어졌다. 쥐는 약한 종으로 위험에는 동결 혹은 회피 반응을 주로 보인다. 그러나 흥미롭게도 새끼가 위험에 빠졌을 경우, 어미는 도망칠 수 없고 새끼의 곁을 지키면서 싸워야 한다. 어미는 임신 기간 동안이나 출산 이후 호르몬 변화가 일어나는데, 그 호르몬 변화가 행동 변화에 중요한 역할을 한다. 새끼를 지키기 위해 투쟁 반응을 보이는 행동은 새끼가 좀 더 자유롭게 몸을 움직일 수 있을 때까지 지속된다. 새끼가 자라고 도주 능력을 갖추면 어미는 원래의 행동 패턴으로 돌아간다. 매우 흥미로운 점은 어미의 유아기 때 경험이 모성 공격성에 영향을 미친다는 것이다.

연구자들은 간헐적으로 유아기에 그들의 어미와 분리됐던 암컷 쥐들이 (새끼에게 엄마와 떨어지는 것은 스트레스가 크다는 것은 충분히 이해할 수 있을 것이다) 두려움을 좀 더 쉽게 느끼며, 그 결과 자신의 새끼를 보호하는 데 있어 좀 더 공격적임을 발견했다.

불확실성

불확실성은 두려움의 또 다른 기여 인자이며, 동시에 폭력성과 공격성에도 영향을 미친다. 위협의 정도와 가능성을 계산하지 못하고 적의 행동을 예측하지 못할 때, 선제적 공격성이 증가한다. 선제적 공격성은 적이 행동할 기회를 얻기 전에 위협을 제거하거나 줄이려는 시도를 말한다. 불확실성은 두려움을 증가시키고 두려움은 신속하고 충동적 반응이 필요하며 종종 폭력에 의존한다. 선제적 공격성은 굉장히 복잡한 측면의 국제정치학이며, 핵전쟁 같은 최악의 시나리오와 관련된다. 만일 핵보유국 지도자가 다른 핵보유국이 핵 공격을 일으키려고 한다고 판단한다면, 두 나라는 적의 괴멸을 위한 전면적 핵 공격을 준비하고 실행하기까지 불과 몇 분의 시간만 주어질 것이다. 상호확증파괴 원칙mutual assured destruction doctrine에 따라 핵보유국에 대한 핵 공격은 두 국가의 완전한 절멸을 촉발할 것이라고 가정한다. 이러한 가정은 공격자가 자신의 절멸 위험을 감수하는 것을 막을 것이라고 여겨진다. 그러나 그렇게 많은 것이 걸려 있는 상황에서는 작은 오해도 인간이라는 종에 재앙적인 위협이 될 수 있다. 불확실성에 기반한 오판의 위험을 줄이기 위해서 핵보유국들은 최악의 적국과도 늘 대화 창구를 열어놓기 위해서 노력한다. 미국은 러시아가 우크라이나를 침공했어도 여전히 소통하는 한편 우크라이나에 대한 전면적 지원을 하고 있다.

위협의 강도

핵 공격은 가장 파괴적인 군사 행동이기 때문에 그 반응은 가장 공격적일 수밖에 없다. 즉, 도발자를 괴멸하기 위한 전면적인 핵 공격으로 대응해야 한다. 위협의 정도와 무엇을 잃게 될 것인지가 두려움에 기반한 공격성을 결정하는 또 다른 요인이다. 총을 든 강도를 만나면 대다수는 그 강도와 맞서는 위험을 감수하는 대신, 지갑을 순순히 내줄 것이다. 만일 그가 우리 자신이나 우리가 사랑하는 사람을 죽일지 모른다는 판단에 이르면 그를 먼저 공격하려고 할 것이다. 그러한 고위험 상황 대부분은 불확실하고(영화 속 악당들과 비교해 현실의 악당은 폭력적인 의도를 덜 분명하게 드러낸다), 아주 짧은 순간 결정을 내려야 할 때가 많다.

과거의 경험

한 연구에 따르면, 과거 폭력에 노출된 경험이 있는 사람들은 갈등 해결을 위해서 폭력적인 방법을 사용할 가능성이 더 높았다. 우리는 관찰을 통해 타인에게서 두려움을 배울 뿐만 아니라 위협에 대응하기 위해 언제 어떻게 공격성을 활용하는지도 배운다. 과거 양육자가 갈등 해결을 위한 주된 방법으로 성숙하고 적응적인 방법을 택하지 않고 폭력을 사용하는 것을 반복적으로 본 사람은 승리를 쟁취하고 손실을 피할 수 있는 유일한 방법이 폭력뿐임을 배우게 된다. 적절한 위기 평가를 위한 학습의 결여와 감정 조절의 부재는 갈등에 대처하는 방법으로 폭력을 사용할 가능성을 증가시킨다. 왕따, 부모의 폭력, 전쟁에의 노출을 통해서 어린이들은 폭력과 공격성이 그들의 목표를 달성하고 자신을 보호하는 방법임을 배우게 된다. 더욱 광범위한 규모에서 보면, 폭력의 세대 간 전이는 집단, 국가 그리고 그들의 지도자들 사이에 공격성의 부정적 순환을 만든다. 어린 시절과 정치 이력이 잔인함, 폭력, 쿠데타를 관찰한 것으로 가득 차 있는 사람들은 폭력이 갈등을 해결하고 절멸의 두려움이나 권력의 상실을 극복할 유일한 방법이라고 생각할지 모른다.

나는 이 책을 통해 폭력과 공격성을 구성하는 두려움의 뿌리를 설명하려고 하는 것이지 정당화하려는 것이 아니다. 이 장은 다큐멘터리 제작을 위한 인터뷰 중 브랜든 걸리시가 던진 질문에 대한 긴 답이었다.

A F R A I D

8

정상을 벗어나는 두려움의 정의

두려움과 불안의 질병

퇴근할 때 나도 모르게 누군가와 부딪혀서 부상을 입힌 것은 아닌지 몹시 걱정하게 된다.
그래서 차를 돌려 오던 길을 되돌아가며 아무도 다치지 않았는지를 확인한다.

- 강박장애 환자의 말

지난 수백 년 동안 비정상, 질병, 질환에 대한 인간의 인식이 크게 달라졌다. 종교, 철학, 인류학, 실험과학에서는 정상의 정의를 오랫동안 고민해 왔다. 인간의 감정, 사고, 행동을 구분하는 것은 생각보다 더 어렵다. 예를 들어, 전염병 의학에서 누군가는 특정 세균이나 바이러스에 감염되거나 감염되지 않는다. 그러나 정신질환은 고혈압과 좀 더 비슷하다. 살아 있는 모든 인간은 혈액이 심장으로 끊임없이 들어가기 때문에 동맥에서 감지할 만한 수준의 혈압을 지녔다. 혈압이 없는 사람은 죽은 사람이다. 만일 건강한 사람에게서 감지되는 것보다 혈압이 높다면, 그것은 비정상이라고 여겨진다. 이는 정신질환에도 적용된다. 특히 두려움, 불안, 트라우마와 관련된 질환의 경우 그렇다. 건강한 모든 이가 때때로 실제 생활에서 두려움, 스트레스, 불안을 경험하고, 많은 이가 트라우마에 노출된다. 그러나 두려움이나 불안을 느끼는 모든 사람이 정신질환이나 두려움 체계에 장애가 있는 것은 아니다. 이는 우리에게 '정상이란 무엇인가?'라는 근본적인 질문을 던져준다.

정상의 정의

나는 의학도와 정신과 훈련의에게 두려움과 불안, 스트레스가 높은 상황에 대한 인간의 정상적인 반응을 구분하는 것이 중요하다고 강조한다. 두려움을 느끼거나 스트레스를 받을 수밖에 없을 때가 있다. 예를 들어, 누군가 육체적으로 학대를 당하고 있다면, 두려움과 불안함을 느끼는 것은 정상적 반응이다. 이 경우 적절한 개입은 항불안제를 처방하는 것이 아니라, 그 사람이 학대에서 벗어나도록 돕는 것이다. 이 경우, 두려움은 제 기능을 수행하고 있다. 즉, 위협에 경계심을 가지라는 일종의 경고 신호를 보내는 것이다. 가혹하고 불친절하며 괴로운 근무 환경에서 일하는 직원에게 불안은 근무 환경을 바꾸기 위해 노력해야 하거나 직장을 그만둬야 한다는 일종의 신호다. 이 사례에서 의사가 부정적 감정을 둔화시키기 위해서 약물을 사용하는 것은 현명하지 못하다. 가끔 불안은 우리가 앉아 있는 의자에 잘못 끼워진 핀과 같다. 불안은 우리에게 그 의자에서 일어나야 한다고 말하고 있는 것이다.

과학적 방법론, 사회적 사고, 문화적 가치가 시간이 지나면서 변화했듯, 우리가 내리는 정상과 비정상의 정의도 마찬가지다. 우리는 정상과 비정상의 가설적, 이데올로기적, 철학적, 종교적 정의에서 좀 더 증거 기반의 기능적 정의로 점진적으로 변화하고 있다. 증거 기반의 기능적 접근법은 인간의 능력에 초점을 맞춘다. 나는 수련의들에게 현대 정신의학에서 가장 중요한 가이드는 삶의 주요 영역에서 환자의 손상된 기능과 고통과 괴로움의 경험이라고 가르친다.

그러나 무엇이 기능장애인지를 어떻게 판단할 수 있으며, 스트레스가 어느 정도일 때 지나치게 스트레스가 많다고 말할 수 있는가? 한 가지 공통된 방식은 유사한 상황에 대한 인간의 평균적 반응과 대다수가 그것을 어떻게 처리하는지를 보는 것이다. 예를 들어, 많은 사람이 거미를 싫어하지만, 아주 소수만이 침실에서 거미가 발견된 경우 거실 소파에서 잠을 잘 정도로 거미를 무서워한다.

실제 위험과 인식된 위험

잠재적으로 위험한 상황에 대한 정상적 반응과 비정상적 두려움 사이의 한 가지 차이는 무엇이 그 반응을 유발했느냐에 달려 있다. 공포증 환자의 대다수는 자신들의 두려움이 비정상적임을 안다. 숲에서 늑대를 보고 겁에 질리는 것은 일리가 있지만 대다수 사람은 집에서 기르는 개를 보고 두려워하지는 않는다. 정말로 위험한 것과 위험하다고 착각하는 것 사이의 구분이 정상적 두려움과 비정상적 두려움을 판단하는 데 중요한 요인이다.

인간과 같이 추상적인 사고를 하는 존재는 인지된 위협이 진짜인지 아닌지를 판단하는 게 어려울 때가 종종 있다. 현대인의 삶에서 대다수 위협은 포식동물이나 뱀을 만나는 것과 같이 구체적이지 않다. 우리는 환경적, 사회적, 정치적, 문화적 영역에서 무수히 많은 복잡한 상황과 개념을 처리해야 한다. 코로나같이 생명을 위협하는 감염병에 걸렸을 때 어느 정도로 두려워해야 하는 것일까? 사회생활을 하면서 감염을 피하기 위해 어느 정도 조심해야 할까? 얼마나 자주 손을 씻고, 소독제를 사용하고, 감염 여부를 검사하는 것이 지나친 것일까? 현재의 국제 상황에서 핵보유국 사이의 긴장이 최고조에 달했을 때 우리는 핵전쟁의 가능성에 대해서 얼마나 큰 두려움을 느껴야 하는 것일까? 상사와의 중요한 미팅이 예정된 전날 밤에 잠을 자지 못하는 것이 정상일까 비정상일까? 특정한 위협에 대해 얼마나 아느냐에 따라서 같은 질문에 대한 답조차 달라질 수 있다. 팬데믹이 시작됐을 때는 COVID-19 감염을 예방하기 위한 지침들이 크게 차이가 있었으며, 시간이 지나 이 바이러스에 대한 지식이 증가하면서 그리고 백신을 접종하면서 지침 또한 변했다.

두려움과 불안 치료에서 중요한 한 가지 측면은 환자들이 이러한 질문에 답을 할 수 있고, 그들의 두려움이 얼마나 현실적인지 그리고 위험에서 자신을 보호하기 위해 얼마나 적응적인 조치를 취하고 있는지를 판단할 수 있게 도움을 주는 것이다.

기능장애와 고통

기능장애와 고통은 어떤 유형의 정신질환 진단에 늘 선행해서 나타난다. 만일 누군가가 질병이라고 여겨지는 증상을 경험하기는 하지만, 강한 기능장애나 고통을 수반하지 않는다면 그들에게 병원 치료가 필요하다고 간주하지 않는다. 그래서 어떤 행동이 '평균'의 범주에서 벗어난다고 하더라도, 기능장애와 극심한 고통이 없는 상태라면 질병에 걸렸다고 생각하지 않는다. 기능장애는 인간의 삶에서 학업, 직업에서부터 사교적 기능 및 개인적 기능에 이르기까지 다양한 영역에 영향을 미친다. 예를 들어, 대다수 사람이 중요한 시험을 앞두고 어느 정도의 불안을 경험하는 것은 정상이다. 어떤 불안은 시험에서 필요한 최적의 각성 수준과 집중력을 유발하는 데 도움이 되기까지 한다. 그러나 이러한 불안이 지나치게 높아서 집중력과 기억력을 적절하게 동원하는 능력을 손상시킨다면, 그것은 비생산적이고 기능장애가 된다. 만일 어떤 사람의 사교적 수줍음이 다른 사람과 상호작용하는 능력에 부정적 영향을 미치지 않는다면, 이러한 수줍음은 주관적 고통으로 기능을 제대로 할 수 없는 것이 아니라면 질병으로 간주되지 않는다.

주관적 고통은 심지어 높은 수준의 기능장애를 동반하지 않을 때조차도 정신질환을 진단하는 또 다른 중요한 요소다. 한 사람의 기능적 능력을 객관적으로 판단하는 것이 좀 더 수월할 때가 많은 반면, 고통의 경험은 좀 더 주관적이고 타인이 쉽게 관찰할 수 없을 때가 많다. 특히 불안을 경험하는 사람은 종종 노련한 정신과 의사도 비임상적 상황에서 감지하지 못할 정도로 자신의 불안을 숨기는 데 재주가 뛰어날 때가 많다. 나는 불안과 트라우마 전문가지만 굉장히 침착한 지인이 불안을 겪고 있다고 털어놓았을 때 깜짝 놀라는 경우가 종종 있다. 두려움, 불안, 고통의 정도를 주관적 판단에 의존하는 것이 정신의학과 다른 분야 의학의 가장 큰 차이 중 하나다. 예를 들어, 환자의 혈압이나 혈당 수치를 측정할 수 있지만, 불안의 정도를 측정하기 위해 혈압을 재거나 뇌를 스캔할 수는 없다. 정신의학적 진단은 대개 환자의 인터뷰, 환자의 개인적인 진술 그리고 일상생활에서 기능 패턴 및 행동을 관찰하는 것을 기반으로 이루어진다. 반대로 혈압이 높은 환자나 당뇨 환자는 불안증이 있는지조차도 인식하지 못할 수 있다.

요약하면 불안과 두려움은 실제 생활에서 비정상적인 수준일 때와 극심한 수준의 고통과 기능장애를 유발할 때만 질환으로 간주된다.

기준에 근거한 진단

우리는 불안장애 같은 정신질환을 진단할 때 기준에 근거한 시스템을 사용한다. 각각의 정신질환은 해당 질환을 진단하기까지 무수히 많은 증상이 존재해야 한다. 예를 들어, 미국정신의학협회American Psychiatric Association(APA)는 통제가 어려울 정도의 과도한 불안이 있어야 하고, 불안의 여섯 가지 증상 중 적어도 세 가지가 있어야 범불안장애generalized anxiety disorder에 해당한다고 규정하고 있다. 불안의 여섯 가지 증상으로는 불안정(산만), 쉽게 피로해짐, 집중력 저하, 과민성, 근육 긴장, 수면장애를 꼽는다. 이러한 증상이 적어도 6개월간 지속되어야만 하고 심각한 고통이나 기능장애를 유발해야 하며, 의학적 질환이나 약물 복용으로 유발된 것이 아니어야 한다. 전 세계 의사 대부분은 두 가지 진단 체계 중 한 가지를 사용한다. 그 두 가지는 APA가 제안한 정신질환의 진단 및 통계 편람Diagnostic and Statistical Manual of Mental Disorders(DSM)과 WHO의 국제질병분류International Classification of

Diseases(ICD) 기준이다. 이 두 가지 기준 중 어떤 것이 더 우수하다고 볼 수 없다. 그러나 미국에서 의사 교육을 받은 나는 이 책에서 APA의 DSM 지침을 사용할 예정이다.

기준에 기반한 진단 시스템은 의사와 연구자가 공통의 언어를 사용할 수 있게 한다. 예를 들어, 내가 치료하던 난민들의 PTSD 발병률에 대한 연구 데이터를 출간할 때, 터키에서 난민의 정신건강을 연구하는 또 다른 과학자는 내가 무슨 지침을 사용했는지 알 것이며, 우리의 연구 결과를 좀 더 쉽게 비교할 수 있다. 이 지침은 과학적 목적과 금액 청구의 목적(보험사들은 문서화할 때 이처럼 보편적인 진단 체계를 사용할 것을 요구한다)에 도움이 되는 반면, 불안이 DSM이나 ICD의 범주 안에서만 작동하지 않는다는 것을 아는 것도 중요하다. 예를 들어, 어떤 사람이 범불안장애를 진단받는 데 필요한 증상이 있지는 않지만 과도한 걱정, 집중력 저하, 근육긴장으로 인해서 (여섯 가지 증상 중 세 가지가 아닌 두 가지 증상) 고통을 받을 수 있다. 불안 증상의 심각도 스펙트럼상에서 DSM은 진단을 명확히 하기 위해서 강도의 정도에 상상의 기준선을 그어놓고 있다. 이것이 증상의 수가 살짝 적은 사람이 고통을 받지 않거나 기능장애를 겪을 수 없다는 것을 의미하는 것은 아니다. 실제 임상에서는 누가 어떤 종류의 도움이 필요한지를 판단할 때 환자가 겪는 고통과 기능장애의 강도에 초점을 맞춘다.

발병률

두려움은 모든 인간의 정신에 선천적으로 새겨진 핵심 기능이기 때문에 두려움과 불안 관련 장애가 상당히 일반적이라는 사실이 놀랄 일은 아니다. 대규모 국가 연구 프로젝트에 따르면, 미국 성인 다섯 명 중 한 명(19%)이 지난해 불안장애를 경험했고, 그들 중 3분의 1은 살아오면서 인생의 특정 시점에 불안장애 진단에 부합하는 증상을 경험했다. 이제 우리는 이러한 장애들을 하나하나 좀 더 면밀히 들여다볼 예정이다. 중요한 것은 불안장애 발병률은 국가마다 비교적 비슷하다는 것이다. 이는 불안장애가 보편성을 지녔다는 것을 의미한다.

특정 공포증

특정 공포증의 대표적 특징은 어떤 대상이나 상황에 대한 두려움이 지나치고, 불균형적이며, 비현실적이라는 것이다. 대다수 환자는 공포 상황을 피하기 위해 최선을 다한다. 예를 들어, 나는 비행공포증이 있는 환자들을 치료해 본 경험이 있다. 그들은 비행기에 탑승하면 비정상적으로 불안하고 공황발작을 경험하거나 비행을 앞두고 몇 날 며칠, 심하면 몇 주 동안 잠을 이루지 못한다. 어떤 이는 며칠에 걸쳐서 미국 동부 해안에서 서부 해안으로 이동해야만 한다. 비행기를 타는 공포를 도저히 견딜 수 없기 때문이다.

거미를 싫어해서 멀리 떨어져 앉는다고 해서 반드시 거미공포증이라는 진단을 받는 것은 아니다. 하지만 나는 그런 증상을 겪는 사람에게 거미공포증이라는 진단을 내린 적이 있다. 그들은 침실이나 샤워실에서 거미를 본 경우 침대에서 잠을 자지 못하거나 샤워를 할 수 없었으며, 거미를 두려워해서 지하실에 내려가거나 공원에 가고 싶어하지 않았다. 공포증은 상당히 다양하며 무수히 많은 물체와 상황을 대상으로 한다. 가장 일반적인 형태의 공포증으로는 동물이나 벌레(거미, 뱀, 벌레, 개), 비행기, 높은 곳, 광대, 운전, 구토, 피, 주사, 부상, 폐쇄된 공간(밀실공포증)에 대한 두려움을 꼽을 수 있다.

특정 공포증은 가장 일반적인 정신질환 중 하나이고 미국 성인 인구의 10% 이상이 공포증에 시달린다. 공포증으로 인한 기능장애의 정도는 공포의 대상과 조우할 가능성에 달려 있다. 예를 들어, 추운 날씨가 특징인 미시간주에서 뱀을 두려워하는 사람은 텍사스에 사는 뱀공포증이 있는 사람보다 공포증으로 불편함을 덜 겪을 것이다. 비행공포증이 있지만 여행할 필요가 없거나 10년에 한 번 여행하는 사람은 일주일에 몇 차례씩 출장을 가야 하는 마케팅 담당자보다 공포증으로 인한 고통이 덜하다.

예상한 대로 교감신경 과활성이 공포 반응의 중요한 부분을 차지한다. 투쟁 혹은 도주 시스템이 활성화되어 도망갈 준비를 시키는 것이다. 그러나 흥미롭게도 다른 방향으로 작동하는 공포증이 하나 있다. 바로 혈액공포증, 부상공포증, 주사공포증이다. 이 공포증이 있는 사람은 자신이나 타인이 피를 흘리거나 부상당한 것을 보거나 주사를 맞게 될 경우 부교감신경계가 활성화되어 동결 반응이 일어난다. 혈압과 심장박동은 낮아지고 종종 졸도하기도 한다. 이는 과장된 적응적 진화반응일 수 있다. 심각한 부상 후 투쟁을 멈추면 출혈을 줄이고 생명 유지에 중요한 장기에 추가적인 부상을 발생하는 것을 줄일 수 있다.

공포증은 종종 어린 나이에 시작되며, 다양한 방법으로 발달한다. 하지만 대부분의 경우, 공포증의 원인을 명확하게 집어낼 수 없다. 공포증은 어린 시절 공격적인 개로 인한 경험처럼 개인적 경험(연상학습)을 통해서 발생할 수 있다. 공포증의 문제는 두려움 학습의 과잉일반화로 모든 개에 대한 두려움으로 확대될 수 있다는 점이다. 과잉일반화의 정도는 공포증이 있는 사람이 피하게 될 상황들을 결정한다. 종종 뇌에서 이루어지는 임의의 연상에 따라 심각한 교통사고의 생존자는 차를 타고 고속도로 위를 달리거나, 운전을 하거나, 조수석에 앉거나, 비 오는 날 차를 타는 것이나, 차 안에 혼자 있는 것을 꺼릴지 모른다. 과잉일반화를 결정하는 것이 무엇인지는 알기 어렵다. 그러나 위험의 강도와 예상 밖의 일, 개인별 두려움과 불안에 대한 생물학적 경향이 요인으로 작용할 수 있다.

사람들은 누군가 개에 물리거나, 교통사고로 부상당하는 것을 보는 것 등과 같은 타인의 공포 경험에서 공포를 배울 수 있다. 타인을 통한 학습은 공포 행동에 노출될 때도 일어난다. 어린 시절 엄마가 멀리 있는 개를 발견할 때마다 몹시 긴장하던 것을 지켜봤기 때문에 개를 두려워하게 된 환자의 이야기를 앞서 언급한 바 있다. 그 환자의 어머니는 그에게 아무리 개가 얌전해 보여도 예측이 불가능한 동물이라는 것 그리고 개 한 마리가 이웃집 어린아이를 심하게 물었다는 이야기를 반복해서 들려줬다. 제한적 경험 때문에 어린이들은 대개 잠재적 위험 평가를 부모에게 의존한다. 그 환자는 위기 평가를 어머니에게 의존했으며, 이는 결과적으로 그가 집에서 키우는 강아지를 만났을 때 상호작용하는 법을 배울 기회를 잃는 결과로 이어졌다. 공포증을 앓는 사람들의 이러한 회피행동은 종종 기술(여기서는 개와의 상호작용하는 법)을 배울 기회와 경험을 통해 통제감이나 주체 의식을 가질 기회를 막는다.

공포증에 연관된 뇌의 주요 영역은 당연히 편도체(두려움 반응)와 뇌섬엽(두려움의 인식)이다. 원시적 뇌의 1차 관여 때문에, 공포증의 두려움 반응은 대개 자동적이고 무의식적이다. 공포증을 앓는 환자는 자신들이 느끼는 공포가 비현실적이라는 것을 논리적으로 의식하는 경우가 많다. 다시 말해, 원시적인 뇌, 즉 동물적인 뇌가 그것을 안다는 것이다. 나는 환자들이 반복해서 말하는 것을 들었다. "저도 알아요, 그게 바보 같은 짓인걸요. 하지만 전 이것도 무섭고 저것도 무섭고 그래요." 그러면 나는 이렇게 답한다. "바보 같은 건 아니지만 비논리적이긴 해요. 우리의 뇌는 다양한 기능을 하고, 그중 하나는 논리적인 추론을 하는 것이거든요." 공포증을 앓는 사람은 쉽게 겁을 먹는다. 안타까운 것은 공포증을 앓는 대다수가 그들의 상태가 치료 가능하다는 것, 심지어 완치 가능하다는 것을 모르고, 적절한 치료를 받으려고 시도조차 하지 않는다는 것이다.

사회공포증

사회공포증과 사회불안장애는 일반적이고 기능장애를 유발하는 불안장애다. 이름에서 알 수 있듯 사회공포증은 사교적 상황에서 과도한 불안을 보이는 상태를 말한다. 사회공포증이 있는 사람들은 다른 사람, 특히 낯선 사람과 어울리는 것을 매우 어려워한다. 대개는 타인에 의해 판단받거나 비판당하는 것, 뭔가 실망스러운 일을 하는 것, 타인을 실망시키는 것을 지나치게 걱정하기 때문이다. 그들은 사회적 환경에서 다른 사람이 자신을 싫어하거나 부정적으로 판단하고 있다는 신호에 지나치게 신경 쓴다. 만일 파티에서 누군가 그들에게 미소를 짓지 않았다거나 큰 음악 소리 때문에 그들이 한 말을 알아듣지 못한다면, 그들은 상대가 자신을 지루하거나 재미없는 사람이라고 판단한다고 생각할지 모른다. 만일 그들이 웃으면 자신이 뭔가 바보 같은 행동을 해서 비웃는다고 생각할지 모른다. 사회적 상호작용을 부정적으로 해석하면서 불안은 더욱 커지고, 방어적이 되며, 의기소침해진다. 그리고 이는 결과적으로 상황을 더욱 불편하게 만든다. 상대는 상황의 불편함을 느낄 것이고 점점 더 불편해지고 소극적으로 된다. 이는 공포증이 있는 사람의 믿음, 즉 다른 사람이 자신을 싫어하고 피한다는 생각을 더욱 확고하게 만든다. 이는 사교적 상황을 더욱 피하게 만들고 정상적인 사회 기능을 수행하는 데 필요한 기술을 습득하는 것을 막는다. 사회공포증이 있는 사람들은 뭔가 실망스럽거나 바보 같은 행동을 하거나, 다른 사람 앞에서 얼굴이 붉어지거나 땀을 흘리고 몸을 떨며 배탈을 겪는 모습 등 신체적 증상을 보여주는 것을 두려워할지 모른다. 흥미로운 것은 그들이 친구나 가족 앞에서나 친숙한 사회적 상황에서는 불안을 느끼지 않는다는 것이다.

사회공포증은 매우 흔한 것으로 전체 미국인 중 약 12%가 사회공포증을 갖고 있다. 성인 여성이나 소녀에게 좀 더 흔하게 나타난다. 사회공포증은 대개 어린 시절, 10대, 인생에서 중요한 결정이나 인생의 향방이 정해지는 중요한 발달 단계인 20대 초반에 시작된다. 그것이 바로 사회공포증이 인간의 인생 경로와 미래에 엄청난 영향을 미칠 수 있는 이유다. 이는 우리의 삶이 다른 사람들의 삶과 서로 얽혀 있기 때문이다. 아주 명석하고 예의 바른 10대가 다른 사람들의 평가를 받는 것을 두려워한다고 가정해 보자. 그는 학교에서 되도록 눈에 띄지 않으려고 최선의 노력을 할 것이고, 교사의 질문에 자발적으로 답도 하지 않을 것이며, 학우들 앞에 나서는 것을 매우 두려워할 것이다. 수줍음이 많고 소심해서 약자를 괴롭히는 학생들의 먹잇감이 될 수 있다. 이들의 괴롭힘은 수줍고 소심한 그들의 자존감과 타인에 대한 신뢰에 타격을 입힌다. 그들은 타인과의 긴밀한 상호작용을 해야 하는 교육이나 직업을 선택하는 데도 어려움을 겪게 된다. 만일 치료를 받지 않으면 이는 모두 엄청난 삶의 기회 상실로 이어질 수 있다. 나는 단지 다른 사람과 수업을 받는 것, 그룹 토론을 하는 것이 힘들어서 대학을 중퇴한 환자들을 많이 봐왔다.

사회적 상호작용을 회피하는 상태를 사회공포증과 구분하는 것이 중요하다. 예를 들어 정상적인 10대의 수줍음은 엄청난 고통이나 기능장애를 유발하는 것이 아닌 한 질환이 아니다. 사회불안과 유사한 다른 정신질환도 있다. 예를 들어, 자폐 스펙트럼 장애가 있는 사람은 종종 사회적 상호작용에 관심이 없거나 불편함을 호소한다. 이는 그들이 다른 사람들과 교류하거나 사회적 실마리를 해석하거나 사회적 상호작용을 따를 줄 모르기 때문이다. 나는 사회공포증 진단을 받았으며 자폐 스펙트럼을 가지고 있고 타인에 관심이 없는 것으로 판명된 환자들을 본 적이 있다. 자폐 스펙트럼과 사회공포증을 구분하는 데 도움이 되는 것은 회피의 원인이다. 사회공포증이 있는 사람들은 다른 사람들과 교류하는 것을 좋아하지만 종종 타인의 평가를 받는 것이 두려워 피한다. 그들은 또한 사회적 실마리도 훨씬 잘 해석한다. 너무 잘 읽는 것이 문제다. 때때로 조현병과 같은 정신이상도 타인을 회피하게 하는데 이는 다른 사람들이 자신을 해하려고 한다는 피해망상적 생각 때문이다.

다른 불안장애와 마찬가지로 사회공포증도 편도체와 뇌섬엽의 활성화를 보인다. 일련의 연구에 따르면 사회공포증이 있는 사람들은 행복한 얼굴보다는 화난 얼굴이나 공포에 질린 얼굴에 훨씬 더 집중한다. 그들은 중립적인 얼굴도 부정적 감정을 가진 것으로 해석하는 경향이 있다. 요약하면 사회공포증이 있는 뇌는 사회 속에서 끊임없이 반감의 신호를 찾는다.

우리는 여전히 사회공포증의 원인이 무엇인지 정확히 밝혀내지 못했지만, 이론은 정립돼 있다. 불안에 대한 생물학적 성향을 지닌 사람은 사회공포증이 발달할 가능성이 더 높다. 뇌에서 세로토닌, 노르에피네프린, 도파민을 처리할 때 유전적 차이가 기여 인자일 수도 있고, 사회공포증의 가족 유전으로 이어질 수도 있다. 그러나 가족 유전의 측면 또한 학습된 두려움이다. 다른 것과 마찬가지로 어린이들은 사회가 얼마나 안전한지, 무서운지를 그리고 그 사회와 어떻게 교류해야 하는지를 자신들의 부모로부터 배운다. 만일 부모가 사교적 환경을 부담스러워하거나 그 상황을 회피한다면, 그 태도가 그들의 자녀들에게 다른 사람들을 두려워해야 한다는 신호를 보내게 된다. 그들은 다른 사람은 언제나 비판적이며 그들의 의견이 너무나 중요하므로 타인 앞에서 실수를 저지르는 것은 굉장히 난처한 일이라고 생각하는 부모의 신념도 배울 수 있다.

부모가 불안해하고 사회적 맥락을 피할 때 자녀들 역시 부모를 모델로 삼아서, 경험과 연습을 통해서 사회성 기술을 배울 기회를 잃게 된다. 지나치게 걱정이 많은 부모는 자녀들이 어린 시절 또래와의 접촉을 통해서 사회적 자율성을 획득하고 사회성을 학습할 기회를 제한하기도 한다.

물론 사회공포증이 있는 모든 사람이 나쁜 부모를 가지고 있다는 것을 의미하지는 않는다. 나는 환자들에게 그들의 자녀가 불안이나 다른 정신질환을 앓더라도 그것은 그들의 잘못이 아니라는 것을 확인시켜야 할 때가 많다. 전통적인 정신분석학적 대중문화가 무엇이라고 주장했든 간에 부모의 양육 태도는 우리가 어떤 사람이 되느냐에 매우 중요하지만, 우리가 안고 있는 모든 문제가 부모의 잘못은 아니다. 다양한 요인이 존재하기 때문이다. 일부 요인은 과학계에조차 알려지지 않았지만, 사회공포증을 포함한 불안장애의 발병으로 이어질 수 있다. 사회공포증이 있는 자녀를 둔 부모들은 자녀의 질환이 오로지 자신 때문이라고 느껴서는 안 된다.

최근 COVID-19 팬데믹은 전 세계적으로 많은 어린이의 사회성 기술에 막대한 부정적 영향을 미쳤다. 팬데믹으로 어린이들은 1년 넘게 원격수업을 했고, 가족과 외부 세계가 완전히 분리되었고, 극도로 스트레스를 받는 이 시기에 또래 아이들과 교류할 수조차 없었다. 팬데믹이 누그러진 후에도 다수의 사회성 행동과 습성이 영원히 바뀌었으며, 많은 이가 여전히 제한적인 사교적 교류만을 한다. 상당히 중요한 이 발달기에 많은 어린이가 사회생활의 기술들을 배울 기회를 잃었고 지금도 잃고 있다. 우리는 앞으로 수년에 걸쳐 팬데믹이 어린이들의 사회성 능력과 사회불안의 잠재적 상승에 미친 영향의 깊이와 범위에 대해 좀 더 명확하게 알게 될 것이다.

다른 불안장애와 마찬가지로 우리는 정신치료법이나 안전한 약물의 형태로 사회공포증에 대한 효과적인 치료법을 보유하고 있다. 사회공포증이 어린이에게 사회성 기술을 습득할 기회와 그들의 잠재성을 발휘할 기회를 빼앗는 장기적이고 부정적 영향을 완화하기 위해서는 최대한 빨리 치료를 받는 것이 무엇보다 중요하다.

공황장애

공황장애의 대표적 특징은 반복적인 공황발작이다. 공황발작은 극도의 두려움과 불안이 격심하게 일어나며, 갑작스럽게 증상이 나타나는 경우가 대부분이다. 발작은 빠르게 일어났다가 몇 분 안에 사라진다. 환자들은 심장 두근거림, 숨 가쁨, 과호흡, 가슴 조임, 메스꺼움, 간혹 구토, 몸 떨림, 오한, 어지러움, 무감각, 사지 저림 등 다양한 신체적 증상과 함께 강도 높은 두려움과 불안을 경험한다. 발작이 처음 일어날 때 환자들은 뇌졸중이나 심장마비를 겪거나 사망에 이르는 것은 아닐까 하는 극도의 두려움을 경험한다.

공황발작을 겪는다고 해서 반드시 공황장애가 있다고 볼 수 없다. 공황발작을 유발할 수 있는 다른 질환도 많기 때문이다. 예를 들어, 두려워하는 대상을 만난 공포증 환자나 고통스러운 기억으로 촉발된 PTSD가 있는 사람은 공황발작을 경험할 수 있다. 공황장애를 정의할 수 있는 특징은 발작이 자주 일어나며 절대 외적 요인에 의한 것이 아니어야 한다. 공황발작은 예측할 수 없으므로 공황장애가 있는 사람들은 발작이 일어날 것을 우려하는 경우가 많다. 특히 당혹스러움을 느끼거나 그 상황에서 벗어날 가능성이 낮을 때 그렇다. 그 결과 그들은 모임, 영화 관람, 레스토랑 등의 사교적 상황을 피하고 집에서 고립된 생활을 하기에 이른다. 공황발작의 두려움 때문에 사교적 장소나 상황을 회피하는 것을 광장공포증agoraphobia이라 부른다. 광장공포증은 공황장애의 결과물일 때가 많다.

당연히 공황장애가 있는 사람들 대부분은 우선 병원 응급실, 1차 병원 의사나 인턴들이 진료를 보게 된다. 이는 그들이 심장마비나 심각한 질병을 앓고 있다고 판단되기 때문이다. 사실 그것은 바람직하다. 이는 공황장애 진단 전에 유사한 증상을 유발할 수 있는 질병을 배제하기 위한 의학적 평가가 필요하기 때문이다. 심장마비, 뇌졸중, 당뇨, 중증 고혈압, 부신 및 갑상샘 질환은 공황장애와 유사한 의학적 증상을 보인다. 의학적 원인이 배제되면 환자는 종종 적절한 치료를 위해 정신의학과에 보내지는 경우가 많다.

공황장애 뇌의 특징은 편도체와 뇌섬엽의 활동이 증가하고 교감신경계가 과활성화되어 공포증과 유사하다.

범불안장애

공포증과 사회공포증은 명확하고 확인 가능한 외적인 유발 요인을 지닌 반면, 범불안장애generalized anxiety disorder(GAD)는 다양한 것에 대한 과도한 걱정이 특징이다. GAD가 있는 사람들은 기본적으로 모든 것을 걱정한다. 그들은 건강, 안전, 직장, 학교, 가족, 인간관계, 재정, 과거, 미래, 모든 것을 걱정한다. 대부분의 시간 그들의 머릿속은 잘못될지 모르는 것들과 자신과 사랑하는 가족에게 최악의 불행이 일어날 것에 대한 걱정으로 가득 차 있다. 걱정할 만한 실질적인 이유가 존재할 때는 필요 이상으로 더 걱정한다. 그리고 그 문제가 해결됐을 때 그들의 뇌는 다른 걱정거리를 찾는다. 범불안장애 뇌는 걱정하는 일을 절대 멈추지 않는다.

범불안장애는 전체 인구의 6%에 영향을 미치며 여성에게 더 많이 나타난다. 과도한 걱정 이외에 또 다른 일반적인 증상은 초조, 집중력 저하, 숨 가쁨, 만성피로, 근긴장, 가슴 조임, 땀 흘림, 수면장애 등을 꼽을 수 있다. 집중력 저하는 부분적으로는 뇌가 불분명한 무엇인가에 대해서 끊임없이 걱정하기 때문이다. 이는 현재와 눈앞에 있는 일에 집중할 수 없게 만든다. 불안한 뇌와 정신은 늘 미래와 과거에 맞춰져 있어서 현재를 놓치게 된다. 끊임없는 걱정이 정신 에너지를 모두 소비하고 몸을 지치게 만들고 피로를 유발한다. 밤에도 걱정에 빠진 뇌는 잠을 잘 수가 없다.

GAD 환자에게서 발견한 특징 하나는 그들의 머리 뒤쪽 어딘가에 걱정이라는 행위 자체가 불행한 일이 일어날 것을 예방할 수 있다는 믿음이 자리 잡고 있다는 것이다. 마치 그들이 걱정을 멈추면 두려워하는 일이 일어날 가능성이 커지는 것처럼, 또는 그런 일이 일어났을 때를 준비할 수 없을 것처럼. 이러한 마법과 같은 생각 때문에 그들은 아주 짧은 시간이나마 걱정을 멈출 수 없다.

사람들은 GAD와 주의력 결핍 과잉 행동 장애attention deficit hyperactivity disorder(ADHD)를 혼동한다. 이는 두 장애가 모두 주의력 및 집중력 저하와 초조함을 유발하기 때문이다. ADHD 치료약은 대부분 GAD를 치료하는 데 잘못 사용할 경우, 더욱 악화될 수 있으므로 전문가의 도움을 구하는 것이 굉장히 중요하다. GAD는 동반 질환으로 우울증을 유발하는 경우가 많다. 만성 GAD 환자가 우울증을 앓지 않는 경우를 거의 보지 못했다. GAD는 가족력을 가진 질환일 수 있으며 사회불안과 마찬가지로 세상은 위험한 곳이고 그래서 걱정해야 한다는 것을 부모에게서 배운다.

뇌 영상 연구에서 GAD 환자는 편도체 활동이 증가하고 전전두 피질의 활동은 감소한다는 것을 보여준다.

강박장애

가장 최신판 DSM은 과학적 이유로 강박장애obssessive-compulsive disorder(OCD)를 불안장애 범주에서 제외시켰다. 하지만 OCD의 두드러진 특징이 불안이기 때문에 OCD를 다루고자 한다. OCD의 주요 증상은 만성적인 강박과 충동이다. 정신의학에서는 대중문화와는 다르게 강박을 정의한다. 강박은 반복적이고 지속적이며 침투적이고 원치 않는 생각, 감정, 관념, 이미지로 불안감을 유발하고 쉽게 떨쳐내기 어렵다. 강박의 대상은 무한대지만 일반적인 강박은 오염, 무질서, 비대칭에 대한 걱정, 안전 점검(내가 가스 불을 껐던가?)과 신성모독(거슬리는 저주나 음란한 이미지), 타인을 해하거나 해한 것에 대한 불필요한 생각, 숫자나 단어를 특정한 순서로 세거나 반복하고 싶은 충동, 특정한 방식으로 물건을 만지고 싶은 충동과 관련이 있다.

강박은 굉장히 기이하기도 하다. 강박은 OCD 환자에게 특별한 것은 아니며 중증 질환이나 정신병의 신호도 아니다. 환자는 강박이 비논리적이고 극단적임을 알고 있으며 강박을 떨쳐버리기 위해서 노력한다. 물론 그러한 노력은 아주 작은 성공으로 끝나는 경우가 일반적이다. 가령, 환자가 자신이 칼로 가족을 다치게 할지 모른다는 침투적이고 불필요한 생각을 할 수 있다. 그러한 걱정 때문에 그들은 날카로운 물건을 죄다 옷장에 넣고 열쇠를 배우자에게 맡겨놓을 수 있다.

강박에 대한 이해를 돕기 위해 내가 병원에서 경험한 사례를 몇 가지 소개하겠다. 내 환자 중 한 명은 도로 위에 있을 때면 늘 자신이 무의식적으로 누군가를 차로 칠지 모른다는 걱정에 시달렸다. 그러한 생각이 너무 지나친 나머지 몇 번이고 차를 돌려서 길가에 부상을 입고 쓰러지거나 죽은 사람이 없는지 확인하곤 했다. 이러한 확인 의식은 매일 몇 시간씩 걸렸다. 또 다른 환자는 여자 친구와 사랑을 나눌 때마다 그녀가 전 남자 친구와 성행위를 하는 불필요한 이미지들을 떠올렸다. 나는 미사 때마다 저주의 말과 야한 성적 이미지로 괴로워하는 수녀님을 만난 적도 있다. 이러한 강박적 행위가 몇 시간씩 계속된다면 얼마나 고통스럽고 시간을 허비하는 일인지 독자들은 이해하기 어렵지 않을 것이다.

강박은 침투적 생각, 말, 이미지와 관련이 있는 반면, 충동은 행동으로 표출된다. 충동은 반복적이고 의식적인 행동으로 강박에 대한 반작용일 때가 많다. 예를 들어, 강박이 오염에 대한 것일 때 충동은 과도한 청소나 세탁, 손 씻기나 목욕으로 표출된다. 나는 치료를 받기 전 매일 몇 시간에 걸쳐서 소독제를 사용하면서 특별한 의식처럼 집안 청소를 해온 환자들을 만난 적도 있다. 그들은 청소를 올바른 방식이나 순서로 하지 않으면 안 될 것 같은 기분이 들고, 그것을 지키지 않으면 처음부터 다시 시작해야 한다고 느낀다. 그들은 때때로 하루에도 수십 번씩 손을 닦고 몇 시간 동안 샤워실에 머물기도 한다. 또한 특별한 순서로 물건을 건드려야 하는 환자들도 있다. 예를 들어 무엇인가를 만질 때는 횟수를 홀수에 맞춰야 한다. 내 환자 중 한 명은 성공한 사업가였는데 그는 차를 주차할 때마다 자동차 라디오 주파수를 왼쪽으로 4개 채널, 오른쪽으로 3개 채널, 다시 왼쪽으로 2개 채널을 맞춘 후에 차에서 내렸다. 그렇지 않으면 나쁜 일이 일어날 것 같았기 때문이다. 그는 또한 장애인 주차선 위를 걷는 것을 피했다. 그는 자신의 행동 중 그 어느 것도 타당하지 않다는 것을 알지만 강박적 행동을 멈출 수 없었다.

OCD는 다른 불안장애와 비교해 덜 일반적이고 전체 인구의 1%에만 영향을 미친다. 또한 남성과 여성에게 비슷하게 발병한다. OCD를 가진 사람이 우울증을 앓는 것은 일반적이다. (투렛증후군과 같은) 틱장애와 OCD 사이에는 모종의 상관관계가 존재한다. OCD의 뇌 비정상성은 다른 불안장애와 다소 다르며 기저핵과 연관이 있다. 기저핵은 행동과 움직임을 계획할 때 중요한 역할을 하는 뇌의 영역이다.

불안을 동반한 적응장애

임상적 불안이 늘 내적 요인이나 과거의 경험 때문에 촉발되는 것은 아님을 주지하는 것이 중요하다. 과도한 불안은 종종 처리하기 어려운 스트레스가 많은 상황에 대한 반발일 때가 많다. 적응장애는 병적 질환으로 인생의 시련에 비정상적이고 부적응적이며, 환자의 기능 능력을 저해한다. 적응장애를 초래하는 사건들은 사랑하는 사람의 죽음, 결혼, 이직, 자녀의 탄생, 이혼, 경제난과 같은 인생의 중요한 전환점이 포함된다. 이러한 사건들은 대부분의 사람에게 다소 스트레스를 유발하지만 적응장애의 경우 불안의 정도가 지나치게 과하고 일반적인 사람이 경험하는 정도를 넘어선다.

AFRAID

9

사라지지 않는 기억

트라우마와 PTSD

나는 차 안에서 산 채로 불에 타고 있는 부부를 본 적이 있고,
세 살짜리 꼬마가 밖에서 얼어 죽어 있는 것도 봤다.
파트너가 바로 옆에서 총에 맞아 죽는 것도 봤다.
지난 10년 동안 밤마다 총격전과 쫓기는 악몽을 꾸고 매일
과거를 회상한다. 총에 맞아 세상을 떠난 파트너를 하루도
생각하지 않는 날이 없다.

- 디트로이트에서 일하는 경관의 말

우리 사회가 트라우마가 인간에게 미치는 장기적 영향에 대해서 눈을 뜨기 시작함에 따라, 과학계 또한 인간의 사고, 뇌, 인체에 트라우마가 어떤 영향을 미치는지에 대한 지식을 빠르게 확대해 나가고 있다. 최근까지도 PTSD는 전쟁에 참전한 군인들이 겪는 질병으로만 여겨졌다. 그러나 연구자들의 노력과 후원, 공교육 덕택에 각기 다른 집단의 사람들 사이에 트라우마 노출의 정도와 트라우마가 어떤 상처를 입히는지에 대해 인지하는 사람들이 점차 증가하고 있다. 오히려 트라우마와 PTSD라는 용어가 지나치게 남용될 정도다.

이 장에서는 트라우마가 인간의 뇌와 인체에 어떤 영향을 미치는지, 각기 다른 집단과 사회 전반에 어떤 영향을 미치는지, 어린 시절 트라우마가 얼마나 장기적으로 영향을 미치는지에 대해 알아볼 것이다.

트라우마의 정의

트라우마에 대한 대중과 대중문화의 관심이 증가하면서(단적인 예로 '트라우마'라는 단어의 구글 검색 빈도가 2010년과 2022년 사이에 거의 두 배가 증가했다), 트라우마라는 용어의 사용 또한 아주 빈번해졌다. 나는 힘든 경험이나 이혼, 실직, 결별, 이사, 사랑하는 사람의 죽음 심지어 트위터 포스트를 '트라우마틱traumatic'이라고 표현하는 사람들을 봤다. 어떤 이는 이 용어를 불행하고 슬픈 경험이나 깊은 상처나 수치심을 느낀 경험에 사용한다. 트라우마가 사람에게 미치는 심각한 영향을 감안할 때, 이러한 무절제한 용어 사용은 실제 트라우마를 겪은 사람들에게 상처가 될 뿐만 아니라 트라우마를 입었다고 믿지만 사실상 트라우마를 입지 않은 사람들을 낙담시킬 수 있다. 또한 마구잡이식 용어 사용은 돌팔이 의사들이 사탕을 나눠주는 것처럼 PTSD나 복합외상과 같은 용어를 마구 붙여주고 엉터리 약을 팔 기회를 제공한다. 나는 복합 PTSD를 치료하기 위해 병원을 찾는 환자들에게 이렇게 말할 때가 많다. "다행히도 환자분은 PTSD가 아닙니다." 물론 힘겨운 인생의 경험이 미치는 충격적 영향을 최소화하려는 의도는 아니다. 그러한 힘든 경험이 모두 극심한 스트레스를 유발하는 것은 아니기 때문이다.

정신의학에서 트라우마라는 용어는 명확한 정의가 있으며 굉장히 구체적인 경험을 일컫는 용어다. DSM은 트라우마를 '실질적이고 위협적인 죽음, 심각한 부상, 성폭력'이라고 정의한다. 이러한 경험은 모든 인간에게 끔찍한 일이며 피해자의 생명, 물질적·정서적 실존을 심각하게 위협할 수 있다. 극심한 고통을 유발하는 사건은 전쟁, 테러리스트 공격, 총격 사건, 고문, 폭행, 강도, 육체적 학대, 강간, 성폭력, 심각한 교통사고, 자연재해 등을 포함한다. 트라우마는 직접적인 경험에 의해서만 우리에게 영향을 미치는 것은 아니다. 그러한 사건이 누군가에게 일어나는 것을 목격하거나(누군가 총을 맞거나 고문을 당하는 것을 보는 것), 다른 사람이 겪은 트라우마에 반복적으로 노출되거나 대단히 충격적인 사건을 겪은 후에도 트라우마에 시달릴 수 있다. 이러한 유형의 트라우마를 전쟁 난민, 구급대원, 응급실 의료진, 재향군인 사이에서 흔히 발견한다. 전쟁 지역에 있었던 난민이나 민간인의 경우, 직접적 경험이 없더라도 타인의 죽음, 부상, 고문에 노출되는 일이 빈번하다. 구급대원, 소방관, 경찰관은 제일 먼저 현장에 달려가야 해서 총기 사고, 비극적 죽음, 가정폭력, 심각한 부상, 화재, 여타 끔찍한 사건이 일어나고 있는 현장이나 일단락된 사후 현장에 노출된다. 사랑하는 사람이나 친한 친구가 겪은 충격적인 사건에 대한 상세한 설명을 직접적으로 들을 경우, 혹은 방송매체 등을 통해서 비극적 사건을 생생하게 듣거나 보는 일을 반복적으로 할 경우(기자나 형사) 트라우마가 일어나기도 한다.

나는 트라우마 전문가로서 현장에서 들었던 충격적 사건의 이야기를 자세하게 하거나 재난에 대해 자극적 기술을 하는 것은 자제할 것이다. 동시에 그러한 충격적인 사건을 겪은 사람들이 어떻게 상처를 받는지 그리고 그들의 고통을 해결하기 위해서 어떤 노력을 기울이는

지에 대해 정확하게 설명하기 위해서 노력할 것이다. 트라우마의 노출은 대다수가 생각하는 것보다 훨씬 더 일반적으로 일어난다. 연구에 따라서 미국 성인의 최대 50%에서 90%가 살면서 적어도 한 번 정도는 굉장히 충격적인 사건을 경험한다. 빈곤한 지역사회에서는 어린이가 트라우마에 노출되는 경우가 특히 높으며, 제대로 매체를 통해서 보고되지 않는 경우가 많다. 통계에 따르면 미국 어린이의 거의 절반이 공동체 폭력을 목격한 경험이 있으며, 열 명 중 한 명은 부모나 양육자 사이의 폭력을 본 적이 있다. 정보 수집의 어려움과 불충분한 보고 때문에, 노출의 정도를 정확하게 파악하기가 어렵지만, 대다수 연구는 어린이 다섯 명 중 한 명은 성적 학대를 경험한 적 있고, 신체적 학대도 같은 비중으로 경험한 바 있을 것이라고 보고하고 있다. 트라우마 노출은 고문이나 인신매매 생존자, 전쟁 난민, 재향군인, 구급대원, 응급의료종사자 사이에서 훨씬 더 높다. 예를 들어, 2013년 한 연구에서 설문에 참여한 경찰관 중 80% 이상이 지난 한 해 동안 사람의 사체나 심각하게 폭행당한 사람을 본 적이 있다고 답했다.

트라우마 노출의 영향

대다수의 사람은 PTSD를 트라우마의 결과로만 생각할지 모른다. 그러나 트라우마는 심각성의 정도가 다른 다양한 신체적·정신적 건강 문제를 유발할 수 있다. 트라우마를 겪은 직후 생존자들은 정서적 분리, 혼란, 슬픔, 무감각, 두려움, 불안, 공황, 불면증, 예민함, 초조, 악몽, 집중력 저하, 절망감에서부터 통증, 과호흡, 위장장애, 심박수 증가, 땀, 두통에 이르는 신체적 반응까지 보인다. 수일간 지속될 수 있는 이러한 공통된 반응이 반드시 비정상적인 것은 아니다. 충격적이고 위험한 상황을 겪는 동안, 투쟁 혹은 도주 시스템이 활성화되는데 그것이 둔화되기까지는 시간이 걸린다. 이 단계에서 전문가의 도움을 구하는 것이 경고 신호를 점검하고 안전과 건강을 보장하는 데 도움이 된다. 생존자를 아는 사람들은 안전한 환경에서 도움과 보살핌을 제공할 수 있다. 무엇보다 그 사람에게 겪은 일을 상세하게 말하라고 강요하고 싶은 충동을 억누르는 것이 중요하다. 생존자가 자신이 겪은 일을 다시 이야기하는 것이 생존자와 청자(간접적 노출로) 모두에게 부정적인 영향을 미칠 수 있기 때문이다. 생존자들이 안전하다고 느끼게 만드는 것, 그들에게 음식이나 물, 차를 제공하는 것, 그들에게 공간과 통제력을 제공하는 것, 그들이 말하고 싶을 때 잘 들어주는 것 등이 가장 도움이 된다.

대개 이러한 증상은 점진적으로 신속하게 잦아들며 다시 일상으로 돌아갈 수 있다. 나는 자신의 파트너가 총에 맞았을 때 영웅적 행동으로 도움을 준 젊은 경찰관을 총격 사건 며칠 후 만났다. 그 여성 경찰관은 긴장하고 있었고 잠을 자기 어렵다고 말했다. 나는 그녀에게 일상에서 실천할 수 있는 몇 가지 권고사항을 알려주면서 2주 후에 다시 올 것을 요청했다. 2주 후 그녀는 이미 일상으로 돌아와 있었다. 하지만 여전히 세상을 떠난 파트너를 생각하고 있었다. 이는 정상적인 애도였다. 트라우마에 노출된 사람은 자신만의 속도로 회복한다. 이는 트라우마의 강도와 유형, 개인의 독특한 기질 그리고 그들이 속한 환경에 따라 다르다. 어떤 이의 경우, 증상이 지속되고 심지어 점차 심화하기도 한다. 또 어떤 이의 경우, 증상이 지연되고 상당히 오랜 시간 동안 나타나지 않을 수 있다.

장기적으로 트라우마는 다양한 정신적·신체적 문제를 유발할 수 있다. 불안이나 우울증은 상당히 일반적인 결과물이다. 국립아동보건 및 인간발달연구소National Institute of Child Health and Human Development (NICHD)가 자금을 지원해 STARC에서 진행된 연구 프로젝트를 보면, 미국에 정착한 시리아와 이라크 전쟁 난민들은 이미 고국을 떠난 지 2년이나 지났는데 남성의 40%, 여성은 두 명 중 한 명이 상당히 높은 불안을 경험하고 있었다. 같은 연구에서 난민의 절반(여성이 좀 더 높은 수치를 보임)이 임상 우울증을 앓고 있음을 확인했다. 난민 어린이 중 절반이 불안 정도가 매우 높았고, 그들 중 75%는 분리불안을 경험했다. 어린이가 극한의 폭력과 위험을 목격했을 때 가장 적응적인 반응은 안전을 위해서 부모에게 최대한 밀착해서 그들의 곁을 떠나지 않는 것이기 때문이다. 그러나 불행하게도 트라우마는 그들이 이미 위험한 장소를 떠난 후에도 사라지지 않고 지속되게 만든다. 종종 정신적 고통을 스스로 치료하기 위한 약물 사용, 분노와 초조함이 다른 공통적 증상들로 나타난다.

외상 후 스트레스 장애 PTSD

PTSD는 트라우마라는 외적인 사건이 있어야 하는 유일한 정신질환일 것이다. 트라우마의 경험이 없다면 PTSD는 일어나지 않는다. DSM에서 PTSD를 진단하기 위한 첫 번째 기준은 앞서 정의한 대로 트라우마가 될 만한 사건을 직접적으로나 간접적으로나 경험해야 한다. PTSD는 근본적으로 트라우마를 겪은 지 수년이 지났어도 여전히 뇌와 신체가 만성적으로 투쟁 혹은 도주 모드로 전환되는 것을 말한다. 뇌가 끊임없이 위험을 확인하고 조금이라도 과거의 고통스러운 경험을 떠올리게 하는 상황이나 그와 비슷한 상황은 모두 회피하게 만든다. DSM은 PTSD 증상을 네 개 범주로 분류한다.

⁂ 과민반응

과민반응이 일어나는 이유는 지속적인 각성으로의 전환과 잠재적인 위험 확인 때문이다. 과민반응은 과잉 각성, 쉽게 놀람, 위험 신호에 대한 과도한 집중, 집중력 저하, 불면증의 형태로 나타난다. 뇌는 온종일 위험한 일이 벌어질지 모른다는 것을 암시하는 신호를 찾는다. 나는 화장실에 갈 때조차도 총을 손에서 놓지 못하는 PTSD 재향군인을 치료한 적이 있다. 혼잡한 시간이 아닐 때만 가족과 식당에 가는 소방관이나 경찰도 봤다. 이들은 레스토랑에 가서도 모든 것이 한눈에 들어오는 출구 바로 옆에서 벽에 등을 대고 앉는다. 그들은 건물에 들어갈 때 제일 먼저 출구를 확인한다. PTSD를 앓는 환자

대부분은 많은 사람이 모여 있는 장소를 피한다. 이는 점검해야 하는 사람도 물건도 많은 곳은 위험을 감지하기 어렵기 때문이다. 어떤 이는 집에만 머물고, 불행한 일이 일어날 수 있는 집 밖으로 나가지 않는다. 한번은 성폭행 피해자를 치료한 적이 있었다. 그 환자는 사람들에게 둘러싸여 있을 때 과도한 불안을 느끼기 때문에, 식료품 쇼핑도 오로지 온라인에서만 한다. 끊임없이 긴장 상태를 유지하게 되면 성미가 급해지고, 예민해지며, 쉽게 화를 내게 된다.

회피

트라우마의 경험이 너무 고통스러운 나머지 생존자들은 트라우마를 떠오르게 하는 것은 무엇이든 회피하는 경향이 있다. 그들은 트라우마의 기억과 그 기억을 상기시키는 것은 뭐든 피하려고 한다. 예를 들어, 비극의 현장에 있던 구급대원이나 기자들은 언론이나 소셜미디어, 호기심 많은 지인이나 이웃을 통해서 해당 사건에 대한 이야기와 이미지를 다시 듣거나 보는 것이 정말 고통스럽다고 말한다. 어떤 이는 모임에서 최근 그들이 출동한 학교 총격 사건에 대해 물을지 모른다는 두려움에 자신들의 직업을 숨기기도 한다. 난민이나 재향군인은 자국이나 다른 국가에서 벌어지는 전쟁에 대한 뉴스 보도나 전쟁 관련 영화를 보는 것이 불편하다고 말한다. 대체로 재향군인이나 총격 사건의 생존자들은 매우 사실적으로 묘사된 전쟁영화를 보지 않으려고 한다.

PTSD를 앓는 사람들은 트라우마를 겪은 장소와 어떤 식으로든 연관된 장소도 피한다. 주유소에서 강도를 만났던 환자는 주유소나 주차빌딩에 혼자 가는 것을 피한다. 트라우마의 시기도 회피에서 역할을 한다. PTSD로 고통을 받는 사람들은 대체로 그 사건이 일어났던 시간이나 해가 바뀌어 그날이 도래하기 수일 전부터 불안을 느낀다. 강간 피해 생존자들은 가해자를 닮은 사람이나 남자들이 불편하다고 말한다. 그들은 그날의 기억을 떠올려야 하는, 어쩌면 가해자의 얼굴을 마주해야 하는 법정 출두를 앞두고 몇 주간 잠을 자지 못하고 두려움에 떤다. 이러한 회피는 피해자들이 법적 조치를 취하는 것을 망설이게 만드는 하나의 이유다.

침습 증상

침습은 회상, 악몽, 트라우마의 반복적이고 침습적인 기억 등을 포함한다. 악몽은 수면장애를 초래하고, 어떤 이는 악몽에 대한 걱정 때문에 잠자는 것을 두려워한다. 악몽은 트라우마의 반복일 수 있거나 트라우마와 완전히 무관한 것일 수 있다. 총격 사건의 생존자는 자신이 총에 맞거나 다른 사람이 총에 맞거나 누군가를 구하지 못하거나 추격을 당하거나 죽는 꿈을 꿀 수 있다. 회상은 트라우마가 된 그 사건을 마치 지금 일어나고 있는 것처럼 의식에 의해 다시 경험하는 것이다. 예를 들어, 폭발음과 유사한 굉음을 듣고 재향군인이나 전쟁 난민은 전쟁터 장면을 보기 시작한다. 총기, 헬리콥터, 폭약이 터지는 소리도 들린다. 고무나 사람의 살이 타는 냄새도 난다. 후각적 회상은 아주 조금만 관련이 있는 냄새만으로도 촉발될 수 있다. 강간 피해자는 가해자의 체취나 냄새로 피해 당시의 느낌을 회상할 때가 많다. 촉발되든 촉발되지 않든 트라우마의 기억은 피해자를 끊임없이 괴롭히며, 주로 불안, 죄책감, 수치심, 슬픔을 동반한다.

⁑ 부정적 기분이나 사고

트라우마는 생존자의 세계관, 자아상, 기억을 바꿔놓는다. 그들은 특정 사건의 중요한 부분을 기억하지 못하거나 삶에 흥미를 잃고 과거 즐겨 하던 활동에서 즐거움을 찾지 못할 수 있다. 그들은 감정적으로 외부 세계, 사랑하는 사람, 심지어 자기 자신과도 단절됐다고 느낄 수 있다. 그들은 공통적으로 죄책감과 수치심을 느끼며, 세상을 잔인하고 불공평하며 불친절한 곳이라고 생각한다. 생존자의 죄책감은 상당히 심각하다. 재향군인은 수년간 동료 군인들은 죽었는데 자신은 왜 살았는지를 생각하고, 죽은 동료들은 삶을 즐길 수 없다는 생각에 즐거운 활동을 포기한다. 나는 다른 선택을 했더라면 약물 중독이었던 그 10대를 구할 수 있지 않았을까 하는 생각에 수년간 괴로워하던 소방관, 경찰관, 구급대원을 본 적도 있다. 강간, 학대, 고문 생존자들은 수치심을 느끼고 스스로 문제가 있고 불완전하다고 느낀다. 나는 환자가 이러한 부적응적이고 잘못된 생각과 감정을 떨쳐내는 것을 돕는 데 치료의 많은 시간을 할애한다.

DSM은 PTSD의 공식적 진단을 위해서는 트라우마의 경험 이외에도 침습 증상이나 회피 증상 중 적어도 한 가지가 있어야 하고, 과민반응과 부정적 기분과 인지 증상 중 두 가지가 있어야 한다고 규정한다. 앞서 설명했듯 하나의 기준에 부합하지 못했다고 해서 트라우마의 영향을 받지 않았다거나 도움이 필요치 않다는 것을 의미하지는 않는다. 우리가 임상에서 가장 신경 쓰는 부분은 이 증상들이 유발하는 고통과 기능장애다. PTSD의 진단을 위해서는 증상들이 한 달 이상 지속되어야 한다. 엄밀히 말해, 그전에는 '급성 스트레스 장애acute stress disorder'라고 불린다. 어떤 경우에는 증상들이 빠른 시간 안에 해결되고, PTSD로까지 진행되지 않을 수도 있음을 아는 것이 중요하다.

트라우마는 상당히 일반적이며, PTSD도 마찬가지다. 인생의 특정 시기에 완전히 진행된 PTSD를 경험하는 사람은 미국 전체 인구의 거의 8%나 되며, 여성이 더 많이 경험한다. 대개 우울증, 불안, 약물 사용, 신체적 고통을 동반하는 경우가 많다. 나는 만성 PTSD 환자가 우울증을 앓지 않는 경우를 거의 보지 못했다. 트라우마 경험자가 약물을 사용하는 것을 보면, 나는 이렇게 질문한다. "어떤 사람은 기억하기 위해 춤을 추고, 어떤 사람은 잊기 위해 춤을 추죠. 환자분은 왜 약물을 사용하세요?" 이 질문은 그들이 약물을 사용해서 치료하고 싶은 가장 고통스러운 증상이 무엇인지를 파악하는 데 도움을 준다. 그 결과 그들에게 좀 더 안전한 약물이나 치료법을 제안할 수 있다.

자연재해보다 인간이 자행한 트라우마인 고문, 강간, 폭행, 학대 등이 PTSD를 유발할 가능성이 더 높다. 이는 외부 세계에서 기인한 고통보다는 인간이라는 동족에 의해 자행된 고통에 특히 더 민감하기 때문일 수 있다.

트라우마와 회복력

트라우마를 경험한 모든 이가 PTSD를 겪는 것은 아니다. 어떤 이들은 증상을 일시적으로 경험하고 어떤 이들은 아무런 증상을 경험하지 않기도 한다. 누가 PTSD의 영향을 받을 것인지 아닌지를 결정하는 다양한 생물학적·심리학적·환경적 요인이 존재한다. 트라우마의 심각성, 트라우마의 근원(인간이나 자연), 반복성, 유전적이고 후생적인 강화, 트라우마의 개인적 의미, 과거 경험, 빈곤, 기타 동시 발생적 스트레스 유발 요인, 환경적 지원과 보살핌, 이외 다수의 알려진 혹은 알려지지 않은 요인이 트라우마의 영향을 결정한다. 그러므로 트라우마 노출 이후 누가 PTSD를 얻게 될지 결코 확신할 수 없다. 하지만 우리는 PTSD를 얻게 될 가능성과 회복력에 대한 공통점이 무엇인지를 연구하기 시작했다. PTSD와 관련된 부정적 시각을 부식시키기 위해서 대중은 이를 알 필요가 있다. 대중은 PTSD를 겪는 사람이나 트라우마로 인한 기타 정신적 영향에 대해 비판, 죄책감, 수치심, 동정의 태도를 보이지 말아야 한다.

대부분의 연구는 트라우마의 가능성과 취약성에 집중돼 있다. 한편 현재 트라우마의 회복력에 대한 중요한 연구가 하나 진행 중이다. 이 연구는 내적(생물학, 과거, 신념, 의미) 요인과 외적(지원, 가족, 환경) 요인을 모두 다룬다. STARC에서 진행한 연구에 따르면, 자신이 경험하고 있는 불안과 PTSD 그리고 금전적 문제, 주거, 정부 지원과 같은 환경적인 문제에 스트레스를 덜 받은 난민 부모의 자녀들은 전쟁 지역을 떠난 후 트라우마에서 빠르게 회복했다.

어떤 이들은 트라우마를 겪은 후 더욱 강해지기까지 했으며 목적의식, 자아의식, 삶의 의미, 삶에서 가장 중요한 것이 무엇인지를 좀 더 깊이 인식하게 됐다. 그들에게 트라우마는 인생에서 무엇이 중요하고 중요하지 않은지를 객관적으로 바라보는 기회를 제공한다. 어떤 이들은 자신들의 고통, 분노, 좌절감을 행동으로 바꾸고 다른 사람들이 트라우마를 겪지 않도록 돕는 데 자신들의 시간을 헌신한다. 어떤 이들은 사회복지사, 치료사, 구급대원, 의사, 트라우마 연구자, 사회운동가로 변모하기도 한다. 어떤 이들은 공직에 나아가 어린이 트라우마나 총기 난사 사건을 줄이기 위한 정책 변화를 모색하기도 한다.

특정 집단의 트라우마

> 나는 여덟 살짜리 아이와 그의 엄마와 함께 차를 탔다. 그들은 영하의 날씨에 48시간 동안 있었다. 아이의 엄마는 내게 가장 추운 날에는 아기를 여행 가방 안에 넣었다고 말했다. 이 아이의 엄마는 그날 밤 다른 가족의 아기가 얼어 죽는 모습을 지켜봤다. 그 가족에게는 아기를 넣어서 체온을 유지시켜 줄 가방 같은 것이 없었기 때문이다.
>
> – 우크라이나 전쟁 시 난민의 국경선 이동을 도운 핀란드인 운전자

어떤 집단의 사람들은 트라우마를 경험하고 또한 반복적으로 트라우마에 노출될 가능성이 더 높다. 지속적인 트라우마와 스트레스는 뇌와 육체를 피로하게 만들어 트라우마의 영향을 증가시킬 뿐만 아니라 회복 속도를 더디게 만든다.

PTSD는 재향군인에게서 처음 확인돼서 이들이 경험하는 PTSD에 대한 지식이 좀 더 풍부한 편이다. 전쟁에 노출된 미국 재향군인의 11%에서 30%가 인생의 특정 시점에서 PTSD의 진단 기준에 부합한다.

다른 집단은 도시 빈곤 지역에 거주하는 민간인이다. 지속적인 삶의 스트레스가 증상을 더욱 복잡하게 만들고 증상에 대처하거나 회복할 수 있는 능력을 제한한다. 인신매매의 생존자들은 부당한 조종, 트라우마, 생명의 위협, 성폭력 등을 수년간 견딘다. 이러한 극한의 상황에서 벗어났을 때 그들은 새로운 삶을 구축하기 위해서 많은 노력

을 기울여야만 하고, 이 과정에서 사회경제적 어려움과 트라우마 관련된 증상을 겪는다.

전 세계에서 일어나고 있는 전쟁과 지속적인 충돌은 난민 위기를 초래하여 세계 인구의 약 1%가 삶의 터전을 옮겨야 한다. 이들은 엄청난 트라우마와 스트레스를 경험한다. 그들은 자신을 보호할 수 있는 훈련을 받지 못한 민간인이며, 오랜 시간 군대 외상에 노출된다(폭격, 폭발, 혈흔이 낭자한 사체, 신체 훼손, 고문, 납치, 괴롭힘). 전쟁에 참전한 군인의 경우, 훈련, 준비, 무장, 군대 소속 등이 난민에게는 제공되지 않는 모종의 보호와 통제감, 주체 의식을 제공한다. 하지만 난민들은 수개월, 수년간 불확실성의 시간, 기본적인 자원 부족, 죽음, 간접적인 고통, 두려움, 굶주림, 주거 불안정 등을 견딘다. 운이 좋은 사람들은 그들이 사랑하는 (죽거나 살아 있는) 사람들, 자신의 집, 직장, 문화, 추억 등을 버리고 인구밀집도가 높은 난민 보호 캠프로 탈출한다. 그들은 종종 이 캠프에 수년간 머물다가 이후 낯선 국가로 이송되어 완전히 새로운 삶을 구축하기 위해 노력해야 하고 문화와 언어의 차이, 빈곤, 실업, 편견에 맞서야 한다. 이러한 무수한 만성적인 스트레스 요인이 난민들이 경험한 트라우마의 영향을 더욱 복잡하게 만든다.

트라우마가 유발하는 정신건강 문제의 발병률은 난민들 사이에서 상당히 높다. 미국 미시간주에 정착한 시리아와 이라크 난민에게 전쟁 트라우마가 미치는 영향에 대한 연구에 따르면, 고국을 떠나온 지 이미 2년이나 지났는데도 난민 세 명 중 한 명이 PTSD 기준을 충족했다. 고문을 경험한 일부 난민의 경우 발병률은 무려 80%까지 치솟는다. 난민들은 동반 질환으로 불안과 우울증을 경험하는 비율도 높다. 미시간에 거주하는 난민 코호트의 경우 50%가 불안과 우울증을 경험하고 있다.

비록 어떤 이들은 트라우마 환경을 떠나면 그 영향이 제거된다고 생각할지 모르지만, 연구 결과를 보면 그렇지 않다. 우리는 2년 동안 (그들은 이제 시리아를 떠나온 지 4년이 지났다) 난민들을 추적조사했다. 우리는 PTSD의 증상, 불안, 우울증의 감소를 확인할 수 없었다. 육체적 성적 학대나 고문을 받은 생존자의 경우, PTSD 증상은 시간이 지날수록 더욱 악화됐다. 임상경험이 이러한 연구 결과를 뒷받침한다. 내 병원을 찾은 환자 중 수년 전 폭행을 당하거나 강도를 당하거나 총을 맞거나 강간을 당한 경험이 있는 환자들은 여전히 PTSD 증상을 경험한다. 한 디트로이트 경찰관은 병원을 찾아오기 전 10년간 매일매일을 악몽과 회상으로 고통받았다.

경찰관, 소방관, 응급의료진을 포함한 구급대원들이 인간이 경험할 수 있는, 혹은 인간이 서로에게 가할 수 있는 최악의 고통에 정기적으로 노출되는 또 다른 집단이다. 지난 수년간 나는 이 집단에 속하는 많은 이를 치료했으며 그들에게서 듣기 힘든 이야기들을 전해 들었다. 오랜 근무시간으로 그들은 가족들과 함께 시간을 보내고 일상을 사는 것이 어렵다. 잠자리도 일정하지 않으며, 사랑하는 사람이나 사회로부터 이해받지 못한다는 기분이 들 때도 많다. 생과 사가 달린 결정을 아주 짧은 시간 안에 내려야 하고, 이 결정은 그들 자신과 동료 그리고 그들이 봉사하는 시민의 목숨과 경력에 영향을 미친다. 나는 응급의료진, 경찰, 소방관으로부터 수년 전에 다르게 행동했더라면 그 아이가, 그들의 파트너가 살았을 텐데 하는 생각을 여전히 한다는 말을 무수히 들었다.

과거 나는 차량 동승을 위해 소방서에 있었다. 임상에서 그들에게 도움을 주기 전에 그들의 어려움을 좀 더 잘 이해하기 위해서 현장에 함께 가기로 했기 때문이었다. 소방관은 매일 대원 한 명이 팀 전원을 위해서 식사를 준비하는 전통이 있으며, 모두 요리 실력이 훌륭하다. 나는 접시를 들고 식탁에 앉아서 다른 소방관이 식사를 시작할 때까지 기다리고 있었다. 내 옆에 앉아 있던 소방관은 이미 식사를 하고 있었다. 먹지 않고 기다리던 나를 보고 놀란 그는 이렇게 말했다. "지금 먹지 않으면 음식을 다 먹지 못할 거예요." 그 대원의 말이 옳았다. 한입 먹자마자 우리는 트럭을 타고 사고 현장으로 달려가야 했다. 그들은 속도와 업무 간 전환이 굉장히 빨라야 한다. 소방서 소파에 앉아서 게임을 보다가 몇 분 후에는 신속히 차를 몰고 화재 현장으로 가서, 한 시간 뒤에는 불타는 차 밖으로 부상당한 사람을 끌어내야 한다. 경찰관은 어느 순간 교통사고 현장에 있다가, 10분 후에는 가정폭력 사건을 조사하고, 2시간 후에는 겁에 질린 가족 앞에서 갓난아이에게 심폐소생을 하고, 같은 날 오후에는 가정불화를 해결하기 위해 출동한다. 헛걸음해야 하는 호출 신고도 있다. 소방차를 타고 출동할 때 나는 한 여성이 이혼을 계획 중이니 자신의 남편이 집 안에 들어오는 것을 막아달라고 경찰에 전화한 것을 들었다.

한 경찰관이 이렇게 말했다. "누군가에게 차를 길 한쪽에 대라고 말하면, 그들에게 전 짜증 나는 대상일 뿐이에요. 하지만 제 입장에서는 창문 반대편에 총이 있을 수도 있거든요." 구급대원의 일은 본질적으로 자신과 자신의 동료에게 심각한 위협이 가해질 가능성을 포함한다. 그들이 매번 전화를 받고 출동할 때마다 부상의 가능성이 존재한다. 내 소방관 환자 중 한 명은 구조되기 전 수 분 동안 불타는 지붕 밑에 갇혀 있었다. 그는 3도 화상을 입었고 사고 이후 수년 동안 PTSD와 싸웠다. 나는 바로 옆에서 파트너가 총에 맞은 스물두살짜리 경찰관을 안다. 그는 파트너의 피가 차량 시트를 물들인 장면을 여전히 기억한다.

트라우마 노출이 일반 대중에게는 잘 알려지지 않은 집단은 응급전화 상담사들이다. 그들은 트라우마와는 물리적으로 거리가 먼 사무실에 앉아 있지만 응급구조 전화와 구급대원을 통해서 비극적 사건에 대해 상세하게 전해 듣는다. 그들의 임무는 굉장히 빠른 속도로 진행돼 충격적인 한 통의 전화를 받고 또 다른 충격적인 전화를 받는다. 또한 구조 전화의 우선순위에 대한 어려운 결정을 내리는 것도 이들의 몫이다. 그들은 어린아이가 유혈이 낭자한 현장에서 살해당한 가족의 모습을 묘사하는 것을 들을 수도 있고, 생명의 위협을 받는 학대 피해자의 전화를 받을 수도 있다. 메시지를 적절한 구급대원에게 전달한 후, 그들은 이후 무슨 일이 일어났는지 그리고 전화를 걸어온 사람들의 생사에 대해서도 알지 못한다.

최근 한 연구에서 경찰관 80%가 지난해 죽은 사람의 사체나 폭력 피해자를 본 적이 있다고 보고했다. PTSD는 흔한 질환이며 구급대원의 약 20%에게 영향을 미친다. 이외에 다수 요원도 PTSD의 역치하 증상과 불면증이나 회상과 같은 불안을 경험한다. 어떤 이들은 과도한 음주에 의존한다. 자살 역시 구급대원들에게 흔하게 나타난다. PTSD가 나타났을 때의 지속적인 스트레스와 트라우마가 회복을 어렵게 만든다.

구급대원들은 업무의 특성상 계속 트라우마에 노출될 수밖에 없다. 그렇다면 PTSD를 유발하는 하나의 사건은 무엇일까? 나는 지난 수십 년간 일을 잘해오다가 한 어린아이의 죽음으로 갑자기 무너지는 이들을 봤다. 나는 이 질문을 오랫동안 고심해 왔으며, 개인적 연결고리가 하나의 요인이었을 수 있다는 결론에 도달했다. 예를 들어, 내 환자 중 한 명은 아들 또래의 아이가 약물 과다복용으로 사망한 것을 본 후 PTSD를 앓기 시작했다. 또 다른 환자는 파트너를 잃었을 때, 또 다른 환자는 자기 아이의 학교에서 발생한 총기 사건 현장에 출동한 후 한계점에 도달했다.

트라우마가 뇌에 하는 일

신경 영상 연구에 따르면, 두려움과 불안의 일반화와 경험에 관련된 뇌 영역(편도체와 뇌섬엽)에서는 활성화가 증가하고, 감정조절 영역(해마와 전두부 피질 영역)의 구조와 기능은 손상되어 있음을 보여준다. 몇 년 전 우리는 PTSD의 뇌전도electroencephalography(EEG) 연구들을 검토했다. 우리는 트라우마와 관련되거나 위험을 암시(폭발, 성난 얼굴)하는 이미지나 소리에 경계 수위가 상승했음을 보여주는 자동화된 뇌 반응과 뇌파를 확인했다. 동시에 중립적 이미지(식물의 이미지)에 대해서는 약화된 반응을 보였다. 마찬가지로 뇌 영상 연구들은 트라우마 관련 이미지나 소리, 화나거나 두려움이 가득한 얼굴, 여타 부정적 자극에 대해 편도체와 뇌섬엽의 반응이 증가한 것을 보여준다.

연구에서는 PTSD가 해마의 부피 감소와 기능 저하를 유발할 뿐만 아니라 줄어든 해마는 트라우마 노출에 대한 PTSD로 발전할 수 있는 취약성 인자임을 확인했다. 예를 들어, 연구자들은 PTSD를 앓는 일란성 쌍둥이 환자들의 해마 크기를 조사했으며, 두 사람의 해마 크기가 줄어들었음을 확인했다. 한 쌍둥이의 해마가 좀 더 작았으며, 전쟁에 노출된 재향군인 쌍둥이가 PTSD를 앓게 될 가능성이 더 높았다. 이는 트라우마에 대한 뇌 반응에서 생물학(선천적 요인)과 환경(후천적 요인) 사이에 상당히 흥미로운 상호작용이 일어난다는 것을 암시한다. 만성적이며 치료하지 않고 방치한 PTSD는 진행성 질환으로 발전할 수도 있다.

PTSD를 진단할 때, 어떤 환자들은 (비용에 구애받지 않고) 뇌 정밀 스캔을 요구하면서, 이 검사 방식에 대해 질문한다. 그러한 요구에 대한 대답은 명확하다. "그럴 필요 없습니다. 그건 당신의 돈과 시간을 낭비하는 일입니다." PTSD를 앓거나 정신질환을 앓는 대규모 집단의 뇌에서 일어나는 평균적인 변화를 연구하기 위해서 뇌영상 기법을 사용한다. 하지만 아직은 우리의 기술이나 과학이 임상적 진단을 내리는데 뇌 정밀 스캔을 사용할 만한 단계에 이르지 못했다. PTSD와 불안장애를 진단하는 유일한 방법은 임상 인터뷰와 관찰이 전부다.

우리는 PTSD에 대한 유전적·후생적 취약성이 존재한다는 것도 알게 됐다. 현재 세계 각국의 수만 명의 유전 데이터를 통합하려는 국제적 노력이 지속되고 있다. 이 정보가 통합되면 PTSD에 좀 더 취약하게 만드는 유전적 변이가 무엇인지를 밝히는 데 도움이 될 것이다. 세로토닌, 도파민, 노르에피네프린, 스트레스 호르몬을 처리하는 데 있어 유전적 차이도 요인이 될 수 있다. 후생적 변화(환경 영향으로 인한 유전자 발현의 변화)도 당사자는 물론 그들 자녀의 PTSD 취약성을 증가시킬 수 있으며, 트라우마의 세대 간 전이를 부분적으로 설명할 수 있다. 달리아 칼릴 박사와 나는 현재 난민 어머니의 후생적 변화가 미국에서 태어나 전쟁을 경험해 본 적 없는 그들의 자녀에게 어떤 영향을 미치는지를 조사 중이다.

트라우마가 인체에 미치는 영향

스트레스와 트라우마에의 만성적 노출과 PTSD가 촉발한 스트레스 반응은 인체에 장기적으로 부정적 영향을 미친다. 유년기 트라우마와 치료하지 않은 상태로 방치한 PTSD는 심장질환, 고혈압, 당뇨병, 비만, 만성통증 및 기타 질병 가능성을 증가시킨다.

염증 또한 PTSD에 영향을 미칠 수 있다. 스트레스 반응이 일어나면 염증반응이 우리의 몸에서 감염을 퇴치하고 회복할 수 있도록 준비시킨다. 그러나 PTSD로 인해서 이 시스템이 만성적으로 활성화되면, 인체에 결정적 영향을 미칠 수 있다. PTSD 환자의 경우 염증 분자들이 더 많을 뿐만 아니라 유년 시절 트라우마와 역경을 경험한 사람들이 성인이 되어서도 내내 활발한 염증반응이 일어난다는 것이 연구를 통해서 확인됐다. 염증반응에 관여한 유전자의 발현도 PTSD와 연관이 있다. 그리고 역경과 트라우마 경험은 이러한 유전자를 활성화할 수 있다. 염증에의 만성적 노출은 PTSD에서 일반적으로 발병하는 몇몇 장기적인 신체질환의 원인일 수 있다. 만일 이러한 연구 결과가 계속 되풀이된다면, 언젠가 우리는 항염증 치료제(소염제)로 PTSD를 치료할 수 있게 될지 모른다.

PTSD 뇌가 늘 위협을 감지하고 투쟁 혹은 도피를 위한 지나친 경계 태세를 유지하기 때문에 교감신경계의 만성 과활성화는 PTSD의 중요한 일부다. 이러한 교감신경 과활성화의 결과로는 불면증, 악몽, 심박동수 증가, 고혈압을 꼽을 수 있다. 한 연구에 따르면 트라우마 노출 직후 증가한 교감신경 활성화는 실제로 PTSD의 발병 가능성을 예측할 수 있는 기준이다. STARC 실험실에서 우리는 어린이들이 자신들의 트라우마 경험을 이야기할 때 피부 전도도를 측정했다. 우리는 이 어린이들에게서 트라우마의 기억에 대한 교감신경의 반응이 PTSD의 과다 각성 증상과 트라우마의 반복 경험과 연관이 있음을 확인했다. 인터뷰를 하는 동안 교감신경 활동이 높으면 높을수록 PTSD 증상이 더 증가한다. 트라우마 노출 직후 PTSD를 경험하게 될 가능성이 더 큰 사람이 누구인지를 예측하는 데 유용하게 쓰일 것이라는 점에서 이러한 연구 결과는 상당히 흥미롭다.

유년기 트라우마

불행하게도 어린이와 청소년이 트라우마에 노출되는 경우가 상당히 일반적이며, 많은 경우 반복적으로 발생한다. 폭력, 괴롭힘, 육체적·성적 학대가 빈번하고 신고되지 않는 경우도 많다. 내 병원을 찾는 환자 중 어린 시절 성적 학대를 받은 경험을 말하는 이들이 많으며, 수년이 흘러 자신의 어린 시절 트라우마를 털어놓은 유일한 사람이 나인 경우가 많았다. 많은 경우, 어른들이나 양육자들은 어린아이가 하는 말을 무시하거나 믿지 않았다. 이러한 불행한 경험은 흔히 나이가 어린 아이들에게는 굉장히 혼란스러운 일이다. 그리고 두려움, 수치심, 죄책감 때문에 부정적 경험에 대해 솔직하게 털어놓지 못한다. 그 어린아이들은 자신들을 보호해야 할 어른들이 왜 그들을 학대하는지 이해하지 못한다. 성인처럼 어린 시절 트라우마는 PTSD, 불안, 우울증, 성적 부진, 약물 남용으로 이어질 수 있다. 불행하게도 어린 시절 트라우마의 기억은 사라지지 않고 평생 남아 있을 수 있다. 장기적으로 해결되지 않은 유년 시절 트라우마는 어린 시절에는 PTSD를 유발하지 않았다고 하더라도 성인이 되어 PTSD, 불안, 우울증, 약물 남용, 자살, 통증, 고혈압, 당뇨병, 비만 같은 다양한 질병의 발병률을 증가시킬 수 있다. 트라우마가 그들의 정신건강과 육체적 건강과 안녕에 미치는 장기적 영향을 예방하기 위해 조기 개입이 중요하다.

트라우마가 공동체에 미치는 영향

집단적 트라우마는 공동체와 국가에도 영향을 미친다. 전쟁, 점령, 억압은 후생적 변화와 세대 간 트라우마 전이를 통해서 좀 더 분명한 형태로 수세대에 걸쳐 국가에 영향을 미친다. 한 국가의 국민은 외부인을 믿기 어려워지고, 자원이나 잠재적 손실을 경계하고 두려워하게 될 것이다. 그들은 긴장을 풀 수 없을 것이다. 문화적으로 그들은 불행한 일이나 잠재적 위협에 모든 에너지를 쏟기 때문에 여유를 잃어버릴 수 있다. 공격성과 폭력의 악순환은 트라우마에 대규모로 노출된 결과일 수 있다.

또 다른 대규모 트라우마는 슬프게도 미국에서 빈번하게 일어난다. 바로 대규모 총기 난사 사건이다. 이러한 비극적인 사건은 너무나 많은 생명을 잃게 만들고, 희생자, 응급의료종사자, 총기 사건이 일어난 공동체는 물론 국가 전체를 피폐하게 만든다. 총기 사고는 매번 새로운 곳에서 일어나고(학교, 극장, 식료품점, 콘서트장), 그러한 장소는 이제 더 이상 사람들의 마음속에서 안전한 곳이 아니다. 학교에서는 끊임없이 총기 사고가 일어나고 있기에 부모들은 자녀들의 안전을 걱정한다. 우리는 이러한 사례를 병원에서 빈번하게 목격한다. 극장이나 레스토랑에 있을 때, 어떤 이들은 자동으로 출구를 확인하고 총기 사고가 일어나면 어떻게 살아서 나갈지를 미리 생각해 본다. 어떤 이들은 많은 사람이 모이는 행사에는 전혀 참석하지 않는다. 뉴스와 영상에 빈번하게 노출되며 사람들은 총기 사고가 일어나리라고 확신하게 되기 때문이다. 연구에 따르면 대규모 총기 난사 사건과 테러리스트 공격 관련 뉴스 노출은 사건 당시 현장에 없었던 사람에게도 높은 불안을 유발할 뿐만 아니라 PTSD 증상도 유발한다.

A F R A I D

10

야수 길들이기

두려움과 불안을 어떻게 치료할까?

빠져나가는 가장 좋은 방법은 늘 그곳을 뚫고 지나가는 것이다.

- 로버트 프로스트Robert Frost, 미국의 시인

지난 100년 동안, 서양에서의 두려움과 불안에 대한 정신의학적 치료는 환자를 찬물에 담그거나 정신병원에 입원시키는 등 무시무시한 접근법에서 효과적인 외래 치료법으로 진화해 왔다. 그러나 동양의 정신의학적 접근법은 오래된 뿌리를 지닌 것처럼 보인다. 정신질환을 치료하는 오래된 기록 중 하나는 이란 출신 의사 이븐 시나의 저작물이다. 이 기록에는 한 왕자에 대한 이야기가 포함돼 있다. 그 왕자는 곡기를 끊고 자신이 소라는 망상을 하기 시작했다. 그는 자신의 살로 맛난 수프를 만들 수 있게 자신을 죽여줄 것을 간청했다. 그 왕자를 검진한 이브 시나는 그는 굉장히 마른 소라서 도살을 하려면 살을 찌워야 한다고 말했다. 왕자는 매일 영양가 있는 음식뿐만 아니라 음식 속에 넣은 약도 열심히 먹었고 한 달 만에 병에서 회복했다.

정신의학이 과학의 한 분야로 연구되기 시작한 것은 프로이트의 정신이론이 등장하고부터다. 프로이트는 불안을 신경증으로 불렀으며, 대체로 어린 시절 경험과 부모의 양육 방식으로 발생한 인간 정신의 의식과 무의식 간의 충돌로 봤다. 그 결과 정신분석학적 치료는 환자의 꿈을 분석하거나 자유 연상법(검열받지 않은 무의식적 사고의 흐름)을 활용해서 무의식적 갈등을 해결하는 데 초점이 맞춰졌다. 두려움의 근원을 어린 시절에서 찾다 보면 환자가 개를 무서워하는 건 빈번하게 소리를 지르던 성난 아버지에게서 시작됐을 수 있다. 그러므로 개에 대한 두려움은 아버지에 대한 상징적 반발로 해석될 수 있다. 정신분석 이론에 기반한 치료법이 여전히 사용되고 있지만, 이러한 치료법은 부모가 유발한 무의식적 갈등의 결과로 모든 것을 해석하는 엄격한 접근법에서 벗어나서 진화해 오고 있다.

신경과학과 뇌와 인체의 두려움 메커니즘에 대한 인류의 이해와 관련한 최근의 진전은 좀 더 증거에 기반한 효과적이고 안전한 치료법의 등장으로 이어졌다. 이 책에서 두려움과 불안과 관련된 모든 치료법을 깊이 있게 다루는 것은 불가능하다. 이 장의 목적은 증거 기반의 주류 치료법, 최신 기술 혁신, 진단과 치료가 필요한 사람들이 의료시스템을 어떻게 활용해야 하는지를 소개하는 것이다.

사용 가능한 치료법

> 지난 수년 동안 우리의 결심이 굳어지면, 그것이 두려움을 사라지게 한다는 사실을 알게 됐다. 무엇을 해야 하는지를 알면 두려움을 없앨 수 있다.
>
> – 로자 파크스Rosa Parks

가장 최근에 사용 가능한 치료법은 심리요법과 약물 치료, 두 개의 범주로 나뉜다. 심리치료나 상담 치료는 두려움, 불안, 부적응적 행동의 원인과 본질을 파악하기 위해서 치료사와 함께 진행한다. 치료사는 화자가 부적응적인 행동과 왜곡된 자아상, 타인에 대한 왜곡된 생각, 세상에 대한 왜곡된 인식을 수정할 수 있게 도움을 주고, 그 결과 불안의 완화로 이어지게끔 유도한다.

약물 치료법은 뇌의 신경전달물질의 농도와 기능을 조절함으로써 불안의 강도를 줄인다. 이러한 약물 대부분은 뇌의 화학구조에 새로운 어떤 것을 첨가하는 것이 아니라, 뇌 자체에 들어 있는 화학물질의 농도를 조절하는 것뿐이다.

최근의 기술이 불안 치료의 지평을 확대하고 있다. 이러한 치료법의 일부는 자기장에 의한 뇌 활동을 조절하거나 가상현실이나 증강현실을 이용해서 환자가 자신의 두려움과 마주하게 한다.

심리치료

현대 심리치료를 시작하려면 정신분석, 즉 강력하고 상당히 오랜 기간 이어지는 치료를 해야 한다. 이러한 심리치료 요법은 효과적이기는 하지만 경제적 사항, 바쁜 일정 등으로 말미암아 그다지 현실적이지 않으며, 소수만이 선택할 수 있는 치료법이다.

프로이트 이후, 다른 학자들이 그의 이론을 수정하고 개선했으며 오늘날의 정신역동적 정신요법(정신분석이론에 기반한 심리치료)은 프로이트가 수행한 것과는 다르다. 정신역동적 정신요법은 치료 기간이 더 짧고 공포증을 치료하기 위해 일주일에 다섯 번씩 소파에 누워 있을 필요도 없다.

심장, 폐, 소화기계통과 같은 대부분의 신체 기능이 자동적이고 무의식적이며 우리의 자발적 통제하에 있는 것처럼, 정신분석이론은 인간 사고의 대부분이 자동적이고 무의식적이라고 믿는다. 정신분석의 초점은 무의식적 갈등과 부적응적 패턴을 의식의 세계로 끌어내 해결하는 것이다. 정신역동적 정신요법은 다음의 원칙에 기반한다.

1. 전이transference는 정신분석의 핵심적 요소다. 그것은 환자가 과거의 감정과 느낌을 현재로 전이시키는 현상을 말한다. 예를 들어, 비판적인 부모를 둔 환자는 권력자나 상사는 모두 비판적이라고 생각하게 됐을지 모른다. 같은 감정이 치료사에게도 투영될 수 있으므로 이를 치료에서 분석하고 논의할 수 있다. 자동화된 전이를 의식적 인식으로 끌어내면 환자는 더 이상 자신이 스스로 방어할 수 없는 약한 어린아이가 아님을 알게 된다. 전이 분석은 과거의 그림자가 아닌, 지금의 현실에 기반해 세계를 좀 객관적으로 이해할 수 있게 한다.
2. 자유연상은 사고가 여과 없이 자유롭게 흘러가게 두고 하나의 생각이 다른 생각으로 이어지게 하는 과정이다. 자유로운 사고의 흐름은 무의식적 이야기의 발현을 초래하고 무의식적 과정이

어떻게 부정적 감정을 유발하는지를 볼 수 있게 한다.

3. 꿈 해석. 프로이트는 꿈을 '무의식으로 가는 왕도'라고 불렀으며 꿈을 두려움, 바람, 갈등을 표현하는 무의식의 상징적 언어라고 봤다. 이러한 접근법에서 꿈속의 인물이나 사건은 끝없는 혼돈으로 응축된 무의식적 사고를 상징한다. 꿈을 해석하는 것은 치료사와 환자에게 무의식적 두려움과 불안을 여과되지 않은 형태로 볼 수 있는 기회를 제공한다.

4. 방어기제. 심리분석이론에서 방어기제란 갈등과 불안을 줄이는 것을 목적으로 하는 무의식적 정신 프로세스다. 예를 들어 부정 방어기제denial defense는 갈등과 부정적 감정을 의식의 세계로 끌어올린다. 사람들은 전위displacement를 통해서 직장에서 집에 돌아오면 상관에 대한 분노를 그들의 배우자나 반려견에 대한 관심으로 옮겨놓는다. 방어기제들을 분석함으로써 환자는 가슴 깊이 자리한 불안과 갈등에 대한 통찰을 얻게 된다.

인지치료

인지치료는 정신분석학자로 교육을 받은 에런 벡Aaron Beck이 개발했다. 인지치료의 근거는 부정적 감정은 부적응적인 자동적 사고나 인지적 왜곡으로 유발된다는 것이다. 예를 들어 조는 모든 사람이 자신을 좋아하지 않으면, 자신은 가치 있는 인간이 아니라고 믿을지 모른다. 이러한 믿음은 다른 사람이 지속적으로 긍정적인 관심을 보여주지 않으면 그들이 자신을 싫어한다는 자동적 사고를 동반한다. 어느 날 아침 사무실에서 동료가 너무 바쁘고 일에 집중한 나머지 조의 존재를 인지하지 못했다. 이때 조는 자신이 사랑받지 못한다고 결론 내린다. 무의식적이고 자동화된 차원에서 내린 결론은 불안과 슬픔을 초래한다. 인지치료를 진행하는 동안, 환자와 치료사는 이러한 경향의 타당성을 확인하고 점검할 것이다. 예를 들어, 조는 동료와 마주친 직후 불안함을 느꼈던 것을 기억한다. 치료사는 그의 동료가 그날 왜 그렇게 행동했는지에 대한 조의 이론에 반박한다. 예를 들어, 그 동료는 그날 아침 남편과 말다툼을 했기 때문에 조를 보지 못했을 수 있다. 또는 업무를 수행하느라 너무 바빴거나 전날 밤 충분히 자지 못했을 수도 있다. 모든 사람의 사랑을 받아야 한다는 믿음 또한 치료 과정에서 반박당할 수 있다.

일반적인 인지 왜곡은 파국화(늘 최악의 결과를 예상하는 것), 과잉일반화(하나의 부정적 경험을 모든 사례에 적용해서 일반화하는 것), 마음 읽기(그녀가 나에 대해서 어떻게 생각하는지 나는 안다)를 초래한다. 인지치료 과정은 대개 10회에서 12회 세션으로 이루어진다. 세션이 모두 끝난 후 환자는 치료 과정에서 배운 기술을 이용해서 미래의 문제를 헤쳐나갈 수 있다.

노출요법

오염 강박장애가 있는 한 어린이를 인터뷰하면서 나는 아이의 엄마 역시 정돈 강박이 있다는 것을 발견했다. 치료를 위해서 그들은 동맹을 맺었다. 아이의 엄마는 아들에게 과도하게 손을 씻는 것을 피하라고 독려했고, 한편 아들은 엄마가 정리에 지나치게 집착하는 것을 극복할 수 있도록 집안을 다소 어지럽히는 과제를 수행했다.

노출요법이나 행동요법은 공포증, OCD, PTSD의 효과적인 주류 치료법이다. 노출요법의 핵심적 근간은 소거 학습이다. 앞서 언급했듯 공포증을 일으키는 원시적인 뇌는 안전한 상황과 대상을 위험에 연결시킨다. 이러한 비논리적 연상은 논리와 담화로 변화시킬 수 없을 때가 많다. 환자는 자신의 두려움이 근거가 없다는 것을 이미 알고 있기 때문이다. 질환이 진행될 때 회피하면 두려움이 강화될 뿐이다. 당신은 그것을 피했을 때 나쁜 일이 일어나지 않는다는 것을 알고 있다.

노출요법은 공포가 잘못됐다는 것을 입증하는 것으로 이러한 악순환을 끊는 것이 목적이다. 치료사는 환자가 공포 상황에서도 편안함을 느낄 수 있게 돕는다. 예를 들어, 개를 두려워하는 환자는 처음에 작은 개 사진을 보는 것부터 시작한다. 그런 다음 비디오 영상을 보고 9미터 떨어진 곳에 목줄을 한 개가 있을 때도 안전하다는 것을 연습한다. 그런 다음에는 그 개의 근처에서도 편안함을 느낄 때까지 조금씩 가까이 간다. 사회공포증의 경우, 환자를 낯선 사람에게 점진적으로 나아가게 해서 집단에 노출시킨다. OCD의 경우, 환자는 표면을 만지는 연습을 하고 손을 닦고 싶은 충동을 억제한다. PTSD의 경우, 뇌가 이러한 기억 자체는 위험하지 않다는 것을 알 때까지 트라우마 기억을 반복적으로 떠올린다. PTSD 치료를 위한 노출요법을 하려면 트라우마를 회피하는 안전한 상황이 필요하다. 예를 들어, 사교적 모임을 피하는 PTSD 환자들의 경우, 노출요법으로 그들을 도와서 다른 사람과 있을 때 안전함을 느끼게 만들 수 있다. 노출요법은 주로 제한적인 횟수(10~12회)로 진행된다. 환자들은 그들의 두려움이 다시 고개를 들지 않도록 노출 요법을 계속할 것을 권고받는다.

노출요법은 굉장히 효과적이지만 병원 시설 내에 공포 상황이나 대상이 부족하다는 점에서 제약이 있다. 예를 들어 대다수 치료사는 사무실에 노출요법에 사용할 개, 뱀, 거미, 또는 군중(사회공포증 치료를 위한)을 보유하고 있지 않다. 그것이 치료사들이 주로 상상 노출, 사진, 비디오 영상을 사용하는 이유다.

인지치료와 행동요법은 함께 사용된다(CBT). 사회공포증이 있는 환자의 경우, 인지치료로 세상 모든 사람이 자신을 비판하고 지적하기 위해 존재한다고 믿는 왜곡된 사고를 다루는 반면, 노출요법으로는 군중 옆에서도 안전하다는 것을 연습할 수 있다.

마음 챙김 치료

인간 사고의 장점 중 하나는 과거를 되돌아보고 미래를 계획할 수 있다는 것이다. 하지만 불행하게도 이 자산은 우리의 가장 큰 약점 중 하나가 되었으며 인간이라는 종의 고통의 원천이 되었다. 당신이 이 문장을 읽을 때조차도, 당신의 일부는 여기가 아닌 다른 곳에서 방황하고 있을 것이다. 우리의 사고는 늘 과거를 헤매고 미래를 걱정하느라 하나뿐인 지금 이 순간을 놓치고 만다. 우리 삶에서 진정한 시간은 바로 지금이다. 지금으로부터 1초 전 또는 1초 후는 모두 우리 뇌의 신경 활동의 결과다. 과거와 미래는 우리의 기억과 상상을 제외하고는 존재하지 않는다. 만일 우리가 이 순간에 온전히 존재할 수 있다면 대체로 걱정할 이유가 없다. 동양철학을 기반으로 한 마음 챙김 수련의 핵심 원칙은 마음을 수련해서 현재에 집중하는 것이다. 우리의 감각을 이용해서 현재에 머무를 수 있다면 오만가지 잡념를 우리 머리에서 몰아낼 수 있다. 이는 호흡 같은 신체감각과 주변의 자극에 집중하면 할 수 있다.

자, 이제 2분짜리 실험을 해보자. 신중하게 주변을 둘러보고 주변에서 몇 가지 색깔이 보이는지 세어본다. 좀 더 집중해서 보면 더 많은 색을 찾아낼 수 있다. 귀를 기울여서 얼마나 많은 소리가 들리는지 확인한다. 좀 더 집중하면 더 다양한 소리가 들린다. 이제 어깨 위에 얹혀 있는 옷의 감촉을 느껴본다. 만일 신발이나 양말을 신고 있다면, 그것의 촉감도 느껴본다. 덜 편안하게 느껴지는 부분이 있고 발의 어떤 부분은 신발이나 양말에 전혀 닿지 않는 부분도 있다. 입고 있는 셔츠의 질감을 느껴보고 그 감각을 자세하게 기술해 본다. 자, 실험을 하는 동안 과거와 미래를 얼마나 걱정했는가? 이것이 마음 챙김 수련이다.

미술 치료와 신체 기반의 치료법

댄스요법Dance and Movement Therapy (DMT)은 인체와 뇌의 긴밀한 상관관계와 우리의 육체적 감각과 정신적 감각이 상호 연결돼 있다는 사실에 초점을 맞춘다. 댄스요법과 미술치료는 몸이나 예술작품을 통해 힘든 감정을 표현할 수 있다. 이러한 치료법은 정신 집중 활동으로, 특히 호흡, 신체감각, 표현예술을 강조한다. 또한 집단 중심의 활동이며, 부정적 감정을 조절하는 창의적 방법을 촉진한다.

나는 미술 치료사인 홀리 핀 캘리건Holly Feen-Calligan 박사와 우리의 DMT 연구의 수석 연구자인 라나 그라세르Lana Grasser 박사의 도움으로 이러한 치료법에 대해 좀 더 알게 됐다. 우리 연구팀은 미술치료와 DMT를 활용해 난민 어린이들이 불안을 극복하는 것을 돕고 있다. 우리 연구는 이 개입이 매우 효과적임을 확인했고, 어린이들은 이 프로그램에 참여하는 것을 진정으로 좋아하고 집에서도 계속해서 사용하고 있다. 우리는 팬데믹 동안 어린이들이 집에서도 참여할 수 있도록 이 프로그램을 원격으로 운영했다.

운동

다른 의사들과 마찬가지로 환자에게 신체적인 활동을 추천하는 것은 의사의 루틴 중 하나였다. 운동이 나의 정신건강과 육체에 미치는 어마어마한 영향을 직접 확인하기 전까지는 그랬다. 우울하고 눈 내리던 1월 어느 날 저녁, 친구가 나를 끌고 복싱 연습장으로 갔다. 나는 샌드백을 한 시간씩 치는 것은 멍청한 짓이라고 생각했다. 하지만 내가 틀렸다. 그날 나는 한 시간 복싱 연습을 가까스로 끝마쳤지만 멈출 수가 없었다. 육체와 정신에 미치는 영향을 몸소 느낀 후 환자들에게 운동 하나를 열심히 해보라고 설득한다. 그리고 우리는 환자에게 어떤 것이 가장 좋은 운동일지 함께 고민한다. 흥미롭게도 환자들 대다수가 운동을 좋아하고 운동의 효과를 확인하고 나서는 꾸준히 운동을 계속한다.

규칙적인 육체 활동, 특히 심장 강화 운동은 뇌 건강에 도움이 된다는 사실과 해마와 같은 감정 조절 영역의 성장을 유도한다는 사실이 입증된 바 있다. 운동은 뇌 성장 인자를 증가시키고 뇌와 몸의 염증을 감소시킨다. 규칙적인 운동은 빠르게 뛰는 심장, 과호흡, 땀 흘림 같은 불안의 육체적 증상에 마치 노출요법 같은 작용을 한다. 임상 연구들은 규칙적인 심장 강화 운동이 불안과 우울증 증상을 감소시키는 데 도움이 된다는 것을 확인했다.

나는 환자들에게 운동을 치료 계획의 일부, 즉 처방이라고 말한다. 내가 처방한 약을 꼭 먹어야 하고 처방한 운동도 약처럼 지켜야 한다. 그것이 환자가 할 수 있는 최고의 투자다. 즉, 자신의 몸에 투자하는 것이 바로 운동이다.

활동적인 삶을 살고 싶은 독자를 위해 빠르게 효과를 볼 수 있는 몇 가지 팁을 제시한다.

- 당신이 좋아할 수 있는 운동, 곧 취미가 될 수 있는 운동을 하나 정한다. 한 사람에게 잘 맞는 운동이 다른 사람에게 잘 맞는 것은 아니다. 예를 들어, 나는 달리기와 러닝머신을 싫어한다. 규칙적인 운동으로 달리기를 고집한다면 나는 실패할 수밖에 없다.
- 동료의 긍정적 압박을 잘 활용한다. 친구와 나는 그룹 앱을 이용해서 언제 체육관에 갈지를 서로에게 말한다.
- 규칙적인 운동을 절대 모 아니면 도라고 생각해서는 안 된다. 한 시간 운전해서 체육관에 나가서 한 시간 운동하고 다시 한 시간 운전해서 귀가하는 것과 세 시간을 집 소파에 앉아서 보내는 것을 비교할 필요는 없다. 만일 직장 일로 바쁘거나 피곤하다면 운동은 덜 해도 된다. 나는 늘 이렇게 말한다. 푸시업 5회가 아무것도 하지 않는 것보다는 낫고 조금씩 늘려가는 것이 발전이다. 운동을 다른 활동과 섞어서도 할 수 있다. 예를 들어 휴대폰으로 통화하면서 걸어라.
- 머뭇거릴 때는 자신에게 물어본다. "운동을 후회한 때가 있었나?"
- 마지막으로 살을 빼기 위해 하는 것은 다이어트지 운동이 아니다. 운동을 하는 목적은 정신건강, 심장, 혈관, 폐, 관절 건강을 위해서임을 명심하자.

약물치료

우리는 안전하고 효과적인 불안치료제를 보유하고 있다. 이 약물들은 대개 정신과 육체의 긴장 상태를 줄이는 방식으로 작동한다. 앞에서 말했듯 우리의 집중력, 감정, 생각은 모두 연결되어 있고 서로에게 영향을 미친다. 같은 방식으로 인지치료는 불안을 유발하는 생각을 바로잡고, 몸의 근본적인 긴장 상태를 줄인다. 약물은 좀 더 현실적이고 논리적으로 생각하도록 도움을 주고, 불안을 유도하는 자극에 관심을 덜 두게 해준다.

불안 치료에 사용되는 주된 약물은 전통적으로 항우울제라고 불린다. 이 약물은 이름과는 달리 불안, OCD, PTSD를 치료하는 데도 사용된다. 이들 약물은 대체로 선택적 세로토닌 재흡수 억제제Selective Serotonin Reuptake Inhibitor(SSRI) 계열이다. SSRI는 세로토닌의 재흡수를 줄임으로써 시냅스 내에서 세로토닌 가용성을 증가시킨다. 그러나 우리는 아직 이 억제제들이 어떻게 불안을 줄이는지 정확한 메커니즘을 밝혀내지는 못했다. 플루옥세틴, 설트랄린, 파록세틴 등이 이러한 계열의 약물이다. 또 다른 계열의 약물로는 세로토닌 노르에피네프린 재흡수 억제제Serotonin Norepinephrine Reuptake Inhibitor(SNRI)가 있으며, 이 억제제는 뉴런 사이 시냅스 틈새에서 세로토닌과 노르에피네프린을 증가시킨다. 항우울제는 필요한 복용량을 섭취하고 효과가 나타나기까지 몇 주가 걸릴 수 있다. 그러므로 약물 사용 후 며칠 내로 눈에 띄는 변화를 인지하지 못하더라도 실망할 필요는 없다. 때때로 환자에게 부작용이 없이 가장 효과가 큰 약물을 찾기 전까지 한두 가지 항우울제를 써봐야 한다. 무엇보다 약물 사용과 관련된 부정적인 시각을 없애는 것이 중요하다. 정량을 신중하고 올바르게 사용하면 중독성이 없으며, 환자의 성격, 그들이 생각하는 방식에 변화를 주지도 않는다. 이 약물은 단순히 불안의 강도를 줄이는 역할만 하는 것이므로 약물을 복용한 사람은 좀 더 논리적으로 생각하고 행동할 수 있다.

벤조디아제핀은 일부 뇌 뉴런을 압박해서 불안을 줄인다. 주로 사용되는 벤조디아제핀 계열 약물로는 클로나제팜, 로라제팜, 알프라졸람(자낙스로 널리 알려져 있음) 등이 있다. 이 약물들은 중독성이 있을 수 있으므로 신중하게 사용해야 하고, 장기간 복용할 경우 기억 장애를 겪을 수 있다. 이 약물들을 단기간 불안 상황에만 사용하는 이유가 이 때문이다. 예를 들어, 누군가 비행기를 타는 것이 두려워서 1년에 단 한 번 여행한다면. 나는 소량의 로라제팜을 그들에게 처방하고 비행 전에 복용할 것을 권한다.

약물은 복용했을 때만 효과가 있지만, 갈등이 해결되고 치료 종료 후에도 계속해서 사용할 수 있는 학습 기술과 연결된다면 심리치료의 효과는 좀 더 오래 지속된다. 그것이 바로 불안장애 전문가들이 종종 치료요법과 약물을 동시에 사용할 것을 권하는 이유다. 나는 경험 많은 의사와의 상의 없이 약물을 사용해서는 안 된다는 것을 다시 한번 상기시키고 싶다. 그래야 오진과 약물 사용의 잠재적이면서 불필요한 폐해를 막을 수 있기 때문이다.

중증 치료저항성 PTSD 치료제로 케타민, 칸나비노이드, 환각제 등에 대해 들어본 적이 있을지 모른다. 우리가 이 물질들을 주류 치료제로 안심하고 사용하기 위해서는 좀 더 충분한 데이터를 수집해야 한다. 또한 이러한 물질들은 중독성이 있을 수 있으며 악용하면 심각한 해를 초래할 수 있다는 것을 유념할 필요가 있다. 예를 들어, 향정신성 약물 중 하나인 MDMA가 치료저항성 PTSD의 특정 심리치료에 도움이 될 수 있다는 최근의 연구 결과가 있다. 그러나 실험 기간 동안 수면에 올라온 부정적 기억은 반드시 훈련을 받은 심리치료사가 해결해야 하기에, 훈련을 받지 않은 사람이 이 약물을 사용하면 득보다는 실이 더 크다.

최첨단 신경과학 분야와 관련해서는 두려움 기억에 대한 변화, 심지어 소거의 가능성에 대한 논의가 진행되고 있다. 두려운 기억을 소거하려는 시도에 대한 흥미로운 연구가 이루어졌지만, 연구의 결과는 여전히 실험실에서 진행된 결과물에 국한된다. 발에 전기충격을 가했을 때 쥐의 뇌에서 연상된 하나의 소리나 형태와 인간의 PTSD 뇌에서 수십 년에 걸쳐서 응고화된 복잡하고 반복적인 트라우마의 경험 사이에는 차이가 있다. 그리고 이러한 연구가 성공한다면, 사람의 기억을 지우거나 영화 〈이터널선샤인Eternal Sunshine of the Spotless Mind〉을 현실에서 재현한다는 것에 도덕적이면서 윤리적 딜레마를 제기할 수도 있다.

신기술

경두개자기자극술Transcranial Magnetic Stimulation(TMS)은 비침습성 치료법으로 자기장을 이용해 뇌피질 근처의 뉴런들을 자극한다. 이것은 환자의 머리 근처에 자석 코일을 가져다 대면 된다. 이 절차가 진행되는 동안 환자는 각성 상태로 깨어 있지만 과정을 느낄 수조차 없다. TMS는 치료저항성 OCD와 PTSD에 사용된다. 뇌심부자극술Deep Brain Stimulation(DBS)은 중증 쇠약성 OCD 치료에 사용된다. 이 치료법은 신경외과의가 외과수술로 뇌속에 전극을 삽입해서 특정 뉴런을 자극한다.

앞에서 언급한 대로, 노출요법은 굉장히 효과적인 치료법이기는 하지만, 병원 내에 두려움을 유발하는 물체나 상황에 대한 접근이 부족해 제약을 받을 수밖에 없다. 하지만 지난 10년에 걸쳐 가상현실을 사용해서 이러한 제약을 극복했다. 고소공포증이 있는 환자가 가상현실 고글을 착용하고 빌딩의 맨 꼭대기에 서 있다. 전쟁 PTSD를 앓는 환자는 처음 폭탄이 터지는 것을 목격했던 이라크의 길거리를 볼 수 있다. 비행공포증이 있는 환자는 가상의 비행기에 앉아서 이륙을 기다린다. 이때 치료사가 환자의 옆에 앉아 있다.

STARC에서 나는 특허 출원된 신기술을 하나 개발했다. 증강현실augmented reality, AR 노출요법이다. AR은 차세대 쌍방향 인간-컴퓨터 기술로 가상의 물체와 실제 현실을 혼합할 수 있다. 가상의 물체를 실제 물리적 환경에 더할 수 있다는 점에서 AR은 VR과는 다르다. 환자가 AR 고글을 착용하면 장비가 환경을 매핑하고 치료사에게 그들의 주변을 보여주는 3D 지도를 제공한다. 치료사는 다양한 종류와 크기의 두려움을 유발하는 물체를 선택해서(늑대, 거미, 저먼셰퍼드, 팟불) 그 물체들을 환자가 있는 환경에 놓는다. 치료사는 물체들의 행동을 명령할 수 있다(거미가 바닥에서 벽을 지나 천장으로 기어가고, 개는 짖고 날뛴다).

AR은 환자가 자신들의 실제 환경을 볼 수 있게 해주기 때문에 그들은 물체 주변을 걷거나 상호작용할 수 있고, 이것이 놀라운 사실감과 통제감을 만들어낸다. 거미공포증에 대한 임상실험에서 우리는 놀라운 효과를 발견했다. 처음에 거미를 두려워하던 모든 환자가 1시간이 채 안 되는 치료로 살아 있는 타란툴라와 타란툴라를 넣은 탱크를 만질 수 있게 됐다.

이 발견 이후 그리고 컴퓨터 프로그래밍 분야의 진일보된 발전으로 우리는 환자가 사회불안을 극복할 수 있도록 쌍방향 인간 접촉 시나리오를 개발하기에 이르렀다. 빈방에 서 있다고 상상하자. 거기서 성, 인종, 체형이 다른 가상의 인간들이 점진적으로 그 방으로 들어가 방을 채우고, 서로에게 말을 걸고 심지어 당신에게 와서 교류를 시도한다. 물론 당신의 치료사도 그 방 안에 있다.

PTSD 환자는 뇌가 상시 위협 감지 상태이기 때문에 사람이 많은 곳에 있기가 굉장히 어렵다. 그리고 그것이 상당한 기능장애를 유발한다. 그래서 우리는 PTSD 치료에 AR 기술을 사용한다. 심지어 우리는 PTSD를 앓는 응급의료원들을 돕기 위해서 경찰서나 소방서 시나리오도 개발했다. PTSD 치료에 AR을 사용하는 것은 상당히 참신한 방법이고, 여전히 연구가 진행 중이다. 한편 초기 결과는 공포증 치료

만큼이나 놀랍다. 이 기술로 내가 치료한 경찰관 중 한 명은 트라우마로 격심한 스트레스를 받고 있어서 식료품 쇼핑을 온라인으로 해결할 정도였다. 우리가 AR 군중 시나리오를 사용했을 때, 그녀는 팔짱을 끼고 방구석에서 벽에 등을 대고 서 있었다. 거기서 그녀는 모든 가상의 인간을 볼 수 있었다. 그녀의 주관적 불안은 10 중 9였다. 그리고 1시간 후, 나는 열다섯 명의 가상의 인간과 함께 그녀를 남겨두고 방을 나왔고, 그녀의 불안은 10 중 2였다. 그날 밤 그녀는 야간 경기를 보러 갔다.

이 기술은 우리에게 PTSD, 사회불안, 자폐 스펙트럼 장애가 있는 사람들을 돕고 심지어 기술 훈련을 할 수 있는 가능성까지 제공한다. AR 아바타와 직장 인터뷰나 데이트를 할 수 있다. 또는 일단의 AR 인간에게 강의도 할 수 있다. 경찰관은 동네를 걸어 다닐 수 있고 다양한 행동을 하고 다양한 정신건강 배경을 가진 가상의 인간과 대화를 나눌 수도 있다. STARC에서 우리는 이 기술과 인공지능 기술을 결합했다. 예를 들어, 환자의 구체적인 필요에 기반해서 AR 인간의 성격을 만들 수 있고 환자는 그 인간과 대화를 나눌 수 있다. 가상 인간의 반응은 AI가 만들어낸다. 원격의료와 결합되면 환자가 집에서 치료받을 수 있게 될 것이다. 다시 말해 환자의 집 지하나 거실에서 거미공포증을 치료할 수 있다는 의미다.

빠르게 진화하고 있는 또 다른 기술은 바로 원격의료 기술이다. 특히 팬데믹 이후 눈에 띄게 확대되는 추세다. 원격의료는 환자와 심리치료사, 정신과 의사 사이에 영상통화가 이루어져야 한다. 우리의 치료법 중 대다수가 환자의 신체검진이 필요하지 않기 때문에 원격의료는 정신질환 치료의 이상적인 솔루션이 되고 있다. 어떤 이는 원격의료가 효과적인지에 대해서 회의적이지만, 연구에 따르면 원격의료가 동일한 수준의 효과와 유연성을 발휘할 수 있다고 한다. 원격의료는 환자의 시간과 자원을 절약해 준다. 환자들은 치료를 위해 휴가를 내거나 아이를 보육센터에 맡기거나 병원을 찾아갈 필요가 없다. 개인적인 경험으로는 환자들이 좀 더 편안하게 가상현실 진료를 받으러 온다는 느낌이다. 원격 가상진료를 위해 점심시간에 경찰차 안에서 전화를 건 경찰관도 있었다.

A F R A I D

11

야수의 등에 올라타기

두려움을 유리하게 이용하는 법

그가 당신을 겁주기 위해서 사용하는 도구가 무엇인지를 관찰하는 것으로 당신의 적이 무엇을 두려워하는지 알아낼 수 있다.

- 에릭 호퍼Eric Hoffer, 미국의 철학자

현대의 삶에서 두려움은 일상에 상당한 지장을 초래하는 요소다. 이는 불안의 진화론적 목적이 우리가 살아가는 시대의 현실과 맞지 않기 때문이다. 지금까지는 불안이 삶을 최대한 즐기고 기능하는 우리의 능력을 제한하는 이유에 초점을 맞췄다. 하지만 우리의 뇌에 깊게 새겨진 기제인 불안을 우리의 퍼포먼스를 향상시키고 촉진하는 데 사용할 수는 없을까? 물리적 위협 상황에 맞춰 형성된 뇌의 원시적 기능 이외에 더 긍정적인 방식으로 사용할 수는 없을까? 이 장에서는 두려움을 긍정적으로 활용할 방법들을 모색해 볼 것이다. 나의 목표는 두려움을 극복하는 법이 아니라 그것을 어떻게 생산적으로 사용할 것인지를 설명하는 것이다.

우리에게 경고하는 두려움

두려움을 다루는 첫걸음은 우리를 겁먹게 만드는 대상을 아는 것이다. 이것은 물리적 위협이라는 명백한 상황에서 쉽게 드러난다. 그러나 현대인의 삶이 유발하는 불안은 그렇지가 않다. 두려움은 뭔가 잘못됐다거나 잠재적으로 해로울 수 있다는 신호다. 우리가 느끼는 불안이나 두려움은 실제 존재할지 모르는 것에 대한 주관적 평가라는 사실을 잊지 말아야 한다. 두려움은 생존의 열쇠를 쥐고 있기 때문에 위험을 과대평가하도록 진화해 왔다. 나중에 후회하는 것보다는 안전한 게 더 낫다. 덤불 뒤쪽에서 나는 소리가 포식자일 수도 있고, 살인자일 수도 있고, 새일 수도, 바람일 수도 있다. 처음 두 가지 가능성은 현실이 될 가능성이 낮지만 우리의 목숨을 앗아갈 수도 있기 때문에 우리의 반응에서 우선순위를 차지한다. 우리는 또한 진정으로 위험하지 않은 대상이나 우리가 생각하는 것만큼 위험하지 않은 대상도 두려워해야 한다는 것을 배운다. 경험, 문화, 교육 그리고 상상력이 이러한 위협인지 과정에서 요인으로 작용한다.

결론적으로 말하면, 두려움은 진짜 경고 신호일 수 있으며 늘 신경써야 하지만 비판적인 자세로 임하는 것이 중요하다. 앞서 언급한 것처럼 두려움은 종종 우리가 앉아 있는 잘못된 의자에 박힌 핀과 같다. 그 핀은 우리가 그 의자에서 당장 일어나야 한다는 경고다. 그러나 우선 그 핀이 얼마나 큰지, 심지어 그 핀과 그 의자가 실제 존재하는 것인지를 파악해야 한다.

위험이 실제라고 판단되면 그다음 단계는 위협의 정도를 객관적으로 판단하는 것이다. 진짜 위험이 존재할 때조차도 우리는 자신의 생물학과 경험에 근거해서 위협의 정도를 다르게 평가할지 모른다. 시험에 탈락하는 것은 큰일이기는 하지만, 시험을 앞두고 며칠 동안 극도의 불안과 공황발작을 경험하는 것은 잠재적 위험 수준과 비교했을 때 비정상적이다. 이처럼 우리는 스스로 판단한 위험의 정도에 근거해서 객관적이고 적절한 수준의 두려움 반응을 하는 데 실패할 때가 너무 많다. 우선 겁을 먹고, 그다음 감정에 근거해서 밖에 도사리고 있는 것이 반드시 위험하다고 판단하기 때문이다. 그러나 지나친 두려움이 반드시 위험이 크다는 것을 의미하지는 않는다. 현실적인 위험 평가는 더 나은 통제감 인식에 도움이 될 뿐만 아니라 정신적, 사회적, 재정적, 여타 자원을 투자해 위기에 대응할 수 있게 한다. 현실적인 위기 평가는 우리가 이상적 기능을 하기 위해 필요한 최적의 각성 상태를 달성하는 데 도움을 준다.

최적의 각성 상태

두려움의 한 가지 기능은 교감신경계의 활성화를 통해 각성을 증가시키는 것이다. 두려움은 좀 더 경계심을 갖고 각성 상태를 유지하게 하며, 우리의 집중력을 예리하게 만들고, 눈앞에 놓인 업무에 좀 더 집중할 수 있게 만든다. 또한 두려움은 집중력이라는 자원을 해결해야 하는 문제로 집결시킨다. 최적의 퍼포먼스가 필요한 모든 상황에 동일한 메커니즘이 적용된다. 예를 들면, 경쟁, 시험, 중요한 예술적·육체적 퍼포먼스, 발표, 중대한 회의 등을 꼽을 수 있다. 이러한 상황에서 만일 우리가 지루함을 느끼면 집중력이 흐트러져서 이상적인 퍼포먼스를 낼 수 없다. 우리가 정신을 가다듬고 집중하려면 내면의 불(흥분)이 필요하다.

그러나 지나친 불안은 집중력, 인지적 수행, 기억력을 약화시키고 결과적으로 최적의 기능을 할 수 있는 능력을 저해한다. 스트레스를 받는 동안 이상적 퍼포먼스를 하기 위해서는 최적의 각성이 필요하다. 우리는 눈앞에 있는 업무에 에너지를 투자하고 목표지향적으로 집중하기 위해서는 충분히 흥분할 필요가 있다. 만일 한 학생이 중요한 시험을 치르는 동안 지루하고 졸린다면, 시험에서 최선을 다하기 힘들다. 또한 공황발작이 일어난다면, 기억력이 저하될 것이다. 만일 당신이 한밤중에 소음 때문에 잠에서 깼는데 약간의 두려움조차 느끼지 못한다면, 주방에서 절도범과 마주치더라도 충분한 각성이 되어 있지 않으므로 빠르게 대처하지 못할 것이다. 그러나 당신이 겁을 먹는다면, 편도체가 인지 네트워크를 건너뛰고 물을 마시고 싶었던 불쌍한 남편을 반사적으로 한 대 칠 것이다. 일련의 연구에 따르면, 기억력과 집중력은 최고의 결과를 달성하기 위해서 최적의 각성이 필요하다.

앞에서 공포증이나 PTSD 치료를 위한 노출요법에 증강현실을 활용한 치료법을 설명한 바 있다. 거미 공포증을 치료하기 위해 이 기술을 사용했을 때, 채 한 시간이 안 되는 치료 세션을 마치고 모든 환자가 실제로 살아 있는 타란툴라를 만질 수 있었다. 나는 이 치료가 예상보다 효과가 좋았던 이유 중 하나가 이 치료법 덕택에 이상적 수준의 각성이 이루어졌기 때문이라고 믿는다. 환자는 논리적으로 AR로 만든 거미, 뱀, 개, 군중이 진짜가 아니라는 것을 안다. 그러한 인식이 그들에게 두려움에 기반한 치료 저항을 극복할 수 있도록 도움을 주었다. 그러나 진짜와 가짜를 구분하는 동물적 뇌는 이러한 증강된 가상 물체에 겁을 먹는다. 이러한 자동화된 두려움이 환자의 주관적 반응과 그들의 피부 전도도 반응에 반영된다. 만일 환자들이 그 거미들이 가짜라는 것을 알기 때문에 두려움을 전혀 경험하지 못한다면, 치료는 효과가 없을 것이다. 반면 각성 수준에 관계없이 지나친 두려움은 치료에 집중할 수 없게 만든다. 적절한 수준의 두려움은 치료가 효과를 내는 데 도움이 된다.

같은 원리가 다른 정신치료와 새로운 기술을 습득하는 데도 적용된다. 지나치게 낮은 각성은 학습에 대한 충분한 동기, 집중력, 인내심을 기르지 못하게 하고, 지나친 두려움은 집중력, 기억력을 저하시키고 지연을 유발한다.

어쨌든 우리가 경험하는 두려움 중 다수는 가상의 거미를 보고 환자들이 경험하는 두려움과 마찬가지로 자동적이고 비정상적이며 비현실적이다.

동기를 유발하는 두려움

두려움은 우리가 직면한 위협을 피하거나 무력화시킬 때 사용될 엄청난 양의 정신적 에너지와 육체적 에너지를 사용할 수 있다. 두려움은 행동과 변화에 필요한 동기를 불러일으킨다. 이러한 유형의 가장 원시적 형태의 동기와 에너지는 증가한 심박수, 혈압, 육체적 준비를 초래하는 투쟁 혹은 도주, 교감신경계의 활성화에서 찾을 수 있다. 이러한 정신 에너지가 좀 더 복잡하게 투자될 때는 전략적 행동을 계획하고 실천할 때다. 그러나 지나친 두려움은 동결 혹은 지연 반응을 초래한다.

그러므로 두려움은 우리가 주체적으로 책임을 지고, 행동하고, 지연하지 않을 동력을 제공하는 연료다. 러시아가 우크라이나의 사회기반 시설을 무차별로 공격해 대다수 우크라이나 시민은 겨울을 앞두고 전기 사용에 제약을 받고 있다. 많은 시민이 하루 이상 전기와 수돗물 없이 살아가야 한다. 한 국가가 세계에서 가장 강력한 적국 중 하나를 두려워하는 것은 이해할 만하다. 나는 우크라이나가 두려움의 에너지를 빠르고 효과적이며 창조적인 방법으로 전환해서 동맹국과 협력해 침략자와 맞서는 에너지로 사용하고 있다는 데 무한한 찬사를 보낸다. 자유를 위한 그들의 투쟁에 내건 목표와 의미는 두려움을 최적의 수준으로 조정했다. 두려움이라는 최적의 집단적 에너지가 우크라이나로 하여금 하나가 되어 꿋꿋하게 견뎌내며, 그들이 직면한 위협을 현실적으로 평가하고 그것을 막는 데 가진 모든 자원을 사용하게 했다. 다시 말해 그들은 두려움을 이용했지만 두려움이 그들을 이용하게 두지 않았다.

두려움과 불안의 에너지는 다양한 방법으로 실천의 에너지로 변화시킬 수 있다. 두려움은 집중력과 동기를 강화할 뿐 아니라 지연을 피하고 당면한 과제를 우선시하는 데 사용할 수 있다. 데드라인을 놓치면 중대한 결과를 초래한다는 것은 알면 영화를 보는 대신 데드라인을 지키는 것이 최우선 과제가 될 수 있다. 반대로 이 에너지를 두려움에 대처하는 방식과 기술을 배우는 데 사용할 수 있다. 이는 심리치료에서도 일어난다. 적극적으로 도움을 찾아야 할 뿐만 아니라 새로운 대처 기술을 배우고, 내적 갈등을 치유하고, 치료에 참여해야 한다고 사람들에게 수도 없이 강조한다. 준비성은 두려움의 또 다른 긍정적 결과 중 하나다. 우리는 친한 친구를 만날 것을 기대하면 친구가 집에 도착하기 전 약간의 청소를 한다. 만일 우크라이나인이 그들의 적대적이고 예측할 수 없는 이웃 국가의 침략 가능성에 대해 걱정하지 않았다면 러시아군이 그들을 침략했을 때 충분한 준비가 되어 있지 않았을 것이다. 전쟁이 시작됐을 때, 그 위협을 잘못 평가했다면 그들은 제대로 준비하지 못하거나 너무나 겁을 먹은 나머지 러시아에 항복했을 수 있다. 위험에 대한 두려움이 바로 위협에 대한 면역성을 길러주는 예방주사처럼 활용될 수 있다.

《반지의 제왕The Lord of the Rings》에서 간달프는 무시무시한 괴물 발록을 마주하게 될까 봐 모리아의 동굴 안에 발을 들여놓는 것을 두려워한다. 그러나 게이트 물속에 사는 괴물은 그와 동료들에게 모리아의 동굴 속으로 피할 것을 종용하고 그들의 여행에서 꼭 필요한 이 단계를 계속하라고 부추긴다. 때때로 두려움은 지연을 극복하는 데 필요하다. 불만족스럽고 폭력적인 관계 때문에 젊음을 잃는 것, 다른 기회를 잃는 것에 대한 두려움은 사람들에게 혼자 있는 것에 대한 두려움을 극복할 동기를 제공한다. 우리가 잃어가고 있는 것, 현재 상황을 지속할 때의 부정적 결과에 대한 것을 상기시키며 이미 촉발한 두려움을 변화에 활용할 수 있다. 앞에서 인지적 뇌이자 사고의 근원지인 전전두피질은 편도체의 두려움 반응을 억제할 수 있을 뿐만 아니라 그 안에서 두려움을 촉발할 수 있다고 말한 바 있다. 우리는 우리 안에 두려움을 일으킬 수 있고, 그 두려움의 에너지를 변화에 사용할 수 있다. 우리는 두려움과 불안을 이용해 우리 안에 있는 동물적 뇌를 자극하고 에너지를 배양할 수 있다. 우리는 그 동물을 통제하기만 하면 되고 그것을 긍정적인 방향으로 유도하기만 하면 된다.

앞으로는 정치 지도자들이 어떻게 대중의 마음속에 두려움을 불러일으키는지를 이야기할 것이다. 유능한 지도자는 기후변화의 재앙을 막기 위한 조처를 하는 것이든, 침략국을 막을 준비를 하는 것이든, 현실적인 두려움을 이용해 국민 전체를 움직여 변화를 도모한다. 이 상황에서 자원, 영토, 사랑하는 사람들과 자신의 목숨을 잃게 될 것이라는 두려움은 종종 영웅적인 행동을 취하는 데 집중하도록 동기를 부여한다. 총기 폭력과 총기 난사 사건이 국가와 아이들에게 어떤 영향을 미칠 것인가에 대한 두려움은 어떤 이들을 아무것도 할 수 없는 마비 상태에 이르게 할 수 있지만 다른 이들에게는 사회를 좀 더 안전한 곳으로 만들기 위해 노력을 기울이는 동기가 될 수 있다.

우리를 더 강하게 만드는 두려움

적절한 수준의 두려움과 불안은 올바르게 통제만 된다면 우리의 정신력과 기술을 강화할 수도 있다. 이는 다양한 방식으로 일어난다. 하나는 두려움을 유발하는 상황에 대처하기 위한 기술을 배우는 것이다. 우리는 모두를 걱정스럽게 만드는 어떤 직업적, 학문적, 사회적인 상황에 맞닥뜨려본 경험이 있다. 때때로 우리는 그것을 계속 회피했다. 하지만 회피할 수 없을 때는 그 상황을 어떻게 해결해야 하는지를 배우려고 한다. 의대 수련을 하는 동안 대다수 의사는 이전에 경험해보지 못한 새로운 임상 상황에서 긴장한다. 우리는 그런 불안을 이용해 더 많이 읽고 더 많이 배우며, 비디오를 보고 연습하고, 다른 동료와 브레인스토밍을 하면서 다음에 임상 상황에 놓이면 좀 더 준비된 상태로 침착하게 대처하기를 바란다. 우리는 우리를 걱정하게 만들거나 불안하게 만드는 것에 대처할 방법을 배우기 위해 늘 노력한다. 즉, 사교 기술, 직업적 기술, 갈등에 대처하는 방법, 특정한 상황에서 우리를 긴장하게 만드는 인지적 왜곡이나 오류를 바로잡는 것 등을 꼽을 수 있다. 실제로 효과적인 심리치료에서 중요한 한 가지는 불안으로 야기된 동기를 이용해서 자신에 대해 더 많은 것을 알고 더 나은 대처 기술을 습득하게 하는 것이다. 나는 늘 불안에 떠는 환자가 최고라고 말한다. 불안에 떠는 환자들은 변해야 한다는 동기가 부여된 상태에서 병원을 찾아온다. 그래서 나는 그들에게 불안을 느끼는 것이 나쁜 것은 아니라는 점을 설득할 필요가 없다.

우리는 이 에너지를 두려움의 대상에 대해 더 많은 것을 배우는 데 이용할 수 있다. 환자 중에는 서핑은 좋아하지만 상어를 너무 무서워하는 사람이 있었다. 우리는 그 에너지를 사용해 계획 하나를 수립했고, 그 환자는 그냥 상어, 잠재적으로 위험한 상어, 물 어느 부분에 상어가 살지, 상어를 어떻게 피할지 등에 대한 다양한 지식을 습득했다. 이 지식을 통해 그는 좀 더 현실적인 위협을 인식할 수 있게 되었으며, 여전히 상어가 무섭지만 서핑을 즐길 수 있었다. 마찬가지로 두려움은 늘 외적 자극이나 내적 자극에 대한 우리 내부의 반응이기 때문에 두려움을 자신과 내부의 갈등을 이해하는 데 활용할 수 있다.

우리를 성장시키는 두려움

두렵지만 행동을 취할 때마다 우리 자신, 외부 세계, 어려움에 대처하는 법에 대해 더 많은 것을 알게 될 뿐만 아니라 통제와 주체 의식이라는 보상도 얻는다. 외부 세계와 마주할 때 우리의 능력과 강점에 대해서 좀 더 알기 시작한다. 이러한 성장은 많은 민간설화와 전설에 묘사되어 있다. 예를 들어 아르곤의 젊은 아서왕과 다른 많은 영웅은 수세에 몰려서 칼을 뽑을 수밖에 없는 상황이 오기 전까지는 자신이 어떤 능력을 지녔는지 상상조차 하지 못했다. 우리 대다수는 힘든 시기와 상황을 견뎌야 하는 순간이 오기 전까지 우리가 무엇을 할 수 있고 얼마나 강한지 몰랐다. 많은 영웅이 처음에는 자신들의 내부에 어떤 자질이 들어 있고, 그것이 후일 어떤 열매를 맺을지 상상조차 하지 못한다. 우리가 성장하면서 내부 세계에 대한 좀 더 강한 통제력을 갖게 되면, 외부 세계로 좀 더 강해진 이미지를 투사하게 되고, 그것이 우리와 타인의 관계에 긍정적인 영향을 미친다.

두려움과 역경은 우리를 더 현명하게 만들고 상황을 객관적으로 바라볼 수 있게 한다. 진정한 위험을 경험한 사람들, 전쟁으로 친구를 잃은 사람들, 생존이 경각에 달렸던 경험이 있는 사람들은 상황을 좀 더 현실적인 눈으로 바라볼 때가 많다. 이전에 자신의 목숨을 걱정했던 사람은 직장 상사와의 불화, 실직이나 자동차를 분실할 가능성에 대해 그다지 걱정하지 않을지 모른다. 역경을 견뎌낸 사람들은 성숙해지고 무엇이 진정으로 중요한지를 판단하면서 더 현명해진다. 죽음의 문턱까지 갔다 오는 경험은 삶의 진정한 의미를 알게 해주는 가장 순수한 진실의 순간 중 하나다. 그 순간 모든 것이 진실이 되고, 중요하지 않은 것은 사라지고, 오로지 현실만이 남는다. 나는 군인들에게 전쟁에서 패배와 죽음과 조우함으로써 정말 무서운 것이 무엇인지, 두려움을 낭비할 가치가 없는 것이 무엇인지 알게 됐다는 말을 수없이 들었다.

공감으로 두려움에 맞서다

두려움을 알고 그것이 인간의 내면에서 어떻게 작동하는지 알면, 타인이 가하는 공격성과 위협을 처리하는 법을 알 수 있다. 불한당과 폭력배들은 두려움과 상당히 친숙하며(경험으로든 직관적으로든), 그 두려움이 타인의 내부에서 어떻게 작동하는지 잘 안다. 그들은 그러한 지식을 남용해 타인에 대한 통제권을 얻고 괴롭히는 데 성공한다. 그러나 우리 안의 두려움과 그것의 작동 방식을 안다면 긍정적인 방향으로도 사용할 수 있다. 자신의 내면에서 두려움이 어떻게 작용하는지 아는 사람은 자신의 취약성을 이해하고 예방할 수 있기 때문이다. 내 마음을 장악하려고 시도하는 나의 심리적 취약성을 알게 됐을 때, 나는 좀 더 쉽게 그 시도를 막을 수 있다. 또한 그들 자신도 두려움에 취약하다는 것을 너무도 잘 안다. 마지막으로 두려움과 그것이 어떻게 사람들을 취약하게 만드는지 안다면, 두려움을 느끼는 사람들과 그들의 행동을 감정적으로 이해하는 데 도움이 된다. 내가 의사가 된 것처럼, 이러한 이해를 그들을 돕는 데 사용할 수도 있다.

> 영웅과 겁쟁이 모두 같은 것을 느끼지만, 영웅은 그의 두려움을 활용하고 그것을 적에게 투영한다. 하지만 겁쟁이는 도망친다. 두려움도 마찬가지다. 중요한 것은 당신이 그 두려움을 이용해서 무엇을 하느냐다.
>
> – 커스 다마토 Cus D'amato, 복싱 트레이너

A F R A I D

12

두려움과 의미

두려움이 우리를 규정하기 전에 두려움을 규정하기

이 세상에는 아무것도 없다. 나는 감히 말한다.
인생의 의미를 아는 것은 최악의 상황에서
살아남는 데 매우 효과적인 도움이 될 것이다.

- **빅터 프랭클** Viktor Frankl, 오스트리아 정신의학자이자 홀로코스트 생존자

내가 가장 좋아하는 영화 중 하나는 〈인생은 아름다워〉다. 로베르토 베니니의 연기가 돋보이는 이 수작은 제2차세계대전에 집단수용소로 보내진 한 유대계 이탈리아 부부의 이야기다. 베니니가 분한 남편 귀도는 나치군이 눈치채지 못하게 아들 조수아를 수용소로 데려와 숨긴다. 수용소에서 벌어지는 끔찍한 일로부터 아들을 보호하기 위해 귀도는 조수아에게 그것은 놀이이며 수용소에 있는 사람들은 게임에 참여한 선수라고 말한다. 규칙을 지키고 추위와 굶주림, 고통을 견디는 사람이 수용소 마당에 세워져 있는 커다란 탱크를 상으로 받을 수 있다고 말한다. 현재의 잔악한 폭력과 앞으로 자신들에게 어떤 일이 일어날 것인가에 대한 걱정으로 모두가 겁에 질려 있는 집단수용소에서 조수아만이 즐겁다. 귀도는 아들을 살리기 위해서 싸워야 할 명분, 즉 삶의 의미를 찾는다.

이 영화는 홀로코스트의 잔악성을 밝히기 위한 영화가 아니라, 인간을 구성하는 중요한 요소를 강조하는 영화다. 우리는 의미와 이야기로 이루어진 생명체이며, 긍정적이든 부정적이든 우리의 감정과 기분은 경험에 대한 자신만의 개인적 해석에 영향받는다. 우리의 삶 속에서 위험하고 충격적인 사건이 우리에게 중대한 영향을 미치고, 이러한 경험에 개개인이 부여하는 의미는 주로 그 경험과 우리를 관련시키는 방식에 영향을 미친다. 다시 말해, 잔혹한 행위에 대한 우리의 인식이, 그 행위가 우리에게 영향을 미치는 방식을 조절한다.

영화 〈배드 타임즈: 엘 로얄에서 생긴 일Bad Times at the El Royale or Identity〉은 다양한 인물들이 자신의 관점, 위치에서 같은 이야기를 어떻게 기억하는지 그리고 실제 일어난 일, 그것의 의미에 대한 인식과 오해, 그로 인해 서로 다른 결론에 도달할 수 있음을 보여준다. 각 인물은 각기 다른 시각으로 동일한 사건을 바라볼 뿐만 아니라 그 사건에 자신의 과거 경험, 가치관, 선입관, 이상적으로 생각하는 것을 덧입힌다. 다시 말해, 전체 그림에 자신의 주관성을 더해, 그들의 객관적 경험을 덧칠한다. 이것은 사건에 대한 경험뿐 아니라 그 사건에 관련된 타인과 자아 인식도 덧칠하는 셈이다.

현실의 중대한 사건은 그 일을 겪는 사람들이 같은 경험을 하는 것처럼 보일 때조차도 개개인에게 다른 영향을 미친다. 단순한 접근법으로(단순한 접근법이 슬프게도 우리의 트라우마 연구를 지배하지만) 전쟁터에서 한 분대의 군인들 근처에서 로켓이 폭발했다고 하자. 그들은 모두 같은 경험을 하고 같은 트라우마를 입을 것이다. 그러나 현실에서 각각의 군인이 그 폭발을 경험하는 방식에 영향을 미치는 요소는 무수히 많다. 어떤 군인은 친한 친구를 잃고 다른 군인은 친구를 잃지 않았다. 친구의 갈기갈기 찢긴 시체를 본 한 군인은 그 내용을 친구 가족에게 전달해야 하며, 남은 인생을 생존자의 죄의식에 빠져 어떻게 하면 친구를 살릴 수 있었을지 같은 반복적인 반추에 시달리며 산다. 또 다른 군인은 부상을 입었다. 또 다른 군인은 등 뒤에서 폭발이 일어났을 때 의식을 잃어서 끔찍한 장면을 하나도 보지 못했다. 한 군인은 이전에도 폭발로 친구들을 잃었고, 그 끔찍한 트라우마를 다시 경험했다. 그리고 마지막 군인은 뇌 부상을 입어서 폭발 사고를 처리하고 기억하기 어려워졌다. 이 폭발 사고 이후 어떤 군인들은 자신이 운이 좋아서 살았다고 생각하고, 또 어떤 군인들은 자신들의 임무를 의심하기 시작하고, 또 다른 군인들은 신이 자신을 구했다고 믿으며, 다른 군인들은 신이 자신들을 버렸다고 생각한다. 또 다른 군인들은 신의 정의와 공평성에 의문을 제기하고 왜 그런 일이 일어났는지를 계속해서 생각한다. 이렇게 인식에 대한 무수히 많은 시각, 동일한 사건에 대한 군인들의 생각, 그 사건 이후 그들이 찾아낸 의미는 트라우마가 개인에게 어떻게 다른 영향을 미치는지를 보여주는 몇몇 측면들이다.

역경 속에서의 의미와 관련된 연구의 선구자 중 한 사람은 빅터 프랭클이다. 그는 오스트리아 정신과 의사이자 홀로코스트 생존자다. 그의 유명한 저서 《죽음의 수용소에서Man's Search for Meaning》는 집단수용소에서 그가 겪은 깊고 고통스러운 경험과 관찰에 대한 내용이다. 그는 사람들을 계속해서 투쟁하게 만들고 끔찍한 악행을 견디고 살아남게 만드는 동기가 무엇인지를 밝히는 것을 목표로 삼았다. 프랭클은 의미와 목적의식을 잃지 않은 사람들이 집단수용소에서 생존할 가능성이 더 높았다고 결론 내렸다. 그는 의미 추구가 인간 사고의 중심적이고 핵심적 기능이라고 주장했다. 의미 추구는 우리에게 희망을 품게 하고 역경 속에서도 동기를 부여하게 만든다. 그는 자신의 고통스러운 홀로코스트 경험을 자기관찰의 기회로 바꾸고 마음속에서 끝내지 못한 책을 쓰는 기회로 삼았다(수용소에서는 펜과 종이를 쓸 수 없었다). 그의 책에서 인용한 글로 그의 발견을 요약할 수 있다. "인간에게 정말로 필요한 것은 긴장 없는 상태가 아니라 자신이 선택한 가치 있는 목표를 향해 노력하고 투쟁하는 것이다." 프랭클이 개발한 치료법인 로고테라피logotherapy의 기초는 부정적 경험에서 긍정적 의미를 찾는 것이 삶의 깊이를 더하고 부정적 감정을 완화한다는 원리다.

나는 매일 병원에서 경험에 대한 개인적 의미가 트라우마로 얼룩진 환자들의 삶에 어떻게 영향을 미치는지를 확인한다. 이 환자들과의 협업 중 일부는 트라우마에 대한 그들의 해석과 트라우마 이후 그들의 삶을 탐구하고 그에 맞춰 현실적이고 적응성 있게 조율하는 것이다. 나는 사람은 목적의식, 의미, 살아야 할 이유가 필요하다고 학생들에게 가르친다. 만일 우리가 아침에 일어나서 드라이브스루로 정크푸드를 먹고, 하루 종일 우리가 싫어하는 책상에 앉아 있다가, 집으로 돌아오는 길에 또 정크푸드를 먹고, 집에 돌아와 소파에 앉아서 성난 케이블 뉴스 앵커의 목소리를 들으며 시간을 보낸다면, 우리의 삶에서 의미의 공백을 메워주거나 이러한 생활방식이 초래하는 불안과 우울을 극복하게 해줄 약은 어디에도 없다.

내 연구에서 중요한 부분은 '경험에 대한 개인의 의미와 해석이 그 경험으로 상처받거나 감동받는 방식에 어떻게 영향을 미치는가?'를 밝히는 것이다. 이 질문에 대한 답은 또다시 한 권의 책이 필요한 분량이다. 이 책에서는 연구와 임상 경험을 요약해서 공유하고자 한다.

과학이 우리에게 말해주는 것

나는 사람들에게 동일한 고통스러운 경험에 대한 각기 다른 정보가 주어졌을 때, 그들의 몸이 그 정보에 반응하는 방식에 어떻게 영향을 미치는지 알아보는 것부터 시작했다. 주사를 맞기 전, 누군가는 "살짝 따끔합니다"라는 말을 듣고, 또 다른 사람은 "정말 아파요"라는 말을 들으면, 동일한 주사에 대한 그들의 불안은 다를 수 있다. 반대로 고통이 과도하게 과소평가되면 고통의 예외성이라는 성질이 두려움과 불신을 초래할 수 있다.

두려움 조건화와 소거 학습 실험에서 조건화 단계 동안 참가자들은 두 개의 자극(파란 불과 노란 불)이 큰 소음과 연관되어 있음을 배웠다. 소거 학습 이전에 그들은 노란 불 다음에는 더 이상 소음이 뒤따르지 않을 것이라는 말을 들은 반면에 파란 불에 대한 정보는 아무것도 주어지지 않았다. 소거 학습 단계에서는 파란 불이나 노란 불 뒤에 소음이 뒤따르지 않았다. 예상대로 참가자들은 파란 불이 안전하다는 것을 서서히 이해하기 시작한다. 이는 그들의 피부 전전도 반응이 서서히 감소하는 것으로 반영된다. 그러나 노란 불의 경우, 그들의 신체 두려움 반응이 갑작스럽게 멈췄다. 이는 노란 불에 대한 정보가 인지 및 의식적 차원에서 입력됐을 뿐만 아니라 자동화된 신체 반응에 즉각적으로 영향을 미쳤기 때문이기도 하다. 의심의 여지 없이 fMRI 스캔에서도 참가자들이 노란 불을 봤을 때 전전두피질의 활동이 증가한 것을 확인할 수 있었다. 고통스러운 경험에 대한 상위의 인지적 의미 변화가 자동화된 두려움 반응에 영향을 미칠 수 있음을 보여주는 최초의 연구 결과라는 점에서 흥미롭다.

그 이후 나는 미시간주에 정착한 난민들의 전쟁과 강제 이주의 경험에 대한 개인적 의미를 연구하기 시작했다. 우리는 난민들에게 간단한 질문 하나를 던졌다. "당신에게 일어난 최악의 일을 7점이라고 한다면, 당신이 경험한 전쟁과 이주에는 몇 점을 줄 수 있나요?" 또한 우리는 그들에게 건강에 대해서 어떻게 느끼는지를 '아주 우수'에서부터 '나쁨'으로 말해달라고 요청했다. 우리는 상세한 설문지를 이용해서 그들의 PTSD 증상의 심각성을 측정했다.

조사 결과는 매우 중요했다. 전쟁과 이주에 대한 그들의 평가가 그들의 PTSD 증상의 심각성과 자신들의 건강 상태를 어떻게 느끼는지를 강하게 시사했다. 자신들이 경험한 고통 점수를 7점에 가깝게 평가한 난민들은 PTSD 증상을 훨씬 더 많이 경험하고 있었고, 건강 상태도 좋지 않다고 생각했다.

이 연구는 고통스러운 경험 그 자체 외에도 그 경험에 대한 부정적 인식이 우리의 건강에 어떤 영향을 미치는지를 결정하는 매우 중요한 요소라는 것을 뒷받침하는 최초의 연구 증거다. 다시 말해, 우리가 외부 세계를 인식하는 방식과 우리의 사고, 내적 세계와 육체를 인식하는 방식이 서로 긴밀하게 연결돼 있음을 시사한다.

인지적 재평가cognitive reappraisal란 의도적으로 부정적인 사건에 대한 인지적 기술, 의미, 해석을 바꾸는 과정을 말한다. 예를 들어, 누군가 뱀을 발견하고 자신에게 이렇게 말할 수 있다. "이건 아주 위험한 뱀이야." 또는 이렇게 말을 바꿀 수 있다. "이건 독이 없는 뱀이야. 내가 있는 곳에는 독사가 거의 살지 않거든." 한 실험실 사례에서는 참가자들에게 교회 밖에서 울고 있는 여자의 사진을 보여줬다. 그들은 처음에는 그녀가 사랑하는 사람을 잃어서 울고 있고 안쓰럽다고 생각할지 모른다. 그러고 나서 그들이 이렇게 해석을 바꿨다고 가정하자. "저건 기쁨의 눈물이야. 그녀의 가장 사랑하는 친구가 교회에서 결혼했기 때문이지."

연구에 따르면, 부정적 경험을 재평가하는 것은 우리가 경험하는 감정을 바꿀 뿐만 아니라 우리의 뇌가 그 감정을 처리하는 방식도 바꾼다. 한 인지적 재평가 실험에서 참가자들은 스크린에 제시된 성난 얼굴 혹은 겁먹은 얼굴에 대해서 덜 부정적으로 설명해 보라는 요청을 받았다. 예를 들어, 그들은 성난 얼굴이 스포츠 경기 때문에 잔뜩 흥분한 누군가의 얼굴이라고 생각해 보라는 요청을 받았다. 또는 분노의 표정을 연습하고 있는 모델의 얼굴이며, 그녀가 진짜로 화를 내는 것은 아니라고 생각해 보라는 요청을 받았다. 인지적 재평가는 이 이미지들이 유발한 부정적 감정을 완화했다. 이와 동시에 전전두피질의 활동이 증가한 것이 확인됐다. 이는 부정적 경험을 재정의하려고 시도할 때 전전두의 인지적 뇌가 관여한다는 것을 의미한다.

다른 연구에 따르면, 개인이 자신의 경험에 대해 좀 더 긍정적인 의미를 부여하고 재평가할 수 있는 능력은 그들의 자존감을 향상시킬 뿐만 아니라 심박동수에도 긍정적인 영향을 미친다(아마도 교감신경의 활동 감소에 의한 것일 가능성이 있다)는 것을 밝혔다. 현재 일어나는 사건에 대한 그들의 감정적 반응 이외에, 인지적 평가는 집중력과 기억을 조절하는 방식으로 앞으로 일어날 일에 대한 관점에 영향을 미친다. 뱀의 사례 속 사람이 그 뱀을 누군가 키우는 뱀이라고 생각할 경우, 그는 뱀의 아름다운 색, 유연한 움직임, 뱀이 들어 있는 멋진 탱크를 관찰할 기회를 얻게 될 것이다. 교회 밖의 여성이 기쁨의 눈물을 흘리고 있다고 생각한 사람은 자신의 결혼식에 대한 좋은 기억을 떠올릴지 모른다.

이 연구들은 인류 역사를 통틀어서 많은 사상가가 이야기해 온 지혜를 과학 연구의 관점에서 보여준다.

> 만일 당신이 외부의 어떤 것에 의해 고통을 받는다면, 그 고통은 문제 그 자체 때문이 아니라 그 문제에 대한 당신의 평가 때문이다. 그리고 당신은 언제고 그 평가를 취소할 힘을 가지고 있다.
>
> – 마르쿠스 아우렐리우스Marcus Aurelius

의미와 역경 사이의 양방향 도로

우리가 세상을 보는 인지적 렌즈는 부정적 사건을 인식하는 방식에 영향을 미친다. 신심이 돈독한 사람은 구체적이고 포괄적인 인지 체계를 갖고 있고, 그 안에서 사건과 경험을 이해하고 해석하며 감정적 반응이 형성된다. 인생 경험을 실패나 성공으로 바라보는 사람은 공포스럽거나 트라우마가 될 수 있는 경험과 마주했을 때 승리나 패배의 맥락 안에 그 경험을 끼워서 맞춘다. 이 사람에게 패배의 두려움은 트라우마 그 자체보다 더 클 때가 많다. 반대로 다른 사람에게는 그다지 두려운 것이 아닌 상황, 예를 들어 승진에 실패하는 것이 이 사람에게는 굉장히 고통스러운 일일 수 있다. 문화, 종교, 경험, 가족을 통해 학습된 것, 타인이 우리에게 기대하는 것, 이 모든 것이 우리가 어떤 특정 경험에 부여하는 의미에 영향을 미칠 수 있다.

반대로 힘든 경험도 우리의 시각을 바꿀 수 있다. 적응에 상당히 뛰어난 종으로서 우리는 경험을 통해서 계속해서 학습하고 관점, 가치관, 선입관을 조정한다. 이러한 성향 덕택에 우리는 변화하는 세상에 접근하는 방식을 세밀하게 조율할 수 있고, 새로운 시련과 기회에 적응하고 대처할 수 있다. 그러나 대단히 충격적인 경험은 우리의 세계에 대한 인식과 의미 체계에 비정상적으로 영향을 미칠 수 있다. 이는 생존과 관련된 것은 우리의 감정 체계와 학습 체계 안에서 최우선 순위를 차지하고 다른 지식에 비해 좀 더 강렬하게 암호화되기 때문이다.

트라우마는 안전, 공평, 인간애, 친절에 대한 우리의 신념에 이의를 제기한다. 특히 반복적인 극한의 트라우마는 우리 자신, 타인 그리고 이 세상에 대한 우리의 가정을 위반함으로써 우리의 의미 체계를 강하게 시험한다. 고통스러운 경험을 이해하고 그것을 자신들의 포괄적인 의미 체계에 통합할 수 있는 사람이 좀 더 성공적으로 트라우마에 대처할 수 있다. 그러나 트라우마와 역경은 세상과 세상의 이치에 대한 우리의 이해를 무너뜨릴 때가 간혹 있다. 나는 강간, 폭행, 총기사고 등이 어떻게 타인에 대한 신뢰를 앗아가고, 종교적 신념에 의문을 제기하고, 통제력이나 주체 의식을 잃게 하는지를 자주 봤다.

집단적 차원에서 트라우마는 인생의 의미와 접근 방식, 사회적 관점과 개인적 관점, 여러 세대의 국민과 국가의 문화를 바꿀 수 있다. 홀로코스트 같은 집단적 트라우마의 경우, 고통과 두려움은 홀로코스트를 경험한 사람들(직접 노출을 통해서나 원거리에서 위협을 느끼는)뿐만 아니라 이후 세대에게도 영향을 미친다. 트라우마의 세대 간 전이는 후생적 차원에서뿐만 아니라 생존 위협에 대한 집단적 인식이 바뀌거나 위협과 관련된 행동과 관점이 전이되면서도 일어난다. 인간이 자행한 만행은 그러한 잔악한 행위의 피해자는 물론 어떤 방식으로든 연관된 사람들에게도 영향을 미친다. 예를 들어, 제2차세계대전 중 독일인과 우크라이나 전쟁 기간의 러시아인들은 새로운 국가 정체성을 경험했고 경험해야 할 것이며, 국가가 이끄는 전쟁을 찬성했든 반대했든 수치심과 죄책감을 경험했고 경험해야 하며, 국민으로 그들은 누구인지에 대한 깊은 혼란을 경험했고 경험하게 될 것이다.

병원에서 배운 교훈

나는 트라우마 전문가로 고통스러운 경험을 이해하려고 안간힘을 쓰는 환자들을 정기적으로 만나고 있다. 치료 과정에서 핵심적이고 중요한 부분은 그들이 경험한 고통스럽고 힘든 경험이 제기하는 근본적인 질문에 답하고 그 경험을 해석해 온 방식을 평가하고 조율할 수 있게 도움을 주는 것이다. 인생에 대한 나의 개인적 생각과 무관하게 내 역할은 환자들이 그들의 경험을 그들만의 의미와 가치 체계와 통합할 수 있게 돕는 것이다. 이를 위해서 그들의 과거, 배경, 문화, 종교, 인생철학, 두려움, 희망, 비전에 대한 이해가 필요하다. 그다음 트라우마가 그들의 세계관을 어떻게 바꿨는지 그리고 그들이 자신과 자신을 둘러싼 세계에 관련해 그 트라우마를 어떻게 규정해 왔는지를 평가한다. 그다음 단계는 이러한 규정이 얼마나 현실적이고 적응성이 있는지, 그것이 고통과 기능장애를 극복하는 데 도움을 주었는지, 오히려 고통과 기능장애를 유발했는지 등을 파악해야 한다.

상담을 진행했던 젊은 불안증 환자 티파니가 기억난다. 이전에 그녀의 불안은 잘 통제되고 있었지만, 어느 날은 몹시 불안하고 우울해 보였다. 나는 그 불안의 원인이 커밍아웃을 했고, 다른 여성과 사랑에 빠졌기 때문임을 알게 됐다. 종교적으로 엄격한 집안에서 성장한 그녀는 그 사실을 알게 될 가족의 반응이 두려웠다. "할머니는 제가 지옥에 갈 거라고 생각하실 거예요." 그녀가 말했다.

나는 종교적이라기보다는 영적인 성향이 좀 더 강하다. 하지만 주요 종교에 대해 깊이 이해하고 있다. 인생의 의미를 찾는 과정에서 인류가 자신의 존재와 그들을 둘러싼 세계를 규정하기 위해서 사용한 종교와 철학에 대해 알고 싶다는 호기심이 생겼다. 종교적인 사람에게 파트너를 버리는 것과 지옥에 가는 것, 둘 중 하나를 선택해야 하는 것이 얼마나 끔찍한 일일지 쉽게 상상할 수 있다. "예수님은 뭐라고 말할까요?" 내가 질문했다. 그러자 그녀는 "예수님은 신경 안 쓰실 거예요"라고 답했다. "나라면 할머니 말씀보다는 예수님 말씀을 따를 겁니다"라고 내가 답했다. 티파니는 안도의 표정을 지었다. 나는 그녀의 약을 변경하지 않았고, 티파니의 불안은 온건한 기준선으로 떨어졌다. 의미를 바꾸고 갈등을 해결하는 것이 늘 쉽고 빠르다고 말하려고 이 사례를 소개한 것은 아니다. 때때로 그렇게 되기까지는 더 많은 노력이 필요하다.

인간이 자행한 고문, 폭행, 강간, 기타 잔혹 행위의 생존자들은 왜 이런 일이 자신들에게 일어났는지를 깊이 생각할 때가 많다. 그것은 우리의 뇌가 인과관계 접근법을 취하고 항상 사건의 원인을 찾기 때문이다. 인과관계를 찾는 뇌의 메커니즘은 미래에 유사한 사건이 일어나는 것을 예측하고 예방하는 데 도움이 된다고 여겨진다. 다양한 요인을 기반으로 각기 다른 사람이 그들의 트라우마에 각기 다른 원인을 추측할 수 있다. 어떤 이는 죄책감을 느끼고 벌을 받을 만큼 뭔가를 잘못했기 때문이라고 생각한다. 어떤 이는 세상이 적대적인 곳이며 다른 사람은 절대 믿으면 안 된다고 생각한다. 다른 이들은 이 트라우마가 그들을 바꿔놨고 이제 그들은 불완전하고, 상처 입은 인간 이하의 존재가 됐다고 믿는다. 나는 강간이나 학대의 생존자들이 자신들의 어떤 특정한 행동 방식 때문에, 옷 입는 방식 때문에 가해자가 자신을 선택했다고 생각하는 것을 봤다. 이러한 생각은 사회에 의해 강화되기도 한다. 학대 가해자가 뭔가 잘못을 했기 때문에 학대를 당하는 게 당연하다는 생각을 피해자에게 주입하는 데 능숙한 유형이라면 피해자가 상황을 객관적으로 이해하기는 더욱 어렵다.

나는 끔찍한 일이 일어난 이유나 의미를 부여하려는 환자의 바람과 반대되는 일을 할 때가 많다. 나는 환자에게 학대, 폭력, 강간, 전쟁은 그들이 누구인지 그리고 그들이 무슨 행동을 했는지와는 전혀 상관이 없다는 것을 이해시키기 위해서 노력한다. 그리고 그들은 타인이 그들에게 가한 악행에 그 어떤 책임도 없다는 것을 이해시키고자 한다. 그들은 어쩌다 보니 잘못된 시간에 잘못된 장소에 있었던 것뿐이다. 그들은 전쟁이 휩쓸고 지나간 지역에 어쩌다 보니 살았고, 강도나 성폭행범이 먹잇감을 찾고 있었던 골목길을 우연히 걷고 있었고, 잘못된 사람을 어쩌다 보니 믿었던 것뿐이다. 다시 말해, 우리가 의미를 찾고 있을 때 답이 될 만한 의미 같은 것은 없다. 우리의 행동이나 존재와 사건을 과대 해석하거나 과하게 연관시키는 것은 우리의 감정을 불필요하게 복잡하게 만든다.

죄책감(생존자의 죄책감 포함)과 수치심은 트라우마 생존자들과 타인의 고통을 지켜본 사람들의 공통된 감정이다. 나는 이러한 죄책감을 느끼는 구급대원을 많이 봤다. 그들의 임무는 타인의 생명을 구하는 것이다. 최선을 다했지만 누군가의 목숨을 구하지 못할 때가 많은 것도 그들 직업의 속성이다. 죽어가는 아기에게 심폐소생술을 수행했지만 끝내 구할 수 없었던 때도 있고, 총에 맞은 동료의 죽음을 지켜봐야 했을 때도 있고, 불에 타는 차 안에서 운전자를 빠르게 구조하지 못할 때도 있다. 이 경우, 구급대원들은 며칠, 몇 달, 심지어 몇 년 동안 그때 다르게 행동했더라면 그들을 구할 수 있었을 텐데, 그때 무엇을 잘못해서 그들을 구하지 못한 걸까 하는 생각을 끊임없이 한다. 나는 그들이 불면의 밤, 악몽, 사건에 대한 회상, 삶의 즐거움을 빨아먹는 죄책감으로 시달리는 모습을 지켜봤다. 나는 그들에게 이미 지난 일이라 후회해도 소용이 없고, 그 순간 최선을 다했음을 계속해서 상기시켜 주고, 그들의 동료도 같은 말을 해준다.

구급대원이나 학대, 인신매매, 전쟁의 생존자같이 부정적인 삶의 경험과 트라우마에 만성적으로 노출된 사람들은 세계관이 바뀐다. 그들에게 세상은 위험한 곳이고 삶은 잔인하고 냉혹하며, 사람은 신뢰할 수 없다. 그들만의 독특한 경험은 그들의 자아관, 세계관, 인류관을 물들이고 바꾼다. 이는 그들이 인간이 할 수 있는 가장 참혹한 만행을 반복적으로 목격했기 때문이다. 이는 마치 내가 병원에서 불안하고 우울한 사람들을 너무나 많이 봤기 때문에 대다수 인간은 불안하고 우울감에 젖어 있다고 결론 내리는 것과 마찬가지다. 나는 최악의 경험과 인간이 서로에게 할 수 있는 최악의 일에 대한 이야기에 과도하게 노출되어 있고, 이것이 인간에 대한 나의 생각에 영향을 미치게 해서는 안 된다고 스스로 상기시킨다.

충격적인 사건과 힘든 경험이 항상 부정적 감정을 만드는 것은 아니다. 빅터 프랭클의 사례처럼 고통 속에서 움튼 긍정적이고 깊은 사고가 사람들을 긍정적으로 변화시킬 수 있고 그들의 세계관에 깊이를 더할 수 있다. 혹은 이타적인 삶을 살 기회를 제공하기도 한다. 우리는 전쟁의 폐허 속에서 일부 영웅적인 행동을 보고 듣게 되는 경우가 많다. 트라우마 역시 사람의 성격을 강인하게 만들고, 그들이 삶과 경험에서 보다 심오한 의미를 깨닫게 만든다. 앞에서 언급한 천재 감독 브랜든 걸리시의 〈코끼리와 풀〉은 수단인 난민 엄마와 그녀의 딸에 관한 이야기다. 전쟁과 고문이라는 최악의 공포를 경험한 샤미라와 그녀의 엄마는 자신들의 고통을 다른 사람을 돕고 보호하는 적극적인 행동으로 바꿨다. 총기 난사 사건에 사랑하는 이를 잃은 사람들은 좌절과 고통이라는 자양분을 바탕으로 공동체를 좀 더 안전하게 만드는 행동주의자로 변신했다. 사람들은 자신의 회복력과 영웅적 행동을 인식하지도 못한다. 나는 구급대원들에게 그들처럼 타인의 생명을 보호하고 구하기 위해 기꺼이 자신의 목숨을 위험에 빠뜨리는 사람이 이 세상에는 거의 없다는 사실을 자주 상기시킨다. 물론 구조에 실패하는 경우도 있지만, 그들의 일은 많은 이의 삶과 생활에 긍정적인 영향을 미친다. 나는 한 난민 부모에게 자녀에게 좀 더 안전한 곳에서 좀 더 나은 미래를 보장해 주기 위해서 그들이 치른 희생과 불굴의 의지를 상기시켜 주고, 인신매매 생존자에게는 끔찍한 만행을 견뎌내고 살아 돌아온 그들의 강인함에 대해서 이야기한다.

트라우마 전문 정신과학자로서 나는 나의 트라우마 간접 노출 문제도 다뤄야 한다. 나는 고문, 학대, 전쟁, 인신매매를 견디고 살아온 사람들을 그리고 인간이 다른 인간에게 저지를 수 있는 최악의 만행을 목격한 사람들을 너무나 많이 본다. 그들의 이야기를 들어주는 것 자체가 고통이고 며칠간 메스꺼움에 시달리는 경우도 많다. 때때로 자문한다. “내가 이 일을 얼마나 더 할 수 있을까?” 그런 힘든 시간에 나에게 도움이 되는 것은 지금 트라우마로 만신창이가 돼 내 앞에 앉아 있는 사람이 몇 주나 몇 달 후에는 지금보다 훨씬 나아질 것임을 아는 것이다. 이것이 내가 의사로서 환자의 고통과 괴로움에 노출되면서 부여한 의미다.

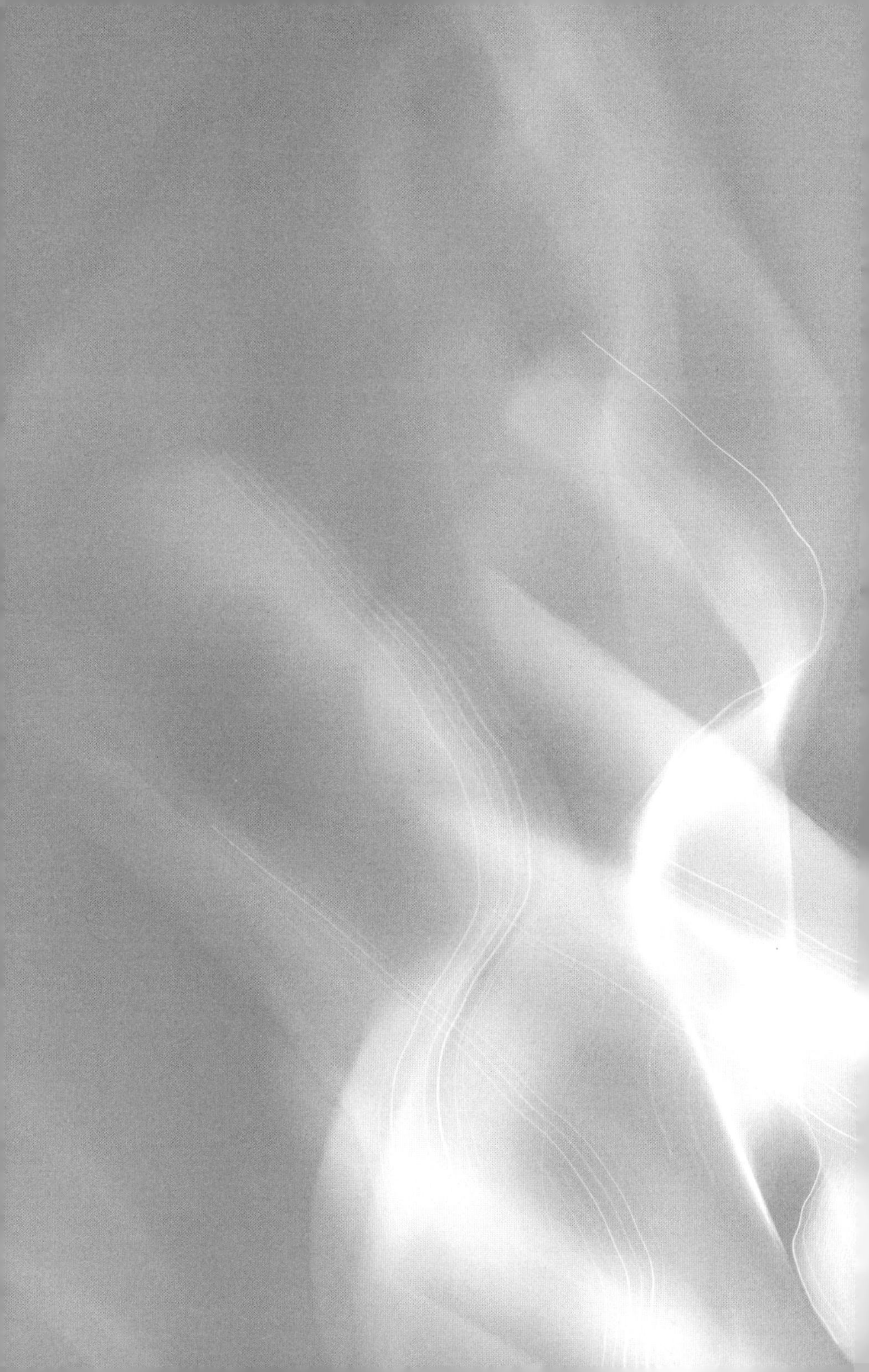

A F R A I D

13

두려움과 창의성

우리가 만든 괴물과 우리를 만든 괴물

난 여전히 비정상적으로 긴장한다. 그것은 아마도
생각이 너무 많고 지나치게 분석하기 때문일 수 있다.
나는 부모님이나 반려견을 걱정한다. 내 강아지가
아파트 창문을 열고 아래로 떨어지는 모습을 상상한다.
사실 아파트 창문은 나도 열 수 없는데도 말이다.

- 아만다 사이프리드 Amanda Seyfried, 미국의 배우

두려움과 창의성은 얼핏 보면 상반된 것처럼 보이지만, 이 둘은 공통점을 가진 정신력이다. 두려움은 생존을 위한 가장 근본적인 필요에 집중한다. 반대로 창의성은 우리의 근본적인 생존 욕구가 충족될 때 가장 자유롭게 발현될 수 있다. 그뿐만 아니라, 두려움은 덜 진화된 동물과 인간이 공유하고 있는 매우 원시적 기능인 반면, 예술, 과학, 문화는 인간과 동물을 극명하게 구분 짓는 가장 진화된 추상적 측면이다. 반대로 두려움과 창의성은 대체로 자동적이고 무의식적이며 직관적이다. 하지만 가장 위대한 예술 작품들은 단순히 의식적이고 논리적인 사고의 결과물만은 아니다. 예술가, 작가, 과학자들은 창의적 사고가 떠오를 때까지 몇 주나 몇 달을 기다리지만, 그들 자신도 머릿속에서 그것이 어떻게 작동하고 있는지를 명확하게 설명할 수 없을 때가 많다. 다시 말해 위대한 결과물을 창조하는 데 사용될 수 있는 명확한 알고리즘 같은 것은 없다. 나는 그것을 임신에 비유한다. 예술은 예술가의 내면에서 자동으로 자라고, 한편 예술가는 계속해서 그것에 자양분을 준다. 그리고 시간이 무르익었을 때 출산한다.

그러나 두려움과 창의성은 어떻게 서로 영향을 미치는 것일까? 우리는 두려움이 개인적 차원과 사회적 차원에서 우리 내면에 깊숙이 아로새겨져 있다는 것과 불안장애가 굉장히 보편적이라는 것을 안다. 그것은 많은 예술가, 작가, 과학자가 일부는 우리가 알고 있고, 일부는 우리가 모르는 이들이 자신들의 두려움과 불안을 다뤄왔음을 의미한다. 불안으로 고통받은 창의적인 사람들에게는 무슨 일이 일어나는 것이며, 이들은 이 불안을 어떻게 극복할까? 혹은 불안에 어떻게 잠식당하는 것일까? 그들이 살았던 시대의 생존적 공포인 전쟁과 억압이 예술가와 과학자들에게 어떤 영향을 미쳤을까?

두려움이 창의성에 미치는 영향

앞서 나는 감정, 기억, 주의력, 인지기능 간에 긴밀한 관련성이 있음을 설명했다. 감정은 특정 기억을 먼저 생각해 낼 수 있고, 우리가 속한 환경과 가장 관련이 있다고 판단한 것에 주의력을 집중시키고, 우리의 사고에 영향을 미친다. 최우선 감정인 두려움은 근본적으로 우리의 모든 기본적이고 고도화된 정신 프로세스에 영향을 미친다. 공포에 질려 있을 때, 우리의 주의력은 중립적이고 기분 좋은 자극에서 멀어지고 위험 신호에 집중된다. 자기 보존에 필요한 두려움과 위험 관련 기억은 기억하기가 더 쉬운 반면 지나친 두려움은 기억을 악화시킨다. 우리가 두려움을 느낄 때 우리의 생각은 달갑지 않은 일이 일어날 것을 걱정하는 데 집중된다. 창의성이 발휘되기 위해서는 앞서 말한 모든 정신적 기능을 사용해야 하므로, 두려움과 불안은 창의력에 부정적 영향을 미친다.

두려움과 불안이 창의력에 영향을 미치는 가장 간단한 방법은 주의력, 집중력, 기억력, 에너지, 주체 의식 등을 손상시키고 왜곡시키는 것이다. 반대로 창의력이 극대화되어 발휘되려면 고도의 집중력, 정신력, 기억력을 상당히 복잡한 정신적(그리고 종종 육체적) 과업에 투자해야 한다. 또한 불안은 위협을 줄이거나 무력화하는 데 필요한 조치와는 반대로 창의성을 요구하는 업무의 우선순위를 낮게 간주한다. 예를 들어, 내일 해야 할 강의를 지나치게 걱정하면, 이 책을 쓸 기분도 아니고 책을 쓰는 데 투자할 정신적 에너지도 없고 집중도 할 수 없을 것이다. 내 머리는 온통 수업 걱정으로 꽉 차 있고, 뭐가 잘못되지는 않을까, 혹시 모를 실수를 저지르지 않기 위해 제작해 둔 슬라이드를 보고 또 보느라 여념이 없을 것이다. 그러므로 불안장애를 포함한 정신질환은 비록 대중문화에서는 낭만적으로 묘사하고 있지만 창의력에는 절대 도움이 되지 않는다. 천재적 예술가들이 정신질환을 앓았다는 사실만으로 정신질환이 창의력을 요구하는 작업에 도움이 된다고 말할 수 없다. 나는 정신질환을 앓지 않는 예술가가 정신질환이 있는 예술가보다 더 나은 작품을 창작할 수 있다고 분명하게 말할 수 있다.

또한 두려움은 우리의 뇌를 보다 원시적이고 덜 유연하고 경직된 수준으로 후퇴시킨다. 경직성은 일반적으로 창의력과 반대되는 개념이다. 두려움을 느낄 때는 알려진 그리고 좀 더 예측 가능한 길을 따라가는 것이 안전하다. 우리는 나중에 후회하지 않기 위해서 두려움을 느낄 때는 새로운 방법을 찾으려고 노력하는 대신 이미 입증되거나 승인된 것을 고수한다. 죽음을 두려워해야 하는 상황에서 대다수는 사후 무슨 일이 일어날지에 대한 설명을 찾아보려고 노력하는 대신 불멸과 관련된 문화적·종교적 신념에 의존한다. 그러나 사후와 관련해서 답을 찾지 못한 사람들에게는 정반대의 일이 일어날 수 있다. 예를 들어, 창의적 작품은 창작자보다 훨씬 오래 생명력이 유지되기 때문에, 죽음에 대한 두려움은 창작자의 창작 활동을 촉진할 수 있는데 이는 작품을 통해서 창작자에게 불멸 의식을 줄 수 있기 때문이다. 그들은 작품 속에서, 작품을 읽고 보고 활용하는 다음 세대들의 눈과 마음속에서 계속해서 살아 있을 것이다. 내가 죽고 나면 나의 연구 결과, 가르침, 치료법, 생각, 저작물이 다른 사람을 통해서 계속 살아 있을 것임을 안다. 사실 당신은 내가 죽고 나서 한참 뒤에 이 책을 읽고 있을지도 모른다.

지금까지 나는 내적 불안이 혁신과 창의력에 어떻게 영향을 미치는지를 설명했다. 하지만 두려움은 외부에서 기인하는 창의력을 제한하거나 심지어 죽일 때가 많았다. 구체적(부족)이고 추상적(과학이라는 같은 분야의 동료) 형태의 집단은 비정상이거나 이례적이라고 간주되는 기존의 문화, 철학, 종교, 과학에 반하는 아주 다른 생각과 삶의 방식을 거부한다. 진화론적 관점에서 보면 이는 부족이나 부족 지도자들이 동일한 사고방식과 생활방식을 중심으로 그들의 집단을 평화롭게 통일시키기 위한 하나의 노력이었다. 역사는 집단이 특이하고 혁신적인 사고를 어떻게 무시하고, 부정하고, 폄훼하고 심지어 억압해 왔는지를 보여주는 사례로 넘쳐난다. 역할, 권리(여성과 소수민족의 권리), 문화적 규범, 근대 과학적 사고(지구가 우주의 중심이라는 사고에 이의를 제기하거나 다른 동물과의 생물학적 뿌리가 같다는 의견), 지나치게 혁신적인 예술에 대한 서로 다른 견해를 가진 사람들은 강한 저항이나 부정에 부딪혀야 했다. 진정한 혁신은 대개 집단 따돌림에 대한 두려움을 극복할 수 있는 어느 정도의 독립적인 사고를 필요로 한다.

일반적인 집단 저항 이외에, 비민주주의적 지배 세력, 점령군의 억압이 창의적 노력을 제한하는 데 막대한 영향을 미쳤다. 중세 가톨릭교회든 공산주의든, 아니면 탈레반이든 이데올로기는 그들과 다른 생각을 가진 사상가, 예술가, 언론인, 과학자들을 침묵시키는 데 상당히 폭력적이었고 지금도 폭력적이다. 디스토피아적 소설에서 굉장히 자주 사용되는 주제 중 하나는 모든 사람이 똑같이 생기고 똑같은 생각을 강요하고 다르게 보이는 것을 위험한 것으로 간주하는 것이다. 창의적 사고는 민주사회의 성장 엔진인 반면, 억압적인 체제에서는 자신들의 이데올로기나 정치적 이익을 도모하는 데 도움이 되지 않는 한 창의적 사고를 달가워하지 않는다.

두려움은 모든 정신 에너지를 장악할 수 있으므로, 창의력을 촉진하는 중요한 동인이 될 수 있지만 그 자체로도 도움이 된다. 두려움을 표현하고, 두려움을 덜 느낄 수 있는 새로운 방법을 찾기 위해서,

위협을 보다 효과적으로 막기 위해서, 개인적 차원이나 집단적 차원에서 두려움과 불안은 창의력에 영향을 미친다. 이것은 구체적인 차원과 추상적 차원 모두에서 일어난다. 예를 들어, 미국의 인류학자 어네스트 베커Ernst Becker는 죽음에 대한 불안을 해소하기 위해서 인간은 자신들을 불멸의 존재로 묘사하는 문화적 신념과 복잡한 이야기를 창조한다고 주장한다. 그의 이론에 따르면, 죽음에 대한 실존적 두려움은 인간의 집단적 창의력을 이용해서 두려움을 완화할 해결책을 발견하거나 발명해 왔다. 이집트인들이 사후의 두려움을 극복하기 위해 그리고 불멸 의식을 유지하기 위해서 만들어낸 복잡한 신화, 예술작품, 멋진 건축물, 수공품이 단적인 예 중 하나다.

막대한 자본과 기술력을 군사 방어 시스템과 무기에 투자하는 것은 모든 국가의 중요한 역할 중 하나였다. 사실 군사 연구는 항상 최첨단 과학에 기초하고, 우리가 사용하는 인터넷과 같은 많은 기술이 군사 연구의 결과물이다. 이는 부분적으로 타인과 그들의 자원을 지배하고 싶은 본능적 욕망 때문이지만, 좀 더 중요한 이유는 타인에 의해 멸망할 것을 두려워하기 때문이다.

앞서 설명했듯 우리는 최적의 수행을 위해서 최적의 각성 수준 안에서 어느 정도의 불안이 필요하다. 지루함은 우리를 지연시키고 우리의 의욕을 꺾는다. 한편 지나친 두려움은 우리를 동결시킨다. 극도의 공포를 느끼면 사람이든 국가든 얼어버리거나 후퇴해서 가장 기본적인 기능과 자기 보존을 위한 기초적인 방법만을 수행한다. 반대로 현실적 두려움과 불안은 창의력과 혁신을 이용해서 개인과 집단 차원에서 생존의 가능성을 증가시킨다. 하지만 여기에도 단점은 있다. 비현실적이고 망상적인 두려움을 유도하기 위해서, 또는 집단 지도자의 야망을 위해서 창의력이 악용되기 때문이다.

요약하면 다른 감정과 마찬가지로 두려움도 자체의 방식으로 창의력을 유발할 수 있다. 보편적 감정인 사랑이 우리의 노래, 회화, 신화, 심지어 과학에도 영향을 미치는 것처럼, 우리의 내면에 깊이 뿌리 내린 감정인 두려움도 그렇게 할 수 있다. 뭉크의 그림 〈절규〉든, 마녀와 악마가 등장하는 민간설화든, 좀비 영화든, 우리의 예술과 문학은 늘 두려움, 불안, 공포로 가득 차 있었다. 우리가 가진 최악의 공포와 타인을 공포에 빠뜨리려는 야망에 굴복한 우리의 과학적 창의성은 결국 핵무기와 같은 악마를 탄생시키는 데 이용됐다.

창의성이 두려움에 영향을 미치는 방식

창의적 사고는 두려움을 유발할 수도 있고, 제한할 수도 있다. 그것은 안전지대 밖으로 나가서 미지의 세계에 발을 들여놓을 의지가 필요하다. 그렇기에 창의성은 종종 두려움을 불러일으킨다. 무엇을 창조하려면 현상을 유지하기 위한 규범을 깨야만 한다. 이는 대개 예측된 반발과 예상외 반발, 집단의 반대, 멋진 것을 만들지 못하거나 타인의 인정을 받을 수 없는 뭔가를 만들 수도 있다는 두려움으로 이어진다. 이러한 제약은 창작자를 두려움에 떨게 하고 자신의 창의적 목표를 적극적으로 추구하는 것을 방해할 수 있다. 기존의 규범을 부정하는 창의적 노력에 대한 반대는 실패나 치욕의 불편한 감정에만 국한되지 않는다. 중요한 자원의 상실로도 이어질 수 있다. 역사적으로 유명한 예술가나 과학자들은 혁신적이고 창의적 사고 때문에 막대한 대가를 치러야 했다. 갈릴레오는 목숨을 잃을 뻔했다. 평범한 집단 구성원들은 새로움의 강도가 크면 클수록 참신한 사고와 사기나 이단을 구분하기가 더 어렵다. 반 고흐 같은 예술가들은 그들의 시대에는 인정받지 못했다. 환자를 수술하기 전에 손을 씻을 것을 제안했던 이그나즈 제멜바이스Ignaz Semmelweis 박사는 수년 동안 동료 의사들의 조롱을 받았다. 학계에서는 혁신적인 사고를 위험하고 비정상적인 것으로 평가하기 때문에 신진 연구자들은 스승이나 기성 과학자들의 의견을 거스르지 말 것을 요구받았다. 하지만 과학의 새로운 방향은 미지의 영역에 대한 연구와 복잡한 계획을 필요로 한다. 이러한 미지의 영역은 이미 알려진 분야에 비해 실패의 가능성이 당연히 증가한다. 혁신가들도 자신의 생각이 멋진 것인지 어리석은 것인지 확신하지 못할 때가 많다.

그러므로 고도의 창의적 사고나 과업은 늘 일정 수준의 스트레스, 위험, 불확실성, 문제 해결, 잠재적인 사회적 저항에 부딪혔다. 이러한 위험과 두려움 사이의 균형, 예상되는 보상, 창작자의 이전 경험(창의적 시도에서의 성공이나 실패의 경험), 그들의 생물학적 특징(특성 불안, 참신함에 대한 개방성, 외적 보상에 대한 의존도) 등이 미지를 탐구하고자 하는 의지와 그것과 마주했을 때 얼마나 두려움을 느끼는지에 영향을 미친다.

삶이 우리에게 던지는 시련은 적응과 함께 창의적 사고와 행동을 요구할 때가 많다. 그런 의미에서 창의력은 생명이나 자산을 보존해 줄 뿐만 아니라 우리가 직면한 문제를 해결함으로써 스트레스와 불안을 줄이는 데도 도움이 된다. 역사적으로 전쟁과 경기침체기는 창의적 상품의 생산이나 과학적 성장과 발전을 촉진했다. 이는 그러한 환경들이 우리가 문제에 봉착하기 전부터 갖고 있던 기존의 방식과는 다른 방식을 요구하기 때문이다. 창의적이거나 적응력이 낮은 사람은 자연이나 다른 부족에 패배해 왔다. 이러한 의미에서 창의력은 스트레스에 의해 촉발될 뿐 아니라 스트레스의 원인을 해결하고, 우리 자신에 대한 한층 강화된 통제력을 갖고 있다고 생각하게 함으로써 스트레스를 줄이기도 한다. 우리가 문제 해결을 위해 무엇인가를 할 수 있다고 생각할 때, 아무것도 할 수 없다고 생각할 때보다 두려움을 덜 느낀다.

또한 창의력은 부정적 경험에 적응하면서 의미를 부여하고 해석하게 한다. 전쟁에서 예술, 철학, 문학은 긍정적인 국가적 정체성과 동기부여를 제공했다. 창의적인 사람들은 더 나은 대응 기술과 문제 해결 방법을 발견해 불안과 두려움을 피하지 않고 정면 돌파한다. 우리 중 일부는 자신의 창의적 능력을 활용해서 두려움과 불안을 이해하려고 하고 그것을 치료하는 혁신적인 방법을 알아내려고 한다. 이 분야에 종사하는 사람들 다수는 적어도 자신 혹은 사랑하는 사람이 두려움이나 불안으로 어려움을 겪었던 경험이 있었기 때문이다.

창의적인 사람은 두려움과 불안을 예술, 과학, 문학, 여타 상품들로 탈바꿈하거나 승화시킬 수 있다. 예술가들은 두려움과 불안을 외연화해 정신세계가 받는 영향을 완화할 수 있다. 그들을 겁먹게 만드는 대상이 바뀌고 외부에 있는 어떤 것에 투사되거나 좀 더 감당하기 쉬운 것으로 대체된다.

반대로 창의적인 사람은 더 나은 해결책을 찾을 수 있는 것처럼 더 복잡한 문제와 걱정거리도 더 많이 만들어낸다. 사실 이 장을 쓰게 된 동기는 동료가 치료하던 한 환자에 대한 토론 때문이었다. 우리 둘은 그가 어떻게 자신에게 일어날지 모르는 복잡하고 재앙에 가까운 시나리오를 찾아내고 만들 수 있는지에 놀라움을 금할 수 없었다. 이 환자의 창의적 사고는 하나의 걱정거리를 해결할 답을 찾아내고 뒤이어 그 답은 새로운 문제를 만들어냈다. 스티븐 킹이 탈출 불가능한 가장 세련된 공포와 시나리오를 창작할 수 있었던 것처럼, 창의적 불안은 삶이 불행해질 수 있는 굉장히 창의적이고 복잡한 방법을 생각해 낸다. 이 경우에는 창의력이 불안과 결합한 것이다. 창의력은 두려움의 연합군이 되어 창의적인 사고를 하는 사람과 그들 주변에 있는 사람들을 공포에 몰아넣는다.

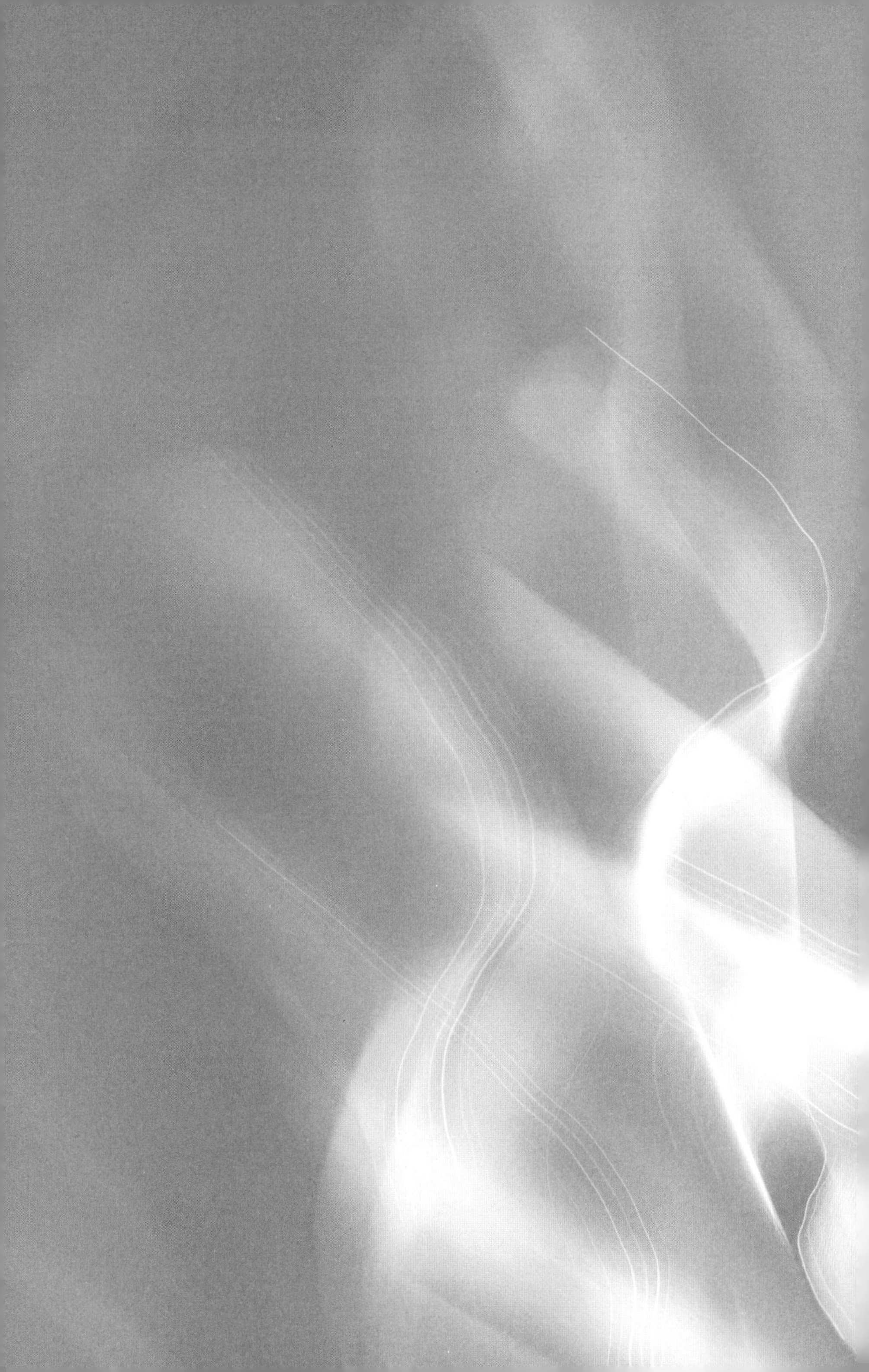

A F R A I D

14

우리를 지배하는 두려움

두려움의 정치

멕시코가 자국민을 보낼 때, 문제가 많은 국민을 보낸다.
미국으로 건너오는 멕시코인들은 마약, 범죄, 강간과 같은
문제도 함께 미국으로 들여온다.

- 도널드 트럼프Donald Trump, 2015년 6월 16일

나는 정치 전문가도 아니고, 특정 정당을 지지하지도 않는다. 나는 나의 정치적 관점을 배제하고 과학적인 접근법만을 따르려고 노력했다. 이 장에서 나오는 사례 중 다수가 도널드 트럼프와 관련된 것인데, 이는 사례가 지닌 역사적 동시성과 명료성 때문이다.

개인의 경험 이외에, 위협에 대한 유익하고 효율적인 학습법은 사회적 신호다. 이는 타인이 위협에 직면하는 것을 관찰하거나 타인에 의해 우리에게 전달되는 구어적·문어적 정보를 통해서 일어난다. 이는 어떤 위험을 피해야 한다는 것을 알기 위해서 모두 동일한 위험을 경험할 필요가 없다는 점에서 상당히 유익하다. 예를 들어, 부족원 하나가 특정 지역에서 포식동물을 만났다면 나머지 부족원은 그 지역에 가지 않으면 된다. 만일 한 부족원이 다른 부족의 군대가 접근해오는 것을 보게 된다면 모두 빠르게 영토를 방어할 준비를 하면 된다. 우리는 여전히 이러한 능력을 활용한다.

위협이 크면 클수록 해를 입을 가능성이 높으면 높을수록, 우리는 그 메신저를 신뢰한다. 당신이 한 이웃을 싫어하고, 믿지 않고, 혐오할 수 있다. 그런데 그 이웃이 당신에게 근처에 무장 강도가 돌아다닌다고 말해준다면 아마도 나중에 후회하기보다는 안전한 것이 나으므로 집 안에 들어가서 모든 문을 잠가버릴 것이다. 심지어 그 이웃과 머리를 맞대고 강도가 나타나면 어떻게 할지 의논할지도 모른다. 진화론적 관점에서 보면, 위기를 통해 강화된 집단 내 신뢰와 단합은 생존 가능성을 높이는 강점 중 하나다. 심각한 위협에 직면했을 때, 사람들은 덜 중요한 불일치를 미뤄두고 힘을 합쳐서 공통된 위험을 좀 더 효과적으로 막아낸다. 그것이 전쟁 중 연합한 국가들이 단결하고 적어도 짧은 기간 동안은 반목과 갈등을 미뤄두는 이유다.

또한 우리는 두려움이 논리를 따르지 않는다는 것도 배웠고 정확하기보다는 다소 빠르다는 것도 안다. 두려움이 진화한다는 맥락에서 그 깊은 의미를 분석적으로 생각하는 것보다 위협을 즉각적으로 회피하거나 무력화시키는 것이 더 중요하다. 그러나 문제는 진화론적으로 두려움의 뇌가 방어하도록 프로그램된 원시적 위협은 현대의 복잡한 삶에서 마주하는 위협과는 상당히 다르다는 것이다. 우리의 뇌는 포식동물을 만났을 때 즉각적으로 공격하거나 도주하게 되어 있지만, 오늘날 직면하는 위협은 논리적 사고를 통해서 해결하는 것이 더 낫다. 비논리적이고 충동적인 속성을 지닌 두려움은 두려움의 정치에서 중요한 한 축이다.

우리는 부족성을 지닌 종이다

다른 영장류와 달리 우리는 상당히 부족성이 강한 집단 중심의 종이다. 이것이 반드시 부정적인 것만은 아니다. 사실 이 특성은 우리의 생존에 매우 중요한 열쇠다. 우리 종은 문화, 문명, 과학, 문학, 기술 부문에서 눈부신 발전을 이루었다. 이는 함께 단결해서 일을 하거나 사냥하고, 서로를 지키고, 냉혹한 자연이 가하는 재앙에 맞서서 단결할 수 있는 능력을 갖췄기 때문이다. 우리는 집단으로 존재할 때 좀 더 안전하다. 그러나 그 부족성 때문에 우리의 가장 큰 위험은 단연코 다른 인간들이다. 부족 간의 전쟁과 파괴, 이데올로기 그리고 국가가 늘 인간 특성의 일부다. 우리는 패배의 두려움이나 확장의 욕망 때문에 늘 반목하고 서로를 죽여왔다.

이러한 부족주의와 집단중심적 본성은 경쟁의식과 결합해 현대에도 여러 측면에 여전히 존재한다. 우리는 국가, 종교, 스포츠로 경쟁을 하고 있으며, 이러한 소속감에 대해서 상당히 진지하다. 스포츠는 가장 거대한 산업 중 하나이며, 스포츠 팬들은 그들이 지지하는 팀을 거의 떠나지 않는다. 심지어 지지하는 팀에 대해서는 덜 논리적으로 생각한다. 팬들은 해당 팀이 아무리 형편없어도 지지하는 팀을 바꾸는 일 따위는 없다. 마찬가지로 사람들은 자신의 종교나 정치, 국가를 바꾸는 일도 거의 없다.

과학은 우리의 부족성을 어떻게 설명하는가?

사회신경과학은 흥미로운 연구 분야로 사회적이고 문화적인 상호작용의 맥락에서 인간의 뇌를 이해하는 것을 목표로 한다. 이러한 유형의 연구에서는 뇌가 우리와 사고와 외모가 다른 사람과 사고와 외모가 유사한 사람들을 어떻게 인식하는지를 밝혀왔다. 예를 들어, 외집단과 비교했을 때 우리와 관련이 있는 집단의 구성원들이 느끼는 감정, 특히 고통에 좀 더 강하게 반응한다. 일본의 일본인과 미국의 백인의 뇌 반응을 조사한 한 연구에서 연구자들은 각 집단이 자신과 동일한 문화 집단 구성원들의 두려움에 떠는 표정에 편도체 반응이 증가하는 것을 확인했다. 이는 진화론적 이점으로 볼 수 있다. 좀 더 친숙한 외모를 가진 누군가에게 가해진 위협은 우리에게도 가해질 가능성이 더 높기 때문이다. 부족원을 공포에 떨게 하는 것이 무엇이든 그것은 우리에게도 잠재적으로 위험하다. 흥미롭게도 이러한 차이가 두 문화에서 성장한 사람들, 예를 들면 일본계 미국인이나 아주 어린 시절부터 다양한 배경을 가진 사람들에 둘러싸여 성장한 사람들에게서는 덜 두드러진다. 이는 집단에 대한 소속감과 공감이 선천적 특성이 아니라 학습된 것임을 의미한다는 점에서 아주 중요하다.

집단 중심의 감정이입은 살면서 갖게 되는 좀 더 추상적인 소속 집단에서도 드러난다. 한 흥미로운 연구에서 호주 연구자들은 대학생들이 같은 대학의 학생들과 경쟁 대학의 학생들에게 가해진 위협을 어떻게 인식하는지를 조사했다. 퀸즐랜드대학교 학생들에게 어떤 사람이 다른 사람을 의도적으로 해하려는 영상(빗자루로 때리려고 하는 영상)을 보여줬다. 또 다른 비디오 클립에서는 퀸즐랜드대학교 학생 혹은 경쟁 대학교의 학생으로 가장한 배우들이 등장했다. 참가자들은 같은 대학 학생이 공격당하는 영상에 더 예민하게 반응했고 연구자들은 도덕적 판단과 연관된 전전두피질 영역에서 활동이 증가한 것을 확인했다.

이러한 연구들이 우리의 뇌가 우리 집단과 타인의 집단에 대한 사회적 실마리, 감정, 위협을 인식하고 처리하는 방식의 차이를 보여주지만, 그 차이가 선천적 특성임을 말하는 것은 아니다. 오히려 이 연구들은 우리가 느끼는 소속감이 학습이 가능한 특징임을 의미한다. 나는 인종차별주의나 편견이 선천적이고 인간성을 구성하는 하나의 생물학적인 요소라는 생각을 부정한다는 점에서 이 연구를 강조하고 싶다. 우리는 한 집단을 우리 집단으로, 다른 집단을 타자로 인식하도록 훈련받고 교육받는다. 그러나 이러한 능력은 역사적으로 부족의 지도자들이 오랫동안 악용해 온 생물학적 허점이다.

두려움의 정치

부족원들의 소속감, 부족원들을 향한 신뢰, 두려움의 비논리적 특징, 두려움의 공격적 성향은 부족을 종속시키고 타 부족을 정복하기 위해서 부족 지도자, 이데올로기, 종교에 의해 이용되었다. 권력을 추구하는 사람들은 인간이 겁을 먹으면 좀 더 원시적이고 자동화된 반응으로 퇴행하기 쉽다는 것을 빠르게 알아차렸다. 타자에 대한 두려움은 늘 수백만의 인간을 비논리적인 차가운 무기로 탈바꿈시키는 데 악용되었다. 하나의 종으로서 인간 역사를 되돌아보면, 수백만 명이 끔찍하도록 오류투성이인 이데올로기를 받아들이고 그들의 지도자들을 맹목적으로 따라서 타인과 자신을 상상할 수 없는 파괴로 몰아넣은 사례가 얼마나 많은지를 알 수 있다.

두려움을 이용하는 정치

2016년 CNN 뉴스팀이 시리아와 이라크 난민 가족들의 전쟁 트라우마와 이주 스트레스와 관련된 연구를 취재하기 위해서 나를 찾았다. 인터뷰가 끝나고 난민 가족들과 이야기를 나누기 위해 그들이 사는 곳을 방문했다. 이 인터뷰가 방송된 후 그것을 본 학생들에게 가장 인상적인 부분이 무엇이었는지 물었다. 학생들은 내가 기자들에게 공유한 리서치 데이터를 떠올리는 것 같았다. 하지만 나는 의견이 조금 달랐다. 내가 한 말은 하나도 중요하지 않았다. 나는 이 인터뷰에서 가장 중요한 부분은 자녀들과 함께 길거리를 걷던 한 무슬림 엄마였다고 생각한다. 나는 학생들에게 "이렇게 평범하고도 편안해 보이는 가족들을 보고 그들을 미워하기란 어렵다"라고 말했다.

부족주의에 치우친 우리의 생물학적이자 심리적 경향을 이용하는

지도자들은 우선 타인과 구별되는 '우리'를 규정해야 한다. 비록 오랜 역사를 거치면서 각 국가의 국경은 바뀌었지만 '우리'는 종종 한 국가의 국민을 의미한다. 2천 년 전, 페르시아 제국의 시민들에게(해당 제국은 지금의 이란, 이라크, 튀르키예, 아프가니스탄, 파키스탄 및 기타 국가들을 아우른다) '우리'의 범주에는 훨씬 많은 수의 민족, 인종, 종교, 민족집단이 포함돼 있었다. 외모, 영토, 종교 등은 '우리'를 규정하는 좀 더 쉬운 방법인 반면, 추상적인 존재인 인간에게 한 집단을 규정할 수 있는 방식은 무수히 많다. 가장 중요한 것은 해당 민족이 공유하고 있는 명확하게 규정된 특징이다. 한 부족은 가변적 특성을 지녔고 다른 시기에 다르게 규정될 수 있다. 제2차세계대전 동안 나치가 된다는 것은 독일이라는 국가 안에서 하나의 뚜렷한 부족을 의미했다. 그러나 이제 독일은 북대서양 조약기구 회원국으로 수십 년 전 전쟁에서 적으로 만났던 국가들을 지키는 데 헌신한다. 미국의 경우, 공화당원이나 민주당원을 규정하는 것과 이 두 부족의 지리적 분포는 이 정의가 수립된 이후 크게 변했다. 한 부족 안에서조차 지도자의 야망에 따라 해당 부족의 정체성을 구성하는 요소들, 예를 들어 영토, 종교, 정당 소속, 인종 등을 달리 강조했다. 미국의 정치는 때로는 애국심을, 때로는 기독교 정신, 때로는 자본주의를 강조했다.

다음 단계는 우리와 한 가지 혹은 한두 가지의 차이를 가진 집단, 즉 '그들'을 규정하는 것이다. 우리를 규정하는 것처럼 인종, 영토, 종교같이 좀 더 분명하게 확인되는 것이 기준일 수 있다. '그들' 대 '우리'의 이분법을 촉진하는 것은 사물이나 상황을, 특히 두려움과 같은 감정에 이분법으로 접근하고 싶어 하는 인간 경향이다. 두려움을 느낄 때, 어떤 것은 위험할 수도 있고 안전할 수 있다. 거기에는 중간이 없다. 지도자의 관심사에 따라 우리와 그들은 중동인, 시크교도, 유대인, 진보주의자, 보수주의자, 백인, 흑인, 좌익, 우익 등 두 대상 집단 사이에 선을 그을 수 있는 모든 표식을 의미한다. 추상적인 경계선은 좀 더 쉽게 재설정될 수 있으며, 그러한 계획에 동의하지 않는 부족원은 부족으로부터 추방당할 수 있다. 우리는 이러한 경우를 도널드 트럼프의 재임 기간에 여러 차례 봤다.

다음은 '그들은 나쁘다'는 논리를 따르는 것이다. '우리' 대 '그들'의 역학에 두려움과 혐오를 덧칠하기 위해서, 그들은 우리에게 위협이어야 한다. 그들은 우리를 해하거나 귀중한 자원을 강탈해 가는 대상으로 묘사되어야 한다. 지도자가 달성하기를 원하는 목표에 따라서 그것들은 우리의 영토, 식량, 목숨, 자산, 문화, 인종, 총기, 직업, 자유가 될 수 있다. 때때로 그들은 단순히 우리를 싫어해서 우리를 파괴하고 싶어 할 수 있다. 2016년 3월 9일 한 인터뷰에서 트럼프는 "이슬람은 미국을 증오하는 것 같다"라고 말했다. 그는 기본적으로 세계 인구의 거의 3분의 1에 해당하는 사람들은 위험한 사람이라는 기준을 만들었다. 우리는 '미국인'이고 그들은 '이슬람'이었다. 이 문장이 심지어 말이 되지 않는다는 것은 문제조차 되지 않는다. 종교로서 이슬람은 미국이 수립되기 1천 년 전에 탄생했으므로, 이슬람이 미국을 증오해 왔다는 것은 불가능하다. 심지어 그가 오늘날의 이슬람을 말하는 것이라면 다양한 문화, 인종, 국적, 정치적 신념을 가진, 미국을 포함한 전 세계 18억 이슬람교도를 하나의 범주에 넣는 것은 현실적으로 불가능하다. 그가 이 말을 했을 당시 이 문장은 상대방에게 하나의 메시지를 전달하기 위한 목적이 있었다. 그 메시지는 이슬람이라 부르는 대상이 있고 그것을 믿는 사람들은 미국의 존재를 혐오하므로 이 미국이라는 나라에 그들이 들어오지 못하게 해야 한다는 것이다. 그러나 이 개념은 얼마 지나지 않아 다시 규정됐다. 트럼프가 전 세계에서 가장 이슬람적인 국가 중 하나인 사우디아라비아의 지도자들과 허니문을 즐기기까지는 그리 오랜 시간이 걸리지 않았다. 2018년 〈워싱턴포스트〉 기자 자말 카쇼기가 사우디인들에 의해 잔인하게 살해당했을 때조차 트럼프의 반응은 그들을 수십억 달러의 미국 군사 장비를 구매하는 비즈니스 파트너로 재규정하고 있었다.

부족주의는 다른 국가들을 상대로 사용되는 경우가 많지만, 최근 몇 년에 걸쳐서는 미국의 정치권 안으로 침투해 들어오는 모양새다. 트럼프는 많은 미국인을 적으로 분류하는 것을 결코 주저하지 않았다. 그는 민주당원이 미국을 파괴하려고 한다고 거듭 주장했다. 그는 민주당의 정책이 잘못됐다고 말하지 않았다. 그는 자신의 지지자들에게 민주당원들이 의도적으로 국가를 망치려고 한다고 말했다. 또한 그는 반역자 민주당이 2020년 선거를 훔쳐 갔다고도 주장했다. 트럼프를 정확한 정보를 활용할 수 있는 지도자로 받아들이고 있는 사람들에게 다음 논리적 수순은 그 사람들(이 경우 민주당원들)을 혐오하는 것이다. 그렇다고 2021년 1월 6일 국회의사당 습격 사건의 범죄 행위를 정당화하고 싶은 생각은 추호도 없다. 그들은 틀렸고 위험했으며 너무 지나쳤다. 그러나 나는 그들 중 일부는 단순히 그들의 지도자를 따랐을 뿐이라고 생각한다. 그들의 마음속에서 미국은 민주주의를 도둑맞았고, 자신들이 미국 민주주의의 수호자이자 군대라고 생각했다.

〈에일리언〉, 〈터미네이터〉, 〈인디펜던스 데이〉, 〈워킹데드〉 같은 영화와 드라마는 모두 하나의 테마를 공유한다. 인류가 우리를 멸망시키기를 원하는 아주 위험한 '그들'에 의해 위기에 빠져 있다는 것이다. 영화에 등장하는 '그들'은 한 가지 측면만을 갖고 있다. 그것은 바로 '그들'을 죽이고 파괴하는 것이다. 어떻게 우리가 타인의 죽음과 멸망을 오락으로 즐길 수 있을까? 대다수 관객은 영화 〈존윅〉에서 개가 죽었을 때 마음 아파했다. 그런데 같은 영화에서 수백 명의 인간이 잔인하게 죽어가는 모습을 어떻게 즐기면서 볼 수 있을까?

뚜렷한 차이는 그들이 우리를 혐오한다는 사실 이외에 우리가 그들을 두려워하기 때문이고 우리 자신을 보호하는 것이 정당화되기 때문이다. 그들은 우리보다 덜 인간적이다. 그들은 기계, 외계인, 이미 죽은 인간, 혹은 도덕적으로 우리보다 아래에 있는 사람들이다. 관객들은 악당들을 죽이는 것을 즐기는 영화에서 악당들이 가족과 애정이 듬뿍 담긴 식사를 하거나 자녀와 놀이를 하는 모습을 절대 볼 수 없다. 그들은 죄 없는 사람들을 괴롭히는 것을 즐기는 진정한 악당들이다. 이러한 표현은 실제 세계에서도 일어난다. 적은 우리와 달리 비문명화된, 인정 없는, 사악하고, 비인간적으로 표현된다.

나치는 유대인들을 덜 인간적인 민족으로 묘사했다. 많은 러시아인은 우크라이나 국민을 잔인하게 죽이고 있는 러시아 군대를 보면서 즐거워한다. 이는 러시아 정부가 우크라이나인들을 '나치'라고 선전했기 때문이다. 할리우드가 이슬람 공포증에 빠져 있던 시기에 이슬람교도들은 아랍어로 뭔가를 소리치고 폭력적이고 악하고도 냉혹한 사람들로 묘사됐다. 당신은 공원에서 아이와 놀거나 사랑에 빠진 이슬람교도를 본 적이 없을 것이다. 트럼프는 이런 전략을 활용해서 그의 반대자들의 성격이나 신체 특징을 공격하는 것으로 그들을 조롱했다. 그는 자신보다 키가 작은 마이클 블룸버그를 '미니 마이크'라고 불렀고, 연방하원 의원 제리 내들러를 '돼지 제리', 낸시 펠로시를 '미친 낸시'라고 불렀다. 이러한 사례는 이보다 훨씬 더 많다.

그들에 대해 들은 것을 우리가 믿게 하려면, 지도자들은 최선을 다해서 '우리'와 '그들'을 구분해야 한다. 직접 그들을 만나본 적이 없을 때는 그들에 관해 들은 말을 믿기가 더 쉽기 때문이다. 그뿐만 아니라, 겁을 먹었을 때 우리는 손을 뻗어 그들과 관계를 맺으려고 하지 않는다. 만일 당신과 비슷하게 생긴 사람들에게만 둘러싸여서 성장했다면, 오직 하나의 방송국만 들었다면, 나이 많은 삼촌에게서만 당신과 다르게 생긴 혹은 다른 생각을 하는 사람들에 대해 들었다면, 당신은 그 모든 내용을 받아들일 가능성이 좀 더 높다.

한 군인이 내게 말했다. "한 번도 본 적 없는 사람을 먼 거리에서 죽이는 것은 훨씬 더 쉬워요. 망원경을 통해서 보면 사람이 아니라 빨간 점으로밖에 보이지 않거든요." 타인에 대해 아는 것이 적을수록 서로 단절되기 쉽고 그들을 혐오하고 파괴하는 것이 더 쉬워진다. 그들은 우리가 한 번도 만나본 적 없는 하나의 타자가 된다.

부족주의, 두려움 그리고 공격성

미국 정치의 최근 현상 중 하나는 다름에 대한 과민성이다. 그리고 이 현상은 시간이 거듭될수록 심화하고 있다. 많은 이가 다른 관점이나 사고를 더 이상 환영하지 않는다. 그리고 다른 것은 뭐든 지도자나 그들을 지지하는 미디어에 의해서 위험한 것으로 묘사된다. 다름이 위협으로 보일 때, 그것은 무력화되어야 하고 파괴되어야만 한다. 당신은 적의 말을 들을 필요가 없으므로 다른 사고나 관점에 귀를 기울일 필요가 없다. 앞에서 공격성이 두려움에 대한 반작용일 때가 많다는 것을 설명한 바 있다. 위협에 직면했을 때, 우리는 그것을 피하거나 그것으로부터 탈출한다. 혹은 그것을 무력화시키거나 파괴한다. 역사적으로 두려움의 대상이라고 규정된 사람들과 국가를 파괴하기 위한 가장 잔인한 무기로 인간을 탈바꿈시키는 데 두려움이 악용됐다. 우리를 혐오하고 우리보다 덜 인간적인 그들 때문에 파멸 위협에 직면하면 우리는 파괴되는 대신 파괴자가 되는 것을 선택한다. 겁을 먹거나 화가 났을 때, 우리는 덜 논리적으로 사고하고 지도자를 더욱 신뢰하게 되며, 우리라고 규정된 부족의 깃발 아래 더욱 단결하게 된다. 그때 내면에서 깨어난 동물적 인간은 문명화된 인간은 상상할 수 없는 야만적인 행위를 기꺼이 저지를 수 있다. 예를 들어, 이성적인 대다수 사람은 겨우 100년 전 제2차세계대전 기간에 무려 5천만 명이 넘는 민간인이 사망했다는 사실을 믿을 수 없을 것이다.

타인을 죽이고 자원을 강탈하는 전쟁에서 공격성이 가장 두드러지게 나타나지만, 공격성은 좀 더 추상적인 형태로 표현될 수도 있다. 그들의 자산, 종교, 문화적 랜드마크를 파괴하고, 그들을 영토에서 내쫓고 괴롭히는 것은 다른 형태의 공격성이다. 디지털 부족주의 시대에 소셜미디어상에서 그들을 괴롭히거나 우리의 의식에서 그들을 제거하거나 차단하는 것은 상징적인 공격 방법들이다.

해결책은 존재하는가?

최근 미국 정치가 극도로 분열되고 두려움과 분노로 가득 차 있다는 것은 의심할 여지가 없다. 어떤 이들은 반대편에 있는 사람들에게 말을 거는 시도 자체를 포기하고 그들을 차단했다. 정치적 견해 차이 때문에 가족들도 서로 대화하는 것을 멈추고 소셜미디어에서 친구들끼리도 서로를 차단한다. 나를 포함한 사람들은 여전히 희망의 끈을 놓지 않았다. 2021년 1월 사학자인 크리스티안 카포테스쿠 박사와 나는 〈2021년 전진; 양극화된 미국을 위한 조언〉이라는 제목의 오피니언 칼럼을 썼다. 우리는 이 글에서 미국을 다시 통합할 방법에 대해 몇 가지 제언을 남겼다.

통합으로 가기 위한 길에서 중요한 첫걸음은 정치인들과 미디어가 확산시킨 두려움과 싸워서, 두려움의 결과물인 혐오, 분열, 실질적이면서 상징적 공격성을 극복하는 것이라고 믿는다. 그것을 위해서 우리는 집단으로서 일궈낸 성과들을 인정하고 칭찬할 수 있는 능력을 되찾아야 한다. 우리는 개인적 차원에서 생일, 승진, 졸업을 축하하는 것으로 그러한 일을 한다. 우리는 그것을 국가적·국제적 차원에서 해야 한다. 우리는 지속적으로 수천만 명의 목숨을 앗아갔던 질병과 전쟁과는 거리가 먼, 인류 역사상 가장 안전하고 가장 풍요로운 시대를 살고 있다. 과학, 기술, 의학의 발전이 우리에게 매일매일 새로운 발견과 솔루션을 제공한다. 우리는 AIDS 치료에 놀라운 성과를 내고 있으며, 그 어느 때보다 전염병 통제에 높은 성과를 냈다. 우리에게 어려움이 없다고 말하려는 것이 아니라, 우리의 상황이 암울하지 않다는 것을 말하고 싶은 것이다. 우리는 우리 사회 그리고 인류가 성취한 성공과 업적을 인정하고 제대로 평가할 필요가 있다. 다시 말해, 우리는 공통의 희망, 목표, 필요, 강점에 근거해서 우리 부족을 재규정할 필요가 있다.

우리는 인류를 공통의 니즈를 가진 하나의 공동체로 볼 수 있게 만들 국제적 프로젝트와 목표를 찾아야 한다. 미국은 제로섬 접근법을 버리고, 정치적 소속이나 부족주의적 소속과는 무관하게 미국인과 전 인류에게 도움이 되는 건설적인 프로젝트를 찾아야 한다. 이를 위해 우리는 다른 사람의 말과 정치적·문화적 담화의 스펙트럼에서 다른 의견에 경청하는 능력을 회복해야 한다. 그렇다고 그것이 우리와 견해가 같은 미디어가 전해주거나 우리가 지지하는 정치가 선택한 타인의 말에 귀를 기울이는 것만을 의미하는 것은 아니다. 정치권이나 미디어에서 선의를 가진 사람들은 의미 있는 담화에 좀 더 진지해질 필요가 있다. 이것은 정치적·문화적 견해를 동등한 입장에서 대중과 논의할 필요가 있다는 의미다.

부족의 지도자들과 그들의 미디어가 우리를 대신해서 규정한 것과 무관하게 우리와 의견이 다른 사람들은 적도, 바보도, 덜 인간적인 존재도 아니다. 진보주의자와 보수주의자가 함께 자전거를 타고 저녁 식사를 하는 것이 여전히 가능하며, 그들의 지도자가 그들을 대신해서 결정한 운명 때문에 서로를 혐오하지 않는 것도 가능하다. 만일 당신이 지지하는 정당의 지도자가 하는 말이 모두 진실이라고 믿고, 반대편에서 하는 말을 모두 거짓이라고 믿는다면 다시 생각해 볼 필요가 있다. 논쟁에서 한쪽이 늘 옳고, 한 국가의 절반은 모두 사악하고, 잘못됐으며 멍청이일 수는 없다.

이 모든 것은 절실한 노력이 필요하지만 그렇다고 불가능한 것만은 아니다. 그리고 우리에게는 더 나은 선택지가 없다. 이를 선택하지 않으면 운명주의와 혐오에 굴복하고, 우리 사회가 붕괴하기만을 기다리는 길밖에는 없다. 무엇보다 중요한 것은 타인이 규정한 우리, 타인이 원하는 우리에 대한 생각, 타인에 대한 생각, 세계에 대한 생각에서 자유로워지는 것이다. 그것이 우리를 다른 동물과 차별화하는 가장 중요한 요소다.

A F R A I D

15

두려움의 비즈니스

두려움을 이용하는 미디어와 인터넷

미디어가 두려움을 퍼뜨리면 퍼뜨릴수록, 점점 더 많은 이가
서로를 믿는 능력을 잃었다.
그들에게 닥친 모든 새로운 병에 대해서 미디어가 설명했고,
그들의 설명에는 늘 얼굴과 이름이 붙어 있었다.
사람들은 그들의 가장 가까운 이웃까지 두려워하게 됐다.
개인, 공동체, 국가 차원에서 사람들은 타인의 악한 의도의
신호를 찾았다.
어디를 보든 그들은 그 신호들을 발견했다.

- 버나드 베켓Bernard Beckett, 뉴질랜드의 작가

2017년 3월 22일 한 남자가 런던의 웨스트민스터 사원 밖에서 자신의 차를 인도 쪽으로 몰아 다섯 명이 사망하고 약 50명이 부상당했다. 그날 나는 차 안에서 BBC 뉴스를 들었던 기억이 난다. 평소와 마찬가지로 기자는 절제된 목소리로 이 차량 공격에 대한 사실들을 보도하고 있었다. 나는 CNN과 폭스 뉴스로 채널을 돌렸다. 같은 이야기를 그들은 어떻게 보도하는지 듣고 싶었기 때문이었다. 곧바로 나의 관심을 끈 것은 뉴스를 보도할 때 극적으로 바뀌는 목소리 톤이었다. 기자의 목소리는 상당히 극적이고 감정적이었다. 나중에 이 사고를 다룬 세 개의 방송사 헤드라인을 봤고, 대조적인 면을 발견했다.

BBC: "웨스트민스트 테러 공격으로 다섯 명이 사망했다."

CNN: "끔찍한 공격이 런던을 공포로 뒤흔들다."

폭스 뉴스: "런던, 10년 만에 최악의 테러리스트 공격에 신음하다."

이 테러가 일어났을 당시 런던에 살고 있었다고 상상해 보자. 이 헤드라인을 읽으며 스스로의 안전에 대해 어떻게 느낄 것 같은가? 미국의 케이블 뉴스와 미디어는 몇몇 다른 국가의 진지한 미디어와는 크게 다르다. 이 미디어의 뉴스 보도에서는 감정이 중요한 역할을 한다. 폭스 뉴스의 터커 칼슨은 자신이 보도하고 있는 끔찍한 일 때문에 늘 화가 나 있고, 기분이 나쁘고, 놀란 것처럼 보인다. CNN의 울프 블리처는 늘 "극도로 걱정스러운 상황이다"라고 말한다. 한두 시간 뉴스를 보고 있으면 시청자들은 전 세계가 곧 멸망하거나 미국이 정치적으로도 문화적으로도 파국의 길에 들어선 것 같은 기분이 든다. 앵커와 해설자들은 굉장히 감정적인 목소리 톤, 비언어적 행동, 도발적인 어휘를 선택할 때가 많다. 실제로 무슨 일이 일어났는지보다는 TV에 나오는 사람들이 내린 감정이 잔뜩 실린 결론에 좀 더 초점이 모인다.

일전에 한 우버 기사가 내게 말했다. 우리 부모들이 보던 뉴스는 일어난 사건에 대한 것이었는데 우리가 보는 뉴스는 앞으로 일어날지 모르는 일에 관한 것이라고. 반복적으로 재생산되는 이 뉴스들은 대개 부정적이고 걱정스러운 것이며, 긍정적인 뉴스들은 우선순위가 낮다. 반대로, 다른 국가들과 미국의 국영 미디어는 기자들의 목소리가 대체로 건조하고 침착하며, 선택된 어휘도 '사실'과 숫자에 관련된 것이다. 내가 사실을 문장부호 안에 넣은 이유는 감정이 들어 있지 않다는 것이 반드시 정확한 사실과 정보를 의미하는 것은 아니기 때문이다.

또 다른 차이는 미국 미디어의 편협한 시각이다. 미국 케이블 뉴스 채널들은 극적이고 감정적으로 격앙된 동일한 뉴스 아이템과 그들의 분석을 반복적으로 내보내고, 세계와 미국에 대한 좁은 시야를 시청자들에게 제공한다. 그토록 반복적인 주제가 선정된 방법이나 이유에 대해서는 알 길이 없다. 2021년 말레이시아 항공 370편이 실종됐을 때 TV를 보던 사람들은 시시각각 보도되는 생방송과 분석 뉴스에 지루함을 느꼈다. CNN을 보면 거의 일주일 동안 같은 비행기 실종 뉴스를 제외하고 다른 뉴스를 접하기가 거의 불가능했다. 마치 그 사건을 제외하면 다른 사건은 일어나지 않은 것처럼 느껴진다. 그러고 나면 다음 뉴스가 등장해서 관심을 끌고 비행기 실종 사건에 대한 언급은 더 이상 없다. 2022년 11월 말에는 이란에서 대규모 여성 권리 운동이 일어났다. 풍속경찰의 감금 아래 있었던 스물두 살 이란 여성의 사망 이후 이란인들은 대규모 거리 시위를 벌였다. 처음 시작된 9월 중순 이후 매일 대규모 시위가 계속되었다. 하지만 이와 관련된 뉴스는 CNN 웹사이트 뉴스 피드의 맨 밑에 묻힌 헤드라인 한두 개가 전부였다. 반면 폭스 뉴스에서는 관련 뉴스를 하나도 발견할 수 없었다. 이 대규모 시위들은 영국 엘리자베스 여왕의 서거 일주일 후 시작됐다. 엘리자베스 여왕의 반려견 코기에 관련된 상세한 뉴스를 들을 수는 있어도 이란에 대한 뉴스는 찾아볼 수 없었다.

미디어, 부족주의 그리고 두려움

미국 정치와 함께 미디어 역시 점점 더 부족화돼 가고 한 정당의 공식 언론 매체처럼 보일 때도 있다. 그들은 '그들'에 반대되는 개념인 '우리'가 선호하는 정당과 아젠다, 시청자들을 만들어냈다. '그들'은 반대편 미디어, '그들'의 정치인 그리고 '그들'과 관련된 미국의 인구 절반을 의미한다. 그들은 정치권이 사용하고 있는 동일한 제로섬게임을 하고 있다. 당신이 이들 언론의 뉴스를 보거나 읽어보면 그들에 대한 긍정적인 기사는 단 한 줄도 찾아보기 어렵다. 이 매체들이 전하는 뉴스는 모두 미국 인구의 절반인 그들이 미국과 전 세계에 행하는 끔찍한 일들에 관한 것이다. 이 뉴스 매체의 공통된 특징이 두 가지 있다. 그것은 광고(주로 탐욕에 대한 것, 소유해야만 하는 어떤 것을 잃는 것에 대한 두려움에 초점이 맞춰져 있다)와 부정적 성향이다. 공통된 메시지는 바로 '당신은 두려움을 느껴야 한다는 것'이다. 두려움에 대해서 생각해 보라는 것이다. 프라임타임 케이블 뉴스에서 마지막으로 기분 좋은 뉴스를 들어본 게 언제인가? 기분 좋은 뉴스 한 편이 소개된 후 곧바로 '하지만'이라는 단서가 따라붙는다. 심지어 긍정적인 것처럼 보여도 누군가 그것을 망쳐버릴까 봐 두려워해야만 한다.

부정적인 관점이 미국에만 국한된 것은 아니다. 미국, 독일, 호주의 정치 뉴스를 조사한 일단의 연구자들은 부정적 톤이 긍정적 톤에 비해 10 대 1로 압도적으로 많다는 것을 발견했다. 2004년과 2006년 사이 미국, 독일, 호주, 이탈리아의 뉴스 캠페인 보도를 분석한 한 자료에 따르면 부정적인 뉴스가 이들 국가에서 보도한 뉴스의 거의 절반을 차지했다. 반면 긍정적인 뉴스는 6%에서 15%를 차지했다. 2021년 발표된 또 다른 연구에서는 진보와 보수 성향의 44개 뉴스 미디어의 트위터 포스트를 조사했다. 조사 결과 첫째, 진보와 보수 성향 미디어 모두 트위터상에서 긍정적인 감정보다는 부정적인 감정을 더 많이 표출했다. 둘째, 부정적 보도의 양과 긍정적 보도의 양의 경우 이 매체들 사이에 차이는 없었다. 셋째, 부정적 뉴스가 트위터 사용자의 관심을 더 많이 받았으며, 그 결과 부정성의 확장이 더욱 커졌다. 그러므로 만일 당신이 좋아하는 미디어는 다르다고 생각한다면 다시 생각해 보길 바란다.

그런데 왜 이 뉴스 미디어들은 그런 행동을 하는 것일까? 답은 그들에게는 더 많은 뷰어가 필요하기 때문이다. 주요 언론 매체도 기업이다. 기업의 수익은 상품보다도 중요하다. 뷰어가 많으면 많을수록, 그 사람들이 더 오래 보고 읽을수록 더 높은 수익을 얻을 수 있다. 그리고 너무나 많은 언론사가 난립하는 경쟁적인 환경에서, 특히 소셜 미디어가 급부상하는 상황에서 사람들의 관심을 붙드는 것은 점점 더 어려워지고 있다.

우연의 일치로 오늘 나는 미국의 주요 언론사 중 한 곳과 인터뷰를 가졌다. 그곳의 기자는 시청자들이 부정적이고 불행한 뉴스에 관심을 보이는 이유를 궁금해했다. 그것은 부정적 감정이 시청자의 관심을 끌기 쉽고 그들을 붙들어두고, 보고, 듣고, 클릭하게 만들기 쉽기 때문이다. 그것은 우리의 뇌가 선천적으로 위험을 알리는 신호에 우선 관심을 보이기 때문이다. 위협 혹은 우리와 우리 자원에 가해지는 위협과 관련된 신호가 우리의 관심을 독차지하기가 좀 더 쉽다. 각각의 헤드라인이 클릭을 받을 기회는 불과 몇 초밖에 되지 않을 정도로 콘텐츠가 폭발적으로 늘어나고 있는 시대에 이는 아주 중요하다. 공유된 콘텐츠가 극도로 감정적일 때 시청자들을 좀 더 오래 붙들거나 클릭하게 만든다. 사람들은 두려움을 느낄 때, 그들의 언론 매체에 훨씬 더 많이 의존하게 될 것이다. 이것이 미디어 매체 사이에, 심지어 같은 매체 안에서도 더 많은 시청자의 관심을 훔치기 위한 지속적인 경쟁을 유발한다. 더 많은 시청자를 잡아야 하는 다급한 압박이 없는 미국이나 다른 국가의 관영 미디어 매체들이 좀 더 전통적이고 덜 감정적이며 좀 더 콘텐츠에 집중할 수 있는 이유 중 하나일 것이다.

드라마틱한 것이 뉴스거리가 된다

2021년 이른 시간 나는 난민의 정신건강에 대해 질문하고자 하는 유럽의 한 라디오 방송국 기자와 인터뷰를 했다. 인터뷰 후 우리는 미국의 정치와 미디어에 대해 토론했다. 나는 그 기자가 방송사로부터 미국 조지아주 하원의원 마조리 테일러 그린에 대한 기사를 써달라고 요청받았다는 사실을 알게 됐다. 마침 진보주의자들에 대한 그녀의 행동과 관련된 드라마가 뉴스를 장악하고 있는 시기여서 적절한 결정이었다. 하지만 기자는 그 기사를 쓸 생각이 없었는데 이는 칭찬받을 만한 이유에서였다. 그에게 이것은 중요한 뉴스도, 진지한 저널리즘도 아니었기 때문이다. 의회의 정책 수립이라는 거대한 계획 안에서 그 드라마는 중요하지 않았다. 우리가 보기에 미디어는 부분적으로 중요성에 상관없이, 혹은 중요성이 부족하더라도 가장 큰 소리를 내는 괴짜의 목소리를 들려줄 책임이 있었다. 결국 미국에서 무슨 일이 일어나고 있는지, 무엇이 중요한지에 대한 시청자들의 인식은 대개 미디어를 통해서 보고 듣는 것에 영향을 받는다. 우리 대다수는 워싱턴DC에 살고 있지 않고 의회에서 일어난 모든 일에 귀를 기울일 만큼 관심도 없다. 그날 일어났다고 들은 것은 그날 일어났다고 우리가 생각하는 것이다. 우리가 듣지 못한 일은 안 일어난 것이다.

두려움, 정치, 미디어에 대한 나의 강의 중 하나에서 나는 대체로 좌편향 청중에게 두 명의 공화당 정치인의 사진이 포함된 슬라이드 한 장을 보여준다. 나는 그들에게 사진 속 사람들을 알면 손을 들어 보라고 요청한다. 그 사진 속 인물 중 한 명은 조지아의 14번 선거구 하원의원 마조리 테일러 그린으로 거의 모든 청중이 그녀를 안다고 손을 들었다. 나머지 한 사람은 아이오와주 상원의원이자 상원 공화당 위원회의 부의장 조니 언스트로 그녀를 안다고 손을 든 사람은 아무도 없었다. 이 실험은 미디어의 관심이 대중을 얼마나 불합리하게 교육하는지를 보여주는 슬픈 사례 중 하나다. 상원의원이자 공화당의 지도부인 언스트의 관점과 업적이 좀 더 의미가 있다. 정상적인 세상에서는 그녀의 공로가 대중에게 더 알려져야 하지만 언스트는 '뉴스거리'가 되지 않는다. 이러한 패턴의 뉴스 보도는 중요한 사안에 대해서 대중을 충분히 교육시키지 못할뿐더러 관련이 없고 중요하지 않은 문제에 대중의 관심을 집중시킨다.

삶에서 일어나는 일과 비슷하게 미디어 비즈니스 콘텐츠는 그것에 붙은 감정이나 기분만큼 중요하지 않다. 만일 어떤 것이 주로 부정적 감정으로 채워져 있다면, 그것은 우리의 관심을 끈다. 부정성은 선택적 초점 안에(부정적 사건을 강조하고 긍정적인 것들은 무시하는), 뉴스를 공유하는 톤 안에(터커의 얼굴에 떠오르는 부정적 감정 혹은 울프가 사용한 '매우 걱정스러운'이라는 단어 속), 비관적 해석이나 사건 전반에 대한 전망 안에 들어 있을 수 있다. 이러한 리얼리티 쇼 스타일의 정서가 미디어 비즈니스를 지나치게 지배한 나머지 대통령 선거 토론 뉴스와 WWE 경기를 구분하기가 어려울 때도 있다. 토론이 끝나고 전문가들은 너무나 격앙된 어조로 한 후보자가 다른 후보자를 어떻게 난도질했는지 혹은 얼마나 강력한 펀치를 날렸는지를 설명한다. 토론 분석 기사마저 토론 내용보다는 한 후보자가 '딱 걸렸어' 유형의 질문으로 상대 후보자를 얼마나 곤혹스럽게 만들었는지에 치중할 때가 있다. 현실적으로 고도로 복잡한 정치, 경제, 국제 사안과 관련된 주제에 대한 1분 남짓 되는 답변 속에 얼마나 내실 있는 알맹이가 들어 있겠는가? 이러한 선동적 언어의 사용이 선거철에만 국한된 것은 아니다. 2022년 7월 28일, 나는 스크롤을 내리면서 폭스 뉴스 웹사이트를 대강 훑어봤다. 여기에 그들의 헤드라인에 사용된 단어들을 몇 개 나열한다. '마지막 결전', '응타', '횃불', '반항적인', '죽다', '섬뜩한', '악몽' 등이다.

이러한 극적인 재난 포르노그래피disaster pornography적 접근법은 국가와 세계의 안전과 번영에 대한 기울어지고 비현실적인 이해를 촉진한다. 현대에도 어려움과 시련이 있지만 그럼에도 우리는 인류 역사상 가장 안전한 시대를 살아가고 있다. 그러나 미디어 소비자의 눈에는 이 나라가, 이 세상이 곧 멸망할 것 같은 느낌이다. 2016년 퓨 연구소(Pew)가 수행한 한 연구에 따르면, 2008년 이후 미국의 폭력 및 재산 범죄율이 두 자릿수로 감소했는데도 대다수 유권자는 범죄율이 상승했다고 생각했다. 그리고 그에 대한 비난은 많지 않았다. 당신이 작은 마을에 살고 있다면, 거기서 일어나는 일을 직접 볼 수 있다. 하지만 수백만이 거주하는 도시에서, 인구가 3억 3천이 넘는 국가에서 무슨 일이 일어나는지 알려면 자신이 신뢰하는 TV나 신문에서 정보를 얻어야 한다. 그것은 마치 집 밖의 세상에 대한 정보가 제한적인 어린 아이가 된 것과 마찬가지다. 아이들은 세상사가 어떻게 돌아가는지를 부모에게서 들어야 한다.

또 다른 예는 산발적 사례인 총기 폭력과 비교했을 때 총기 난사 사건의 보도 방식이다. 총기 난사 사건은 중대한 비극이다. 나는 지금까지 개인과 집단에 총기 폭력이 미치는 충격적인 영향에 대해서 수없이 많은 글과 인터뷰를 진행했다. 하지만 총기 난사 사건이 일어나면, 어김없이 총기 폭력에 대한 뉴스 보도가 봇물 터지듯 폭발한다. 산발적 사건은 뉴스거리가 되지 못한다. 미국에서 발생하는 총기 관련 사망 사고의 거의 절반이 자살에 의한 것이다. 게다가 미디어가 주목하는 총기 난사 사건이 총기로 인한 사망에서 차지하는 비중은 아주 미미하다. 총기 난사 사건이 일어난 때를 제외하면 총기 사고나 공공장소에서의 화기 관련된 사망 사고에 대한 의미 있는 토론은 거의 없다. 우리는 TV에서 총기 소지 찬반을 이끄는 양측 지도자들이 이 문제와 해결책에 대해 진지하고 상호 존중적인 대화를 나누는 것을 본 적이 없다. 총기 난사 사건이 뉴스거리가 된다고 판단되면, 해당 뉴스는 수주 (혹은 수일) 동안 미디어를 장악한다. 그러고 나서 새로운 총기 난사 사건이 일어날 때까지는 침묵만 존재한다. 끔찍한 비극을 보도하는 것은 이해할 만하지만, 사건이 터질 때만 보도하는 행태는 정책 입안자들에게 조처를 하라는 지속적인 압박을 가하기 어렵다.

이러한 유형의 보도가 하는 한 가지 기능은 사람들을 공포에 몰아넣는 것임을 우리는 한다. 총기 폭력에 희생될 가능성은 지극히 낮다. 아마도 산발적 총기 사건이나 교통 체증에 걸릴 가능성보다 더 낮다. 학교 총기 난사 사건이 보도되는 방식은 사람들을 더욱 두려움에 떨게 만든다. 나는 학교 총기 난사 사건이 일어날 때마다 자녀를 학교에 보내는 것이 두렵다고 말하는 부모들을 본다. 나는 그들에게 물론 위험의 확률도 있고 이런 비극이 계속해서 일어나는 것이 참담하기는 하지만 당신의 자녀에게 그런 일이 일어날 가능성은 지극히 낮다고 말해준다. 그러고 나서 우리는 그 위험에 대한 현실적 평가를 하고 그것을 완화할 수 있는 최선의 방법을 찾기 위해서 사실과 드라마를 분리하는 노력을 함께 기울인다.

이성을 잃지 않으면서 정보를 얻는 방법

우리는 책임 있는 시민으로서 주변에서 무슨 일이 일어나는지 알고 있어야 한다. 반복적인 부정성에의 노출로부터 우리와 자녀의 정신건강을 보호하는 것 또한 중요하다. 나는 2022년 발표한 논문을 통해 부정적 뉴스, 이미지, 영상 노출이 미치는 영향을 완화하는 방법에 대한 몇 가지 팁을 제안했다. 이 제안 중 일부는 근본적으로 트라우마 환자들의 끔찍한 서사에 지속적으로 노출된 나의 정신건강을 위해서 하는 조치들이다. 다음은 그 논문의 요약이다.

첫 번째이자 가장 중요한 것은 노출을 줄이는 것이다. 당신이 할 일은 한 시간 동안 당신이 좋아하는 앵커가 나오는 채널에 귀를 기울이고 앞으로 24시간 동안 그 케이블 뉴스 채널이 무슨 소식을 전할 것인지를 아는 것이다. 몇 시간 동안 똑같은 내용의 슬프거나 섬뜩한 뉴스를 보거나 들을 필요는 없다. 노출을 줄인 환자들 모두 훨씬 나아졌다고 말했다. 다양한 연구도 이러한 관찰을 뒷받침한다. 당신의 자녀가 무엇을 보는지도 신중하게 살펴야 한다. 그들의 발달 단계에 따라서 어린이들은 그것을 다르게 받아들인다. 예를 들어, 어린아이는 TV에서 본 학교 총기 사건이나 전쟁이 근처에서 지금 일어나고 있는 일이라고 생각할 수 있다. 그들이 그 비극적 사건이 반복적으로 보도되는 것을 볼 경우, 그것을 또 다른 별개 사건이라고 생각할지 모른다.

두 번째는, 감정적으로 지나치게 고조된 뉴스 보도에 노출되는 것을 제한해야 한다. 침착하고 사실에 기반한 방식으로 보도하는 기자의 뉴스를 들으면 된다. 가능하다면 보는 대신 읽으면 좋다.

마지막으로, 뉴스에 균형 잡힌 시각을 가져야 한다. 부정적인 뉴스에 중독되지 말아야 한다. 균형 잡힌 시각을 유지하기 위해서는 예술, 과학, 기술에 대한 긍정적인 뉴스를 읽거나 듣는 것을 잊지 말아야 한다. TV를 봐야 한다면 영화, 다큐멘터리, 재미있는 프로그램을 본다. 당신이 보는 것이 결국 당신의 현실이 된다는 것을 기억해야 한다. 당신의 현실은 균형 잡혀 있어야 한다.

소셜미디어, 매트릭스

몇 년 전, 친구 하나가 인스타그램 계정을 만들라고 설득했다. 나는 건강-다이어트 관련 계정 몇 개를 팔로우하는 것부터 시작했다. 결과적으로 건강 관련 제안을 더 많이 볼 수 있었고, 이 중 몇 가지를 따라 하고 있다. 점차 내 피드에 건강한 모델, 6개월 만에 자신을 몸을 완전히 바꿔버린 사람들, 체중 감량의 여섯 가지 규칙이라는 캡션이 달린 포스트에 이르기까지 건강과 관련된 온갖 것이 붙어 있는 것을 발견했다. 내 인스타그램 디지털 세상은 피트니스 갤러리가 됐다. 이제 실제 세계에 대한 객관적인 노출 경험이 부족한 사람이 어떻게 느낄지 상상할 수 있을 것이다. 아마도 그들은 디지털 세상이 현실을 대표한다고 생각할 수 있을 것이다. 만일 내가 인스타그램에서 본 것을 현실이라고 믿는다면, 아무리 정기적으로 운동을 하더라도 운동, 다이어트, 몸매 측면에서 많이 뒤떨어져 있다고 생각할 것이다.

2020년 선거 운동 기간에 트위터를 사용하면서도 비슷한 경험을 했다. 나의 정치 견해를 감안해서 몇몇 언론 매체와 유사한 의견을 가진 사람들을 팔로우했다. 이후 나는 제안받은 몇몇 계정을 팔로우하기 시작했다. 나는 그들이 무엇을 좋아하는지 누가 그들의 포스트를 좋아하는지, 누구와 교류하는지, 누가 계속해서 팔로우하는지 봤다. 어느 시점에서 내 트위터 피드의 모든 포스트도 같은 것을 말하고 있었다. 우파에 대한 노출은 내가 팔로우한 사람들과 그들이 교류하는 사람들이 선정한 내용에 대한 노출만 가능했다. 나는 이미 트위터의 좌익 디지털 부족의 부족원이 돼 있었다. 소셜미디어를 사용하는 독자들은 이런 경험에 익숙할 것이다.

소셜미디어 이전의 삶을 알 만큼 나이를 먹은 사람들은 페이스북의 탄생을 지켜보며 얼마나 흥분했었는지 기억한다. 오랫동안 연락이 끊어졌던 가족과 친구들과 다시 연락할 수 있다는 것이 정말 좋았다. 그러고 나서 우리는 공통의 경험과 관심사를 가진 사람들과 교류하기 시작했고, 트위터와 인스타그램이 우리 삶 안으로 들어왔다. 디지털 세상은 빠르게 변했다. 소셜미디어는 한 번도 만나본 적 없는 수백 수천 명의 사람들, 입증되지 않은 한 줄 뉴스, 무작위 사진, 관심 끌기, 자아도취, 자기연민, 무작위 광고 등이 뒤죽박죽 섞인 프랑켄슈타인으로 변해버렸다.

불과 몇 초 만에 당신은 친구의 결혼식 사진, 살인 뉴스, 정쟁, 강아지, 가짜 뉴스, 전쟁에 대한 생생한 이미지, 모르는 사람들의 셀카 등을 볼 수 있다. 그것은 어떤 면에서는 꿈처럼 보이고, 오히려 앞뒤가 맞지 않는 악몽처럼 보인다. 이것은 짧고 강력한 집중력을 갖도록, 마치 코카인의 힘을 빌린 ADHD를 만들기 위해 우리의 뇌를 지속적으로 훈련시킨다.

소셜미디어와 디지털 부족주의

전통적인 미디어와 마찬가지로 소셜미디어의 비즈니스 모델은 콘텐츠를 홍보하는 것을 기반으로 한다. 인공지능 AI가 당신의 관심사와 참여를 가장 많이 이끌어낼 것으로 짐작되는 것을 기반으로 당신이 보게 될 것을 결정하고, 계속 스크롤링과 좋아요를 누르게 한다. 그것을 위해 그들은 당신이 표현한 관심사, '좋아요', 팔로우, 콘텐츠 참여, 각각의 아이템을 보는 데 쓴 시간을 추적해서 가장 관련성 높은 콘텐츠와 광고를 제시한다. 당신이 보는 것은 당신과 비슷한 사람들의 흥미를 끌었다고 판단되는 것, 당신이 최근에 클릭한 것이다. 전통적인 미디어처럼 부정적 감정, 특히 분노와 충동성이 더 많은 관심을 받는다. 부정적 콘텐츠가 가진 힘은 무분별한 확산으로 이어진다. 그리고 확산된 콘텐츠가 사실인지 아닌지는 중요하지 않다.

이러한 알고리즘이 작동하는 방식 뒤에 반드시 악의적 의도가 숨어 있는 것은 아니다. 그것들은 그저 참여 극대화라는 비즈니스 모델을 따르도록 설계돼 있을 뿐이다. 나는 이 알고리즘을 카지노와 비교한다. 카지노에서 더 많은 시간을 보낼수록 카지노의 수익은 증가한다. 카지노에는 창문이나 시계가 없다. 이는 이용자가 시간의 흐름을 자각해서는 안 되기 때문이다. 카지노는 우리 내면의 동물을 부추겨서 계속 레버를 잡아당기고 버튼을 누르도록 설계돼 있다. 소셜미디어는 수익을 내기 위해서 우리가 계속 스크롤링하고 클릭하게 만들어야 한다. 카지노는 당신의 돈에 의존하지만 소셜미디어는 당신의 시간에 의존한다.

영화 〈매트릭스〉에서 인간은 기계를 계속 작동시키기 위해 움직이지 못하는 건전지로 변한다. 우리의 매트릭스에서 인간은 수익을 창출하는 스크롤러와 클릭커로 변한다. 우리가 계속 클릭하면서 토끼굴을 따라 내려가다 보면 결국 디지털 부족이 된다. 디지털 부족은 당신이 좋아했을지 모르는 것의 과장되고 극단적으로 희화화된 표현이다. 그러나 그것은 부족들이 사물을 생각하고 보는 방식으로 당신의 뇌를 훈련시킨다. 이는 당신의 뇌가 적응해야만 하는 새로운 세상이기 때문이다. 소셜미디어는 점차 당신의 사회적 맥락, 즉 당신과 연결된 사람과 당신이 보는 것을 규정한다. 어느 시점에서 당신이 보는 모든 것은 당신의 디지털 부족이 생산하거나 좋아하는 것이고, 포스트는 너무나 비슷하고, 많은 사람이 공유하는 것일 경우가 대다수일 것이다. 그리고 만일 당신의 영역에 너무나 많은 사람이, 당신이 신뢰하는 부족들이 같은 것을 믿는다면, 당신 또한 그렇게 하지 않을 이유가 없다. 당신은 극단적 자유주의 혹은 보수주의, 기후변화 활동가, 종교 혹은 반종교, 기타 이데올로기의 일원이 되어 있다. 당신은 반대의 관점을 보지 못한다. 당신은 오즈의 나라에 있다. 모든 것이 초록색이고 모두가 그것을 초록이라고 본다. 만일 당신이 부족의 믿음에 반대되는 주장을 보지 못한다면, 지구가 평평하고 인간으로 가장한 은하계 사이의 도마뱀이 지구를 운영한다고 믿고 가상화폐가 세계 경제의 미래라고 믿기가 쉬워진다. 만일 당신이 다른 부족과 관련해 뭔가를 볼 수 있다면, 그것은 당신의 부족이 선택한 것, 즉 스파이크 위에 올려놓은 다른 부족의 머리다. 디지털 부족의 세계에서는 극단적 사고만이 존재한다.

두려움, 혐오 그리고 디지털 부족

디지털 부족의 구성원들은 계속해서 동일한 콘텐츠를 소비하고 동일한 뉴스, 분석, 이데올로기를 서로에게 제공한다. 나는 이러한 현상을 '디지털 근친교배'라고 부른다. 우리는 근친교배에서는 유전병이 생긴다는 것을 안다. 부족 안에서 가장 시끄럽고 가장 극단적인 구성원들은 다른 부족의 진입을 막기 위해서 국경을 순찰하기 시작한다. 차단이나 제거 혹은 동료의 압력 행사로 침묵시키는 것을 통해서 '타인'은 부족 밖으로 추방당한다. 구성원들은 '이질적인 것'에 문을 열어준 것에 수치심을 느낀다. 부족은 자신들이 듣고, 사진으로 보고, 한 줄의 헤드라인에서 읽은 타인의 최악의 기질에 대해 두려워하고 혐오한다.

디지털 부족에게 먹잇감을 제공하는 유명 인사들도 디지털 근친교

배로 고통받는다. 그들은 다른 사람들도 비슷하게 생각한다고 믿기 때문에 자신의 생각을 지나치게 확신한다. 유명인들도 동일한 콘텐츠, 동일한 세상을 바라보고 그 결과 동일한 결론에 도달한다. 정치 전문가들은 계속해서 서로의 생각을 지지하면서 생각한다. "만일 다른 사람들도 나처럼 생각한다면, 내가 맞았을 가능성이 아주 높을 거야." 그리고 그것은 디지털 부족의 법칙을 따르지 않는 실제 세상에 대한 끔찍한 예측으로 이어진다. 2020년 조 바이든의 지지도가 상승하고, 민주당 프라이머리에서 선두로 치고 나갈 때 얼마나 많은 정치 전문가가 당혹했는지를 기억한다. 같은 생각을 하는 사람들로 이루어진 소셜미디어 세상에 노출된 그 전문가들은 바이든이 거의 가망이 없다고 생각했었다.

최근 한 연구에서 미국인의 60% 이상이 정치적 견해나 포스트로 인해서 소셜미디어상에서 누군가를 친구 목록에서 삭제하거나 차단한 경험이 있다고 보고했다. 당신도 이 조사 결과에 공감할 것이다. 만일 당신이 정치적 참여를 하고 있다면, 상반된 정치적 혹은 이데올로기적 견해를 가진 페이스북 친구가 몇 명이나 되는가? 또 소셜미디어상에서 팔로우하고 있는 반대편 정치 지도자 혹은 사상가는 얼마나 되는가? (당신의 부족원이 선택한 것이 아닌) 반대편에서 얻는 정보는 얼마나 되는가? 믿음의 차이를 이유로 몇 명이나 친구 목록에서 삭제 혹은 차단했는가?

최근 팬데믹은 실제 사회적 교류에서 우리를 고립시킴으로써 매트릭스의 지배를 빠르게 확산시켰다. 많은 이에게 소셜미디어는 정보의 유일한 원천이자 외부 세계와 이어진 유일한 창이 되었다. 나는 소셜미디어에 있는 사람을 제외한 다른 사람과 소통하지 않는 사람들을 자주 본다. 소셜미디어는 점차 그들의 실제 세계가 된다. 매트릭스 이전에 우리는 다른 정치단체 소속 혹은 다른 믿음을 가진 사람도 여전히 함께 추수감사절 저녁 식사를 했던 미국인이라는 것을 알았다. 이제 '다른 것' 그리고 '타인'에 대해 우리가 아는 모든 것은 우리의 디지털 부족이 우리에게 제공하고 AI 알고리즘이 강화한 것이다. 부정적인 것과 두려움은 '타인'과 맞서 각각의 디지털 부족을 통합시킨다.

두려움을 느낄 때 우리는 더 많은 두려움을 찾는다

부정적이고 무서운 포스트, 이미지, 뉴스, 분석에 지속적으로 노출되면 사람들은 지속적으로 고조된 각성 상태에 머물면서 다른 무섭고 나쁜 뉴스를 찾게 된다. 우리의 감정이 우리의 집중력을 이끌고 다른 방향으로 향하게 만든다. 겁을 먹거나 잠재적으로 위험한 상황에 처했을 때 우리는 자동으로 민첩해지면서 도주 혹은 투쟁 반응을 준비한다. 이것은 전쟁 같은 지속적인 위험 상황에서 우리를 보호하기 위해서 내장되어 있는 진화론적 반응이다. 우리의 주의력은 주변을 살피며 위협을 찾고, 중립적이고 긍정적인 것들은 무시한다.

바깥세상의 타인이 우리를 다치게 할 수 있다는 암시나 부정적 뉴스에 지속적으로 노출되면 같은 일이 우리의 주의력에도 일어난다. 겁에 질린 사람들은 다른 뉴스나 포스트의 부정성을 훨씬 과장되게 해석할 것이고 나쁜 소식의 렌즈를 통해서 기존에 중립적이었던 것을 바라보게 될 것이다. 그들은 점차 피해망상적으로 변한다. 현재의 경제, 외교, 범죄, 그들이 하는 행동, 모든 통계수치는 부정적으로 해석된다. 사람들은 또한 겁을 먹었을 때 과하게 반응하는 경향이 있다. 두려움은 신속해야 하므로 충동적이다. 부족의 견해와 잠재적으로 반대되거나 다른 것에 대한 그들의 반응은 비정상적이다. 디지털 부족 전쟁 중에 당신은 좀 더 쉽고 빠르게 싸움에 빠지고 타인을 맹렬하게 비난하며 그들을 차단하고 삭제한다. 친숙하게 들리지 않는가?

빨간 약은 존재할까?

네오는 매트릭스의 다채로운 세계에서 안락한 삶을 계속하는 것과 빨간 약을 먹고 좀 더 복잡하고 어려운 실제 세상으로 돌아가는 것 사이에서 힘든 결정을 해야만 한다. 우리 중 다수, 특히 소셜미디어의 시대에 태어난 사람들은 하루 종일 똑같은 선택을 해야 하는 상황에 직면한다. 파란 약을 먹으면 우리는 알고리즘과 디지털 부족주의라는 화려하고 편안한 스크롤의 세상에 계속해서 머물 수 있다. 그러나 빨간 약을 먹으면 덜 안락한 현실로 돌아오게 된다. 기꺼이 빨간 약을 먹겠다면 우리를 나쁜 뉴스에서 보호하기 위해 이 장의 앞부분에서 제안한 것을 실천하면 된다. 여기에 조언을 몇 가지 좀 더 첨부한다.

당신은 소셜미디어 앱상에서 좋아하는 것을 리뷰하고 업데이트한다. 당신은 관심과 무관하게 광고에 '관심 없음'이라고 표시함으로써 알고리즘을 혼란스럽게 만들 수 있다. 좀 더 포용적인 자세를 기르기 위해서 차단과 삭제, 언팔을 중단하고, 디지털 부족 세계에서 빠져나오자. 현실 세계는 흑백이 아니다. 당신과 정치적 견해가 다른 사람들도 악마가 아니다. 당신의 부족원이 아닌 다른 집단에서 존경받는 사상가와 새로운 뉴스 원천을 팔로우하고, 정치적으로 덜 편향된, 사실 기반의 뉴스 원천인지 그리고 비영리 미디어인지도 확인한다. 그리고 부정적 흥분으로 채워진 뉴스 속보의 세상을 멀리한다. 오프라인으로 가서 하루 종일 휴대전화 없이 지내본다. 하루 종일 디지털 카지노에 머물러 있지 않는다. 지속적인 노출을 막기 위해서 휴대폰에서 소셜미디어 앱을 지우고, 하루 중 정해진 시간에만 데스크톱을 이용해서 소셜미디어를 확인한다. 마지막으로 디지털 소셜네트워크의 세상 밖에 있는 사람들과 진정한 사교적 대화를 해보려고 시도한다.

영화 〈미스터 노바디Mr. Nobody〉에서 네모는 이렇게 말한다. "죽는 게 두렵지 않아. 하지만 내가 충분히 살아 있지 않았을까 봐 그것이 두려워." 현실 세계에 사는 것이 쉽지 않지만, 훨씬 더 큰 성취감을 준다. 그러니 두려워하지 말자.

두려움의 과학

두려움, 불안, 공포는 왜 우리를 괴롭히는가

초판 1쇄 인쇄 2024년 8월 13일
초판 1쇄 발행 2024년 8월 20일

지은이 아라시 자반바크트
옮긴이 한미선
펴낸이 정용수

디자인 손정주
영업·마케팅 김상연·정경민
제작 김동명 **관리** 윤지연
진행 김민영

펴낸곳 ㈜예문아카이브
출판등록 2016년 8월 8일 제2016-000240호
주소 서울시 마포구 동교로18길 10 2층
문의전화 02-2038-3372 **주문전화** 031-955-0550 **팩스** 031-955-0660
이메일 archive.rights@gmail.com **홈페이지** ymarchive.com **인스타그램** yeamoon.arv

ISBN 979-11-6386-334-2 03100

㈜예문아카이브는 도서출판 예문사의 단행본 전문 출판 자회사입니다.
널리 이롭고 가치 있는 지식을 기록하겠습니다.